Woody Allen / Mel Brooks

Reihe Film 21

Mit Beiträgen von
Robert Benayoun
Vincent Canby
Peter W. Jansen
Bert Koetter
Christa Maerker
Hans Günther Pflaum
Hans Helmut Prinzler

Carl Hanser Verlag

Die Reihe Film wird herausgegeben
in Zusammenarbeit mit der
Stiftung Deutsche Kinemathek
von Peter W. Jansen und Wolfram Schütte

Redaktionsschluß: 31. Januar 1980

Reihe Film 21
ISBN 3-446-12854-9
Alle Rechte vorbehalten
© 1980 Carl Hanser Verlag München Wien
Reproduktionen: Repro Knopp, Inning
Gesamtherstellung: Appl, Wemding
Printed in Germany

Die Reihe Film stellt das Werk von Regisseuren, bestimmte Genres oder andere übergreifende Themen des internationalen Films in Monografien vor. Dabei werden die einzelnen Bände unter wechselnden Perspektiven und verschiedenen Aspekten erarbeitet. Eine umfangreiche Filmobibliografie gehört zu jedem Band.

Woody Allen (geboren 1935 als Allen Stewart Konigsberg) und Mel Brooks (geboren 1926 als Melvin Kaminsky) sind, seitdem sich Jerry Lewis fast vollständig zurückgezogen hatte, die Hauptdarsteller auf der Szene der amerikanischen Filmkomödie geworden. Ihre ersten eigenen Filme drehten sie 1967 und 1969: THE PRODUCERS (Brooks) und TAKE THE MONEY AND RUN (Allen), aber beide wurden erst mit späteren Filmen in Deutschland bekannt, Allen früher als Brooks. Beide stammen aus Brooklyn und jüdischen Familien, und das hat beiden die Unruhe der Großstadt, die Schlagfertigkeit und den Witz mitgegeben, der sich auch immer wieder aus zumal osteuropäischen Quellen nährt. Beide haben als Gagschreiber, Ideenlieferanten für andere begonnen, besonders für die Stars amerikanischer Fernsehshows, und beide sind gleichermaßen begabt als Autoren, Regisseure, Darsteller und auch Komponisten. In den Filmen von Woody Allen tritt die Auseinandersetzung mit dem bürgerlichen Leben unmittelbarer, persönlicher hervor, weil er sich selbst in seinen Figuren zu analysieren scheint: neurotisch, paranoid und zu keinem Glücksempfinden fähig. Doch auch die Filme von Mel Brooks, auf den ersten Blick nur Parodien etablierter Filmgenres und überwältigend vulgär, sind von psychopathologischen Mustern geprägt.

Die Autoren

Robert Benayoun (1926, Marokko). Mitarbeiter der Filmzeitschriften »Point« und »Positif«. Buchpublikationen (u. a.): »Anthologie du Nonsense«, »John Huston«, »Bonjour Monsieur Lewis«, »L'érotique du surréalisme«, »Les Marx Brothers«. Filme: »Paris n'existe pas« (1969), »Sérieux comme le plaisir« (1975). Lebt in Paris.

Vincent Canby (1924, Chicago). Marineoffizier im 2. Weltkrieg. 1951 Mitherausgeber des »Motion Picture Herald«. 1959–65 Mitarbeiter bei »Variety«. Seit 1965 Filmkritiker bei der »New York Times«. Lebt in New York.

Peter W. Jansen (1930, Elsdorf/Köln). Verlagsbuchhändler, Studium Germanistik, Geschichte, Soziologie, Dr. phil. (Joseph Roth). Redakteur bei »Der Mittag«, Westdeutscher Rundfunk, »Frankfurter Allgemeine«, Südwestfunk. Lebt in Gernsbach/Baden.

Bert Koetter (1940, Nürnberg). Studium der Englischen und Amerikanischen Literatur in den USA. Mitarbeiter von »Wagner Literary Magazine« (1958–62), »Staten Island Advance« (1961). Fernsehjournalist. Lebt in München und New York.

Christa Maerker (1941, Berlin). Kulturredaktion »Spandauer Volksblatt«. Seit 1966 Mitarbeiterin für Zeitungen, Hörfunk, Fernsehen. Lebt in Berlin.

Hans Günther Pflaum (1941, München). Studium Germanistik, Zeitungswissenschaft, Theatergeschichte. Redakteur »Film-Korrespondenz« (1972–76), Mitarbeiter »Süddeutsche Zeitung« u. a. Herausgeber »Jahrbuch Film«. Lebt in München.

Hans Helmut Prinzler (1938, Berlin). Studium Publizistik und Theaterwissenschaft. Studienleiter an der Deutschen Film- und Fernsehakademie Berlin. Seit 1979 Mitarbeiter der Stiftung Deutsche Kinemathek. Buchpublikation: »Film in der Bundesrepublik Deutschland« (zusammen mit Hans Günther Pflaum). Lebt in Berlin.

Inhalt

Hanswurste, Bekloppte, Übergeschnappte und Meschuggene

Von Robert Benayoun

In dieser Epoche profunden Hungers nach Komik (man kann sich ja schließlich nicht dreimal in der Woche *Le Messie*[1] ansehen, diesen ständigen Lacherfolg) ist es vielleicht keine Zeitverschwendung, sich mit einigen glücklichen Zufällen auseinanderzusetzen, die in der weltweiten Filmproduktion das aktuelle Profil einer wiederbelebten Tradition ausmachen: des Nonsens. Im Lauf eines Jahres[2] sind Filme von Woody Allen und Mel Brooks herausgekommen, der erste von Ken Shapiro, der erste von Gene Wilder (und ein halber dazu) und der zweite Monty Python. Alle hatten einen aufsehenerregenden Erfolg zu verzeichnen, und man könnte meinen, daß sich das Absurde wieder Eingang verschaffen hat in die Lebensgewohnheiten – und das nach gut dreißig Jahren zum erstenmal. Macht das finanzielle und soziale Chaos, in dem wir uns befinden, die menschenfreundlichsten der possierlichen nationalen Mechanismen immer lächerlicher, bis die latent vorhandene Unruhe immer irrationaler umschlägt zu einem Kult, der das unterste zu oberst kehrt? Ich bin nicht weit davon entfernt, das zu glauben.

Ich habe in der Tat immer geglaubt, daß der Nonsens mit Vorliebe in Zeiten der ökonomischen Rezession, der monetären Depression und der sozialen Ungerechtigkeit aufgeblüht ist. Schließlich ist der Nonsens – das darf man nicht vergessen – als literarische Schule während der Schrecken der Industrialisierung Englands entstanden, und seine ersten kinematografischen Raketen zündeten zur Zeit der Masseneinwanderung in die USA, mit einem sehr bemerkenswerten Höhepunkt während des Bankkrachs von 1929. Zur gleichen Zeit, als sich überall zügellose und wahnsinnige Autoren ausbreiteten – Donald Ogden Stewart, Ring Lardner, Robert Benchley, Gelett Burgess, Chase Taylor, James Thurber, Stephen Leacock, Milt Gross, Harry Ruby, Stan Perelman und Allen Smith –, entstanden im Kino im Kielwasser des Slapstick die anarchonihilistischen Filme von Fields, den Marx-Brothers, von Eddie Cantor und schließlich die süßlichen, alle Wunden verschließenden Verrücktheiten der Screwball-Komödien. Selbst diese noch, Palliative auf die Wunden der Depression, selbst die völlig überdrehten Farcen von Leo Mac Carey, Capra und Sturges reflektierten die Benzinskandale, die Bauspekulationen in Florida, die Hungersnot von Dust Bowl, die Entwertung des Dollars und die Vertrauenskrise der Geschäftemacherei der Vor-Roosevelt-Ära.

Road to Zanzibar. 1941. Dorothy Lamour, Bing Crosby, Bob Hope

Der New Deal und der zweite Weltkrieg haben für kurze Zeit diese Linie verlängert, mit den Komödien von Fred Allen und Jack Benny, den routinemäßigen Clownerien von Abbott und Costello und den monomanischen Veranstaltungen von Danny Kaye. Das Absurde fuhr fort, die herrschende Unsicherheit, die Angst und die Restriktionen zu überwuchern. Als der Krieg, ziemlich schnell für die USA, sich für die Alliierten siegreich entwickelte, ließ die Komik davon ab, den Unvereinbarkeiten zu huldigen, und orientierte sich zur Satire hin und zur Parodie. Die Serie der Nonsens-Filme *Road to ...* mit Bob Hope und Bing Crosby wurde verdrängt von den Spoofs von Bob Hope, die Tashlin unter seine Fittiche nahm, und von Red Skelton. Danny Kaye wechselte von seiner nihilistischen Hypochondrie in *Up in Arms* zu den anthologischen Nachahmungen in *The Secret Life of Walter Mitty.* Das Zeitalter der mad-

The Secret Life of Walter Mitty. 1947. links: Danny Kaye

cap-families ging zuende, das der heldenhaften Familienclans à la Wyler, Ford und Minelli begann und machte der Anarchie der Institutionen den Garaus. Das matriarchalische Amerika des Marshall-Plans besorgte sich fortan die Parias und Enterbten aus dem Ausland. Doch das sollte nur eine kurze Weile dauern.

Nach Ende des Krieges jedenfalls wird die verrückte Komik – ziemlich beschränkt auf die Kabaretts, die Burlesk-Theater und den Off-Broadway, dann auf das Fernsehen – zu einem festen Jagdrevier der Komiker israelitischer Tradition. Der jüdisch-amerikanische Humor, über den man so viele Dummheiten geschrieben hat (wurde nicht unter dieser zweifelhaften Spitzmarke ein Film wie *Hester Street* lanciert?), erweist sich heute als der Königsweg der Komik in den USA.

Diese ethnische Wiederbelebung konnte nicht aus Hollywood kommen. So ziemlich genau auch in den zwanziger Jahren der jüdische Charakter in zahlreichen bedeutenden Filmen dargestellt worden war – etwa in *Humoresque, The Jazz Singer* und *Far From the Ghetto* –, so wenig blieb es in den beginnenden dreißiger Jahren dabei, als sich die Bosse der großen Studios zunehmend aus ihrem ethnischen Milieu absetzten und eine systematische Kampagne der sozialen Verschleierung führten. So konnte Ben Hecht schreiben: »Samuel Goldwyn, Louis B. Mayer, die Brüder Warner, die Brüder Schenck, Adolph Zukor, Harry Cohn, Irving Thalberg, Carl Laemmle, Jesse Lasky und B. P. Schulberg wollen eine semitische Renaissance der Verschleierung bewirken, und das ohne Rabbiner und Talmud.« Tatsächlich ließen die Studios – abgesehen von der Serie *The Cohens and the Kelleys*, die 1933 zuende ging – allmählich das Schweigen über die alltäglichen Probleme der jüdischen Gemeinschaft sinken. Das Sujet wurde nur noch in der Form des Problemfilms behandelt, wie etwa in *Crossfire* oder in *The Invisible Wall.* Von da an verschwand der Humor immer mehr, was allerdings die Entwicklung einer ganzen praktisch heimlichen Produktion begünstigte, die der jiddischen Filme von Edgar G. Ulmer, Joseph Seiden und anderen, die zwischen 1932 und 1949 entstanden.

Wollte man nun andererseits versuchen, eine Genealogie der Komik in dem Land aufzustellen, das man mit vollem Recht deren Wahlheimat nennen könnte, so ergäben sich drei ziemlich klare Hauptlinien. Der englische Zweig von Fred Karno (der Chaplin hervorbrachte) bis hin zu Stan Laurel und Andy Clyde, der mit W. C. Fields endet, dessen Vater ein waschech-

Stan Laurel (r.) mit Oliver Hardy in: Atoll K. 1950 / W. C. Fields mit Mae West in: My Little Chickadee. 1939 / Red Skelton mit Vera-Ellen und Fred Astaire in: Three Little Words. 1950

side. Miss
discovery
red young
a year for
the other
mble, and
bevy they
nies tragi-
unterpoint
.

f the nar-
vated, the
Cava has
nd photo-
e perform-
d—consid-
n's Holly-
y factory.
Rogers, in
acting so
eads that,
ized them.
would de-
from Con-
ll, Frank-
ien, Ann
nd Phyllis
ny others.
retraction

1937, 27:2

rom a screen
n Ettlinger,
s by Darrell
Lew Pollack
rles Tobias,
acher; Ritz
s by Sidney
iel Pokrass;
and Geneva
Seiter;

sistibl
in the
the so
that it
shrew
It is
Kruge
thinks
defend
as the
throug
time h
young
lass N
true p
for fe
Senato
ably n
tingly
Otto's
quits
learns
a reta
case b
mitted
covers
parent
to jail
father

rate,
Turge

At
Jump
and F
sixth S

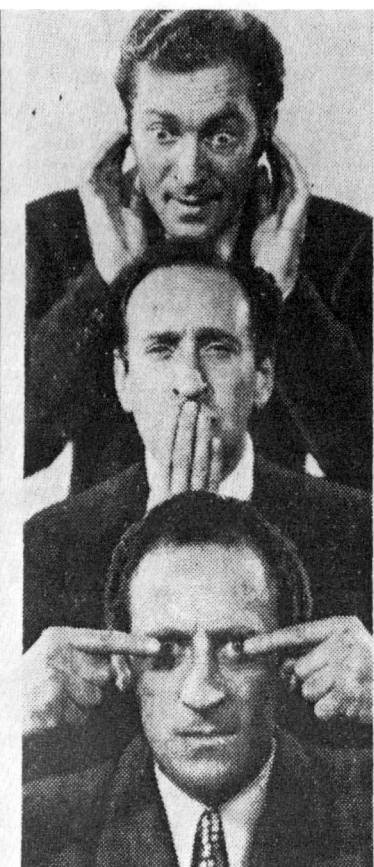

Ritz Brothers

ter Cockney war, und mit Leslie Townes (Bob) Hope. Die
irische Abteilung von Mack Sennett bis hin zu Buster Keaton,
die mit Fred Allen, Donald O'Connor und Red Skelton ab-
schließt. Und schließlich der jüdische Zweig, von erstaunli-
chem Reichtum und großer Vielfalt, wozu Chaplin zu zählen
ist, der zwar in England geboren wurde, aber, ob er es wollte
oder nicht, zur Inkarnation des jüdischen Paria wurde, wie es
Hannah Arendt formulierte (man braucht sich nur an die be-

rühmten Plakate der Hitlerzeit zu erinnern, die Charlie zeigten mit der Aufschrift: »Dieser Mann ist kein Engländer, dieser Mann ist Jude!«). Nach ihm sind zu nennen: Larry Semon, Harry Ritz, Eddie Cantor, Groucho Marx, die drei Stooges, Jack Benny, George Burns, Jerry Lewis, Danny Kaye, Ed Wynn, Sid Caesar, Woody Allen, Mel Brooks, Ken Shapiro und Gene Wilder. (Nicht bekannter Herkunft mögen zitiert sein: Harry Langdon, Harold Lloyd, Oliver Hardy, Joe Brown, Abbott und Costello, Olson und Johnson. Mangels näherer Auskünfte über sie kann man sie als direkte Nachfahren von George Washington bezeichnen, aber auch eine Wette abschließen, daß man sie irgendwann in der Zukunft todsicher in eine der drei erwähnten Gruppen einreihen wird.)

Dazu noch eine geografische Präzisierung: in Brooklyn wurden Kaminsky und Kaminsky geboren, ich meine damit Daniel Kaminsky, auch Danny Kaye genannt, und Melvin Kaminsky, genannt Mel Brooks, ganz wie in Flatbush Allen Stewart Konigsberg, genannt Woody Allen, geboren wurde und zwei der Stooges, Mo und Samuel Howard (der dritte, Larry Fine, ist, wie es sich gehört, in Philadelphia geboren). Ken Shapiro, in New Jersey geboren, wuchs in Brooklyn auf, Izidore Itzkowitz (oder Eddie Cantor) kam auf der East Side von New York auf

Marx Brothers (Zeppo, Groucho, Chico, Harpo) in: Duck Soup. 1933

13

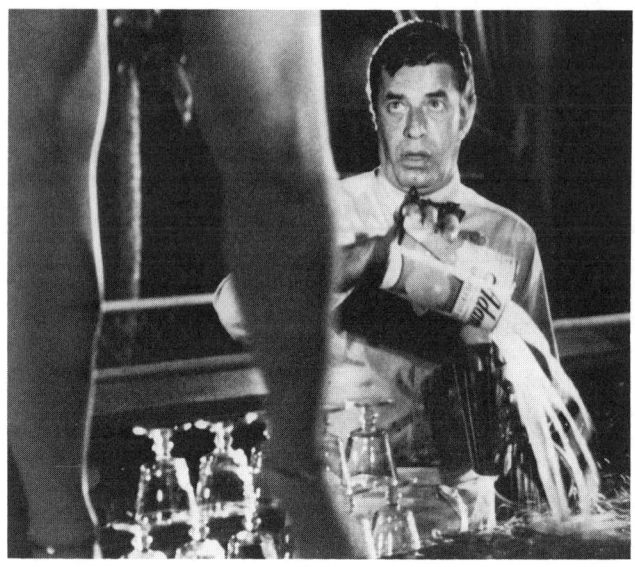

Jerry Lewis: Handly Working. 1979

die Welt, genauso wie die Marx-Brothers (zwischen dem deutschen und dem irischen Viertel, wie Harpo betont). Die Ritz-Brothers sind in Newark in New Jersey zur Welt gekommen, ebenso Jerry Lewis, und alle Kenner haben seinen Stil mit dem von Harry Ritz verglichen, der einen großen Einfluß auf ihn ausgeübt hat.

New Jersey ist übrigens die Hochburg jener wohlbekannten jüdisch-amerikanischen Institution der Hotels in den Catskills, die man auch den Borschtsch-Gürtel nennt. Es handelt sich um biedere Ferienhäuser für die gutsituierte israelische Kundschaft, und dort haben die größten Komiker dieser Kategorie lange an ihren Nummern gefeilt, bevor sie Stars am Broadway wurden. Als Beispiele seien genannt: Al Jolson, Bert Lahr, Milton Berle, George Jessel, Danny Thomas, Sam Levenson, Phil Silvers, Carl Reiner, Mort Sahl, Lenny Bruce, Shelley Berman und Joey Bishop. Ist Humor vielleicht eine natürliche Abwehrreaktion gegen den Rassismus, sozusagen ein Antikörper? Man könnte es annehmen, denn der amerikanische Humor scheint, um sich frei entfalten zu können, eine Art von

Befruchtung durch Armut, Verfolgung und Rassenvorurteile zu benötigen. Das beweist zum Beispiel die neue Erscheinung einer anderen ethnischen Minderheit auf dem Gebiet der Komik. Seit zehn Jahren haben sich schwarze Komiker ihre Sporen verdient – Dick Gregory, Godfrey Cambridge, Bill Cosby, Richard Pryor und Flip Wilson –, und Mel Brooks hat sie brüderlich gegrüßt, indem er Cleavon Little zum Sheriff in BLAZING SADDLES machte.

Was die neuen Vertreter des jüdisch-amerikanischen Humors untereinander verbindet, ist neben ähnlichen Kompensationsbedürfnissen eine neue Qualität in den zugrundeliegenden Texten. Woody Allen und Mel Brooks (und ihre Truppe) waren alle schon etablierte Schriftsteller, bevor sie sich auf die Bühne wagten. Sie sind Autoren, die sich selbst spielen durch eine perfekte Osmose mit ihrem eigenen Material; sie sind nicht mehr Komiker, die sich ihre Gags kaufen, sie sich schreiben lassen von – muß man es noch sagen? – »Negern«. In gewissem Sinne sind sie, im Blutkreislauf von New York, die direkten Erben von Benchley, Thurber und Perelman, der Schriftsteller der berühmten Tafelrunde des »Algonquin«, wechselten aber in großen Massen zu den Shows über (wie seinerzeit nur Robert Benchley). Tatsächlich fand sich eine Gruppe dieser Autoren bei dem Komiker Sid Caesar wieder,

Sid Caesar in: Fire Sale. 1976

15

um mit Gags und Sketches die berühmte Fernsehsendung *Your Show of Shows* auszustaffieren: es waren, fast wie zufällig, Woody Allen, Mel Brooks, Carl Reiner und Neil Simon. Jeder kennt die Anekdote von Sid Caesar, der mit beiden Händen den Hinterkopf seines Sklaven Mel Brooks umfaßte und wie im Delirium zärtlicher Besitzergreifung ausrief: »Das alles gehört mir!« – woraufhin Mel Brooks das Jackett von Sid Caesar aufknöpfte, die Brieftasche herausnahm, sie küßte und erwiderte: »Und alles das gehört mir!« Nach mehreren lukrativen, aber anonymen Schreiberjahren wünschten sich diese Schriftsteller nur noch eins: namentlich genannt zu werden. Sie schrieben zu siebt für Sid Caesar, und wenn jemand fragte: »Wer hat diesen Gag geschrieben?«, so antworteten sie zu siebt unisono: »Ich!« So sah man denn in den sechziger Jahren einige schikanierte Schreiberlinge die Bühne betreten, weil sie es leid waren, ihre Schecks durch einen Komiker als Mittelsmann zu erhalten. Gegenwärtig beherrschen sie das amerikanische Kino wie eine Mafia der Meschuggenen, deren Vetternwirtschaft raffiniert ausgeklügelt ist.

Woody Allen nimmt für sich in Anspruch, der direkte Erbe von Groucho Marx zu sein. Mel Brooks erklärt jedem, der es hören will, Jerry Lewis, Danny Kaye und er selbst seien die mutmaßlichen Söhne von Harry Ritz – und auch, daß er Woody Allen verehre. Der hob Jerry Lewis damals in den Himmel, aber heute macht er ihn runter. Gene Wilder imitierte in seiner Jugend Jerry Lewis und Danny Kaye, aber obgleich er als Jerome Silberman geboren wurde, schwört er, keine Ahnung zu haben vom amerikanisch-jüdischen Humor, den er jedoch schmerzlos geerbt hat. Ken Shapiro fühlt sich am ehesten Mendel Berlinger (Milton Berle) verwandt, dem wahren Vater der Komikershows im Fernsehen. Im Argot des Metiers nennt man Onkel Milt auch »die große Banane«. Und Mel Brooks schließlich hat mir erzählt: »Als ich ein Kind war, glaubte ich, daß alle Menschen Juden seien, inklusive Roosevelt und Tolstoi.«

Doch selbst wenn es diese Wahlverwandtschaften nicht gäbe und wenn sie nicht in allen Interviews dieser Herrschaften immer wieder erwähnt würden, könnte man sie aus ihren Werken selbst herauslesen. Sie reflektieren die Mischung aus Pessimismus und Unverschämtheit, die man im fatalistischen Humor der Tyrannen-Opfer wiederfindet, den alle Juden besitzen. In Anlehnung an das Wort Galgenhumor könnte man ihn auch K̲r̲e̲m̲a̲t̲o̲r̲i̲e̲n̲h̲u̲m̲o̲r̲ nennen. Die Einsamkeit des Spermiums, das – mit anderen zusammengesperrt – in eine Vagina geschleudert wird, fataler Ausgang aller Dinge (EVERYTHING YOU ALWAYS WANTED TO KNOW ABOUT SEX): dieses von Woody Allen erfundene Bild ist beredt und ergänzt die freudianische Vorstellung um die uralten Schrecken, die auf die Pogrome zurückgehen. Schon lange vor LOVE AND DEATH war Allen vom Tod besessen, »eine der wenigen Sachen, die man ebensogut im Stehen wie im Liegen machen kann«. Der Grundgedanke, der seine Filme durchzieht, ist der, daß es, was auch geschehen mag, immer noch schlimmer kommen kann. »Auch ein Zyklop kann sich ein Gerstenkorn fangen.« Diesen Pessimismus teilt – obwohl er sich bester Gesundheit erfreut – auch Mel Brooks, der einem Reporter von Time seine literarischen Vorlieben anvertraute: »Ich würde gern den Sarg von Dostojewski aufbrechen, ihm die Skeletthände drücken und ihm zubrüllen: ›Bravo, verflixtes Genie!‹« Einmal hörte ich Brooks im scherzhaften Plauderton die Herrschaft der Gewalt in den Straßen von New York beschreiben: »Alles, was die Verliebten bei ihren nächtlichen Spielen in New York als Begleitmusik zu hören bekommen, ist: ›Nicht meine Augen, alles, nur nicht meine Brille, laßt mir die Augen!‹« Ein Bild, dessen Lyrismus, wie man zugeben muß, schon etwas Apokalyptisches hat.

Der Held von THE TWELVE CHAIRS ist in gewissem Sinne das genaue Echo dieser Traumata: er, der nach viel Mißgeschick sein Glück darin findet, auf öffentlichen Plätzen den Epileptiker zu spielen und sich mit seinem Idol Dostojewski zu identifizieren. Der Protagonist in YOUNG FRANKENSTEIN definiert seinen Masochismus noch genauer, wenn er während eines Seminars über Chirurgie aufschreit: »Ich interessiere mich nicht für den Tod, sondern für das Leben!« – wobei er einen gestischen Lapsus begeht: er stößt sich ein Skalpell in den Schenkel. Seine Berufung ist, auch wenn er es leugnet, der Tod, und das Monster, das dessen Inkarnation ist, wird nicht nur sein bester Kumpel, sondern beim Auftritt in der Music Hall schließlich ein perfekter Partner, von dem er sich, durch eine überaus bezeichnende Übertragung, die sexuellen Attribute borgt. Es ist schon merkwürdig, daß in den beiden erfolgreichsten Filmkomödien des Jahres 1975, LOVE AND DEATH und YOUNG FRANKENSTEIN, so verliebte Oden an den Knochenmann gesungen werden, die beide in einer heiteren und freundschaftlichen Vereinigung mit einem bereitwillig angenommenen Tod enden.

Bei Woody Allen gibt es auch eine Faszination für den Selbstmord in allen seinen Formen (er ist zum Beispiel besessen von van Goghs Ohr, auf das er oft Bezug nimmt) und für das politische Attentat, ein Akt, von dem es kein Zurück gibt und der bei Ken Shapiro ein burleskes Echo findet: etwa in *The Grove Tube* die 23. Ermordung des Präsidenten der USA, die durchaus an das Attentat auf Kuba erinnert, das in BANANAS live aus Havanna übertragen wird. Diese morbiden Neigungen können, auf die Spitze getrieben, zu zwei extremen jüdischen Reflexionen über die Endlösung führen: einerseits zu der unfaßlichen Katharsis in THE PRODUCERS und *Which Way to the Front*, andererseits zu einer fast totalen Himmelfahrt der Ko-

Young Frankenstein

mik in Jerry Lewis' Film *The Day the Clown Cried* (1972 gedreht, aber wegen eines langwierigen Prozesses noch nicht veröffentlicht). Alle jüdischen Komiker Amerikas haben einen ausgeprägten Hang zum Tragischen: außer Chaplin haben – auf der Bühne oder der Leinwand – Larry Semon, Eddie Cantor, Groucho Marx, Jerry Lewis, Milton Berle und Ed Wynn dramatische Rollen gespielt.[3]

Ich habe von den Pogromen gesprochen, jenen Vorbedingungen von Gulag, die den bewährtesten Weg darstellen, nach rechts zu marschieren in bestimmten linken Ländern, die nicht gerade für ihren Humor berühmt sind. Es ist nicht nur die Tatsache, daß Kaminsky und Konigsberg entfernt russischen Ursprungs sind, was sie dazu getrieben hat, das zaristische Regime und das des beginnenden Bolschewismus in zwei Filmen zu attackieren. Wie auch immer das Regime sein mag: es ist nicht sehr günstig, an den Ufern der Newa israelitisch zu sein. Das Bild, das Allen und Brooks vom alten Rußland haben, ist ein Bild der Rache: es riecht mehr nach *Fiddler on the Roof* als nach *Les nuits moscovites*. Es ist bekannt, daß zu Mel

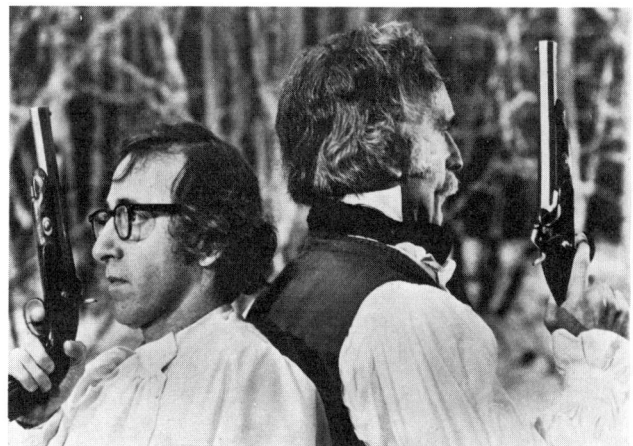

Love and Death

Brooks' Lieblingsautoren Gogol, Turgenjew, Tolstoi – und Isaac Babel gehören. Woody seinerseits fühlt sich mehr zu Tschechow, Dostojewski und Eisenstein hingezogen; ihm gelingt es sogar, einen Dialog zu improvisieren, der vollständig aus Romantiteln von Dostojewski zusammengesetzt ist: »Ich habe hier die Geschichte eines der Brüder Karamasow! – Tatsächlich? Das ist wirklich ein Besessener! – In seiner Jugend hat man ihn erniedrigt und beleidigt. – Ein echter Idiot, es scheint, daß er ein Spieler war ...«[4]
Aber dieses napoleonische Rußland ist das eines Juden, des-

sen Mutter die besten Blinis backt, die von niemandem übertroffen werden, und der gleichzeitig erfährt, daß Spinoza Jude war und daß die deutschen Juden gelbe Armbinden tragen; tatsächlich läßt sich dieses Kind, dem niemand erklärt hat, was ein Jude ist, von seinen Brüdern kreuzigen. Später sehen wir ihn als Erwachsenen in der Armee subversive Ideen verbreiten: zum Beispiel daß das Land von den Leibeigenen regiert werden müsse, oder sogar von den Juden. Die Metaphysik dieses Helden führt direkt hinein in die reine Absurdität – vom Nicht-Sein im Sinne Sartres (er spricht von der »leeren Leere«) bis zum Nonsens von Lewis Carrol (»Der alte Gregor hatte einen Sohn, den jungen Gregor. Der Sohn des jungen Gregor war älter als der alte Gregor – niemand hat jemals begriffen, warum«). Indem er sich den offensichtlichsten Annahmen des Nihilismus hingibt, nähert sich Allen Laurence Sterne und Lichtenberg, diesen beiden Säulen des Nonsens.

THE TWELVE CHAIRS ist zweifellos nicht der beste Film von Mel Brooks. Nach THE PRODUCERS gedreht, verdient er jedoch keineswegs die totale Verachtung, die ihm bei der französischen Kritik zuteil wurde, die keinerlei Sinn für Chronologie hat und auch der Tatsache absolut nicht Rechnung trägt, daß jemand die Skala seiner Ausdrucksmöglichkeiten erweitert. Es ist auf

The Twelve Chairs

20

jeden Fall die beste unter den bekannten Filmversionen des berühmten Stücks von Ilf und Petrow, eingeschlossen die kubanische, die schweizerische, die sowjetische und auch die fragmentarische amerikanische Fassung von 1945, *It's in the Bag* (auch: *The Fifth Chair*) von Richard Wallace, ein immerhin sehr komischer Film, in dem Fred Allen, Jack Benny und Robert Benchley spielten.

Obwohl Brooks sich das Sujet vollkommen zueigen gemacht hat, spielen typisch jüdische Witze keine Rolle. Alle Freiheiten, die er sich mit dem Sujet herausnimmt, sind Kapriolen, die er auf der Ebene des Ungebührlichen ablaufen läßt. Genauso wie BLAZING SADDLES – mitnichten eine einfache Satire auf den Western – sich um nichts anderes dreht als um die Idee des Rassismus, ist THE TWELVE CHAIRS ein Film über das Geld, das bevorzugte Komödiensujet für das, was eine kanadische Kritikerin die Städtisch-Jüdische Wiederauferstehungsbewegung genannt hat.[5] Es ist ganz offensichtlich, daß die Gewinnsucht des Popen Fyodor und Vorobyaninovs, dieser beiden brooksschen Archetypen, genau dem Modell der PRODUCERS entspricht. Das Duo Dom DeLuise/Ron Moody reproduziert das Tandem Zero Mostel/Gene Wilder in seinem Gleichgewicht aus Heißhunger und Übererregung. Der Film, um alle

The Producers

21

Abschweifungen verkürzt, wird zu einer wilden Verfolgungsjagd nach einem unverdienten, amoralischen Besitz, zu dem man sich politisch nicht bekennen kann. »In der Sowjetunion gibt es kein Privateigentum«: dieses Axiom machen sich bei ihrem wilden Wettrennen die beiden glühenden Pfennigfuchser zunutze, die ganz Rußland abgrasen, von Moskau bis Sibirien in einem Slapstick-Delirium, das von Ilf und Petrow nicht vorgesehen war. Die beiden Protagonisten ohrfeigen sich, beißen sich, schlagen sich wechselseitig nieder und werfen sich in der bösartigsten Manier der Three Stooges Knüppel zwischen die Beine. Als Autor hat Brooks einen Dreh gefunden, der ihm ganz allein gehört, nämlich die Komik der fixen Idee, die ihm alles erlaubt: Kehrtwendungen, Schnitzer und falsche kausale Beziehungen ohne Beispiel. So etwa jene wie eine Kupplung funktionierende Replik des Popen Fyodor, dessen berechnender Kopf seine Sprache bestimmt: »Ich bin der Cousin Stuhl!«[6]; oder jene Zick-Zack-Bewegung seiner Gedanken: »Meine Mutter stirbt, ist gestorben, stirbt!« Die physische Zerstörung folgt daraus mit fataler Zwangsläufigkeit: unsere beiden Helden machen im Verlauf des Films Kleinholz. Diese gesunde Aktivität gipfelt in zwei Orgien der Vernichtung: in Fyodors orgiastischer Zertrümmerung von elf Stühlen am Ufer des Schwarzen Meers und dann in der systematischen Zerlegung des Clubhauses der Eisenbahner, in das der verlorene Schatz investiert worden ist.

Man kann in diesem Wutausbruch die Apotheose des brooksschen Ritus erkennen, die sado-masochistische Idylle zwischen zwei Männern. Ob es sich dabei um eine Ableitung der brechtschen Idee des »lieben Feindes« handelt, wie man sie in dem Stück *Im Dickicht der Städte* finden kann, vermag ich nicht zu sagen, aber das Grundmuster ist unverkennbar vorhanden. Brooks ist in allem, was er anfaßt, auf höchste Steigerungen aus, und das ist etwas, das er gemeinsam hat mit Tex Avery, Chuck Jones und Ernest Pintoff (mit dem er noch andere Gemeinsamkeiten teilt und zu dessen Kurzfilm THE CRITIC er den Dialog geschrieben hat). Selbst seine Kommentare über das sowjetische Regime sind eine einzige Abrechnung. Man braucht nur jene zwei unvergeßlichen Theaterplakate zu zitieren: »Glanz und Elend der herrschenden Klasse – eine Komödie« und »Hamlet und die Oktoberrevolution – von Shakespeare und Popow«, ganz zu schweigen von den Straßen, die

22

nach Marx, Engels und Lenin benannt sind, sowie nach Trotzki, dessen Name wild durchgestrichen ist. Man verzeiht Mel Brooks nur wenig, denn sein System ist geradezu lächerlich übertrieben, aber man muß zugeben, daß er sich auf dem Gebiet des schlechten Geschmacks seine Sporen verdient hat.

Oder wie er es auf seine bescheidene Art ausdrückt: »Vor meiner Zeit waren die Furzer eine frustrierte Minderheit – heute hat sich Amerika, dank meiner Hilfe, mit den Furzern versöhnt.« Man kann es unmöglich leugnen. Brooks ist ein Kunstvandale, er ist davon besessen, sein Sujet zu verwüsten, und deshalb geht er auch immer über die Parodie hinaus und endet im Chaos. Sein Humor unterhalb der Gürtellinie erreicht das Unterbewußte des Straßenkehrers ebenso wie das des Studenten und der kleinen Näherin. Und in THE TWELVE CHAIRS will er sich mit seiner Physiognomie, die eine Mischung aus Elia Kazan und Borrah Minevitch ist, und dem Muschik-Kostüm eines Dieners zweier Herren unbedingt mit einem Straßenkehrer identifizieren. Das schon würde übrigens genügen, falls das noch nötig wäre, ihm ein swiftsches Temperament zu bestätigen. Man kennt ja schließlich die skatologische Neigung des Autors von *Meditations on a Broomstick*[7]: »Was ist der Mensch denn schon anderes als ein Wesen, bei dem alles durcheinander geht und dessen animalischen Triebe ständig die seines Geistes überwältigen? Der Mensch ist sicher nur ein Besen.« Akzeptiert man die psychoanalytische Gleichsetzung von Geld = Fäkalien, so findet die mörderische Leidenschaft von Brooks für die Gewinnsucht in allen ihren Formen sofort eine Erklärung.

Die Vulgarität läßt sich ebensowenig wie die Nobilität übertragen: sie ist eine angeborene und königliche Gabe. Ken Shapiro hat sie, der zwischen einer Anspielung auf *2001 – A Space Odyssee* und einer anderen auf die eleganten Luftsprünge von Fred Astaire (den er auf die Bewegungen einer füllig gewordenen Elfe reduziert) nicht zögert, aus einem Wasserhahn eine Sturzflut von Exkrementen hervorbrechen zu lassen, die ein »neues Schmiermittel« mit Namen Uranus sein sollen – was Jonathan Swift oder Rabelais entzückt hätte. *The Grove Tube,* diese Sintflut von unglaublichen Sketches, orchestriert die Olympischen Sexspiele, die via Satellit übertragen werden, mit freien, kommentierten Figuren und »Instand Replay« in Zeitlupentechnik, wobei sich ein Moderator mit Peniskopf über die Gefahren der Gonorrhöe ausläßt. Unverantwortlich frech macht sich Ken Shapiro, der ebenfalls seine eigenen Filme schreibt, inszeniert und interpretiert, über das ganze Fernsehprogramm der USA her, von der viertelstündigen ekelerregenden Kochsendung bis zu den frischen Neuigkeiten aus Vietnam (Direktsendung aus »Suc My Dic« und aus »Longh Wang«), und er nimmt auch noch die Vormittagssendung für Kinder mit, in der ein ziemlich abscheulicher Clown für unsere lieben Kleinen besonders eindrucksvolle Passagen von de Sade und aus *Fanny Hill* auswählt.

Es ist schade, daß Gene Wilder in seinem ersten Film, den er ganz allein machte (*The Adventures of Sherlock Holmes' Smarter Brother*), sich von dieser subversiven Hemmungslosigkeit nicht vollkommen hat hinreißen lassen. Die Eigenliebe des Schauspielers, der zum erstenmal sich selbst überlassen ist, und der zweifellos entschuldbare Ehrgeiz, sich eine eigene Welt zu schaffen, haben ihn dazu veranlaßt, sich von seinem alten Kumpel Mel Brooks deutlich abgrenzen zu wollen und im Subtilen zu häkeln. Er lehnte es sogar ab (tat er recht daran?), sich den wunderbar komischen Film anzusehen, den sein Beinahe-Namensvetter Wilder (Billy) Sherlock Holmes gewidmet hat[8]. Er hätte dann vielleicht weniger hartnäckig darauf bestanden, die Welt der kleinen Schauspielerinnen und die Kulissen von Drury Lane zu beschwören. Das war der falsche Weg, schon allzu glatt, den er auch nicht durch seine Streifzüge in der musikalischen Nostalgie wieder aufrauhen kann: seine Duelle viktorianischer Lieder und seine Opernnachbildungen taugen nicht viel mehr als sein vollkommen uninspiriertes »Kangaroo Hop«. Schlimmer ist noch, daß er den wunderbaren Schauspieler im Stich läßt, den wir so sehr bewundern. Indem er sich mit Sigi Holmes die Rolle eines eiskalten Perfektionisten zulegt (mag der auch ein Hosenscheißer sein), nimmt er sich seinen besten Trumpf aus der Hand. Er ist der Champion der hysterischen Szene, der Nervenzusammenbrüche, die wie Erdbeben sind, und davon hat er hier keinen einzigen, er, der so herrlich mit den Füßen stampfen und seine Selbstkontrolle verlieren kann (was für eine bewundernswerte Szene in THE PRODUCERS, wo er stöhnt: »Ich geh kaputt, ich geh kaputt!«).

Aber Ironie des Schicksals will es – und die rettet den Film –, daß er, ohne sich darüber recht im klaren zu sein, voll in eine Ungeheuerlichkeit à la Brooks zurückfällt, die ihm zur zweiten Natur geworden ist. Seine Königin Victoria flucht wie ein Stallknecht, und Moriarty jongliert mit Haufen von Giftschlangen, als handele es sich um Spaghettis oder um eine Haarwaschmittelreklame für die Medusa, und ein Auto fällt vom Schnürboden auf die Theaterszene. Sigi Holmes, der bei einem Minister eingeladen ist, streut eine riesige Pralinenschachtel aus, oder er stolziert bei einem Ball der High Society

The Adventures of Sherlock Holmes' Smarter Brother. 1975

mit dem Hintern in der frischen Luft, ohne zu merken, daß er seinen Hosenboden verloren hat. Kurz, man muß das Vulgäre nur wegjagen, schon kommt es im Galopp zurück. Und wenn sich Gene Wilder wirklich anstrengt, dann gelingen ihm einige fabelhafte Szenen, wie jenes Fiaker-Duell im Nebel, wo Schläge mit riesigen Aushängeschildern ausgetauscht werden, visuelle Kalauer, eines Magritte würdig, der in der Deichsel ausschlagen würde.
Kurz: im System von Brooks wie in der Galaxie Allen – und auch im Umfeld ihrer jeweiligen Satelliten – kommt alle Ökonomie aus der Verklemmtheit, die zur Verstopfung führt. Da gibt es schamhafte Juden, und es gibt Komiker, die sich selbst

strangulieren, die sich frustrieren. Aber wenn man die Komik des Unaussprechlichen praktiziert, wenn man das absolute Delirium von der Frustration befreit, dann erreicht man den Mythos, ohne es beabsichtigt zu haben, und man schüttelt sich aus vor Lachen im richtungslosen, zeitlosen und ansteckenden Nonsens.

1 Gemeint ist der Film *Messias* von Roberto Rossellini (1975), eine französisch-italienische Koproduktion. (Anm. d. Übers.)
2 das Verleihjahr 1975/76 (Anm. d. Übers.)
3 z. B. in *Underworld, George Has a Birthday, Time for Elizabeth, The Jazz Singer, Doyle Against the House, Diary of Anne Frank* und *Death of a Salesman* – keine vollständige Liste, denn einige dieser Komiker haben mehrere dramatische Rollen gespielt.
4 Eine ähnliche Prachtleistung hat früher schon der andere Kaminsky vollbracht; ich erwähnte schon Danny Kaye, in dessen Film *Up in Arms* ein ganzes Lied, geschrieben von seiner Frau Silvia Fine, sich aus den Namen sämtlicher russischer Komponisten von Rimski-Korsakow bis Tschaikowski zusammensetzte. Auch Kaye war wenigstens einmal seiner Abstammung treu, indem er in einer Verfilmung des *Revisor* einen Gogol-Helden spielte.
5 Susan Rice in der Zeitschrift »Take One« subsumiert unter diesem Titel außer den Filmen von Brooks und Allen auch die von Carl Reiner und von Bud Yorkin-Norman Lear, besonders *Where's Poppa* und *Start the Revolution Without Me.* (»Take One«, Dez. 72)
6 I'm the cousin Chaire! (Anm. d. Übers.)
7 Pamphlet von Jonathan Swift (1710). (Anm. d. Übers.)
8 The Private Life of Sherlock Holmes. 1970

Übersetzung: Peter H. Schröder

Am Anfang war das Ohr

Von Vincent Canby

Alvy Singer, der Knabe, den Woody Allen in ANNIE HALL spielt, ist deprimiert wegen lebender Hummern und wegen fast allem anderen, was einem so einfällt, bis hin zur Vorstellung von einem wachsenden Universum. Alvy gehört zu jener Sorte Knaben, die sich mit der Erkenntnis plagen, daß – wenn man nur lange genug herumhängt – Coney Island fünf Milliarden Lichtjahre von Brighton Beach entfernt sein wird.

Alles verändert sich. Nichts hat Bestand, weder Bierflaschen noch Buicks noch das Universum. Ob die Dinge nun so sind oder nicht, es kommt darauf an, wie wir sie sehen, besonders in einer kapitalistischen Gesellschaft, in der das wachsende Universum sich wiederfindet im Wirtschaftswachstum und seinen Bedürfnissen. Es reicht nicht, daß der Profit dieses Jahres dem des vorigen Jahres gleicht; es wäre kein Fortschritt, wenn er nicht zehn Prozent höher wäre. Sich an das zu klammern, was man hat, zieht einem den Boden unter den Füßen weg. Das ist unsere Faustregel. Wir stellen Bewegung fest und nennen es Fortschritt. Es gibt in den populären Künsten eine schreckliche Tendenz, Bewegung als Fortschritt zu beschreiben, wenn es sich nur um Veränderung handelt. Was wir leicht übersehen oder unterschätzen, ist die Erfüllung.

Ich bin wie Alvy Singer beunruhigt. Ich bin beunruhigt, wenn die Leute darauf bestehen, daß Woody Allens schöner, witziger, sorgenvoller, brilliant realisierter Film MANHATTAN ein Durchbruch amerikanischer Filmkomödie sei, das letzte Wort des Kinos über die Siebziger. Hätten die gleichen Leute Woody verabschiedet, wenn er einen Film gemacht hätte, der »nur« so gut wie SLEEPER oder LOVE AND DEATH gewesen wäre? Ich bin nicht nur um Woody besorgt, sondern um uns alle. Wenn wir sagen, daß Woody sich kontinuierlich selbst übertrifft, erkennen wir das richtige Phänomen auf die falsche Art. Wir bewerten die Bewegung höher als die Erfüllung, und wir beschreiben den kreativen Prozeß, als wäre er etwas, das sich linear verfolgen ließe – wie ein Hunderennen.

Weder Woody noch die amerikanische Filmkomödie verändern sich wirklich. Sie entdecken, was schon immer vorhanden war. Wenn wir das verstehen, könnte unser Leben und das unserer Künstler ein bißchen heiterer werden.

Woody Allens Schulden bei Bob Hope:
Während der Vorführung einer umfangreichen Kollektion von Ausschnitten aus Komödien von Bob Hope – eine Anthologie, die Woody Allen zusammengestellt hatte und die anläßlich einer Hope-Ehrung im Lincoln Center gezeigt wurde – überraschte mich Hopes physische Grazie und sein Timing, Qualitäten, die Woody so bewundert, aber noch mehr überraschte mich Woodys Freundlichkeit, Hope soviel besonderes Können zuzuschreiben, und schließlich die Entdeckung, daß Sachen, die ich einst irrsinnig komisch fand in den Filmen von Hope, jetzt mechanisch und gar nicht komisch wirkten. Hope hat sich nicht verändert, aber ich habe mich verändert. Die Art Komödie, in der er am besten ist, scheint für mich nicht länger wichtig zu sein. Aber es könnte gut sein, daß wir ohne Hope niemals Allen gehabt hätten, zumindest nicht den, den wir jetzt zu kennen glauben.
Der Höhepunkt jenes Kompilationsfilms war nicht ein Ausschnitt aus irgendeiner Hope-Komödie, sondern aus Woodys LOVE AND DEATH, mit dem Woody zu demonstrieren versuchte, was er von Hope gelernt hat. Das ist die Szene, in der sich bei einem großen Militärball eine gefährlich eingeschnürte Schönheit Woody nähert und ihn einlädt, sie um Mitternacht in ihrem Zimmer zu besuchen. »Ja«, sagt Woody/Hope, »werden Sie denn *auch* da sein?« Ich glaube, es gibt einen kleinen, aber wichtigen Unterschied zwischen dem professionellen Charakter Hopes und dem professionellen Charakter von Woody damals. Hope wäre nie darauf gekommen, sich Sorgen zu machen, ob die Dame auch da sein würde oder nicht. Woodys Unsicherheiten sind wirkungsvoller als Hopes freche Unterstellungen.

Sind die Filme von heute besser oder schlechter als die, die vor dreißig oder vierzig Jahren gemacht wurden?
Diese Frage wird einem, der regelmäßig über Film schreibt, häufig gestellt, und die Leute, die sie stellen, haben gewöhnlich eine Antwort. Sie sind davon überzeugt, daß die Filme von

heute nicht mit dem vergleichbar sind, was in den großen alten Studio-Tagen herauskam, als wir jedes Jahr unsere Portion Bogart, Cagney, Marx Brothers, Bette Davis, W. C. Fields und von anderen Stars erhielten, die jetzt in unseren Programmkinos auftauchen. Sie erinnern sich nicht an all die anderen Filme, die wir aushielten, Filme, in denen Leute wie Richard Arlen, Kay Francis, Rory Calhoun, Richard Dix, Helen Twelvetrees und Anne Sten spielten.

Ich habe keine Ahnung, ob die Filme von heute besser oder schlechter sind als die von damals. Eines nur ist sicher: sie – und wir – sind anders, und wir betrachten die Filme von heute von einem anderen Blickpunkt aus. Weil uns die Filme einer früheren Ära vertraut sind, sind unsere Erwartungen an die Filme von heute anders. Wir haben jetzt ein Kino-Erbe, die Anhäufung von Filmerfahrung. Statt uns sehnsüchtig zu machen nach der guten alten Zeit, sollte uns dieses Erbe kritischer machen gegenüber dem Zweitrangigen und empfänglicher für ein Talent wie das von Woody Allen, zumal dann, wenn er in unentdecktes Gebiet aufbricht, um einen Film wie INTERIORS zu versuchen, was dann schließlich zu MANHATTAN führt.

Was läßt uns lachen?
Es sind sicher mehr langweilige Worte in dem sinnlosen Versuch, Komödie zu definieren, geschrieben worden als über die Heilige Dreifaltigkeit. Lachen läßt, was witzig ist – und umgekehrt. Solche Sachen verändern sich oft mit den Jahren, nicht immer zum besseren. Humorschwellen verändern sich wie Sandbänke im Meer. Eine der komischsten, zwerchfellerschütterndsten, witzigsten Geschichten, an die ich mich aus meiner Kindheit erinnern kann, ist die Erzählung von Chicken Little, das auf dem Bauernhof umherrannte und schrie, daß der Himmel herunterfalle, nachdem ihm (ich hoffe, ich erinnere mich richtig) eine Eichel auf den Kopf gefallen war. Heute würde ich Chicken Little vielleicht nicht mehr für einen solchen Schenkelschläger halten, aber ungefähr zur gleichen Zeit, vielleicht ein oder zwei Jahre später, reagierte ich mit Lachkrämpfen auf die Prunkzimmer-Sequenz in *A Night at the Opera* mit den Marx Brothers. Ich habe diese Sequenz seither mehr als ein Dutzendmal gesehen, zum letztenmal während der letzten zwei Jahre, und sie ist immer noch so komisch wie damals.

Die großen Filme der Marx Brothers – *Animal Crackers, Horse Feathers, Duck Soup, A Night at the Opera* – stammen aus einer Zeit, die wir heute als die frühen Tage des Tonfilms kennen, aber diese Position in der Filmgeschichte allein macht sie weder besser noch schlechter.

Ich bin unfähig zu analysieren, was sie so komisch macht, und ich bin statt dessen mit der Erkenntnis zufrieden, daß gewisse Arten von Filmkomödien der Zeit trotzen. Und weil das so ist, wäre der Versuch, Komödie als etwas zu analysieren, das von Punkt A gekommen ist und sich über die Jahre auf die Punkte X und Y zubewegt hat, lächerlich. Werden Woody Allens Filme der Zeit trotzen? Ich hoffe es.

Das Folgende ist eine spontane Liste der besten amerikanischen Filmkomödien aller Zeiten:
Chaplins *City Lights, Monsieur Verdoux, Modern Times* und *The Idle Class*; Jackie Gleasons Halbstunden-Serie *The Honeymooners,* die er in den fünfziger Jahren für das Fernsehen machte; Buster Keatons *The Navigator, The General* und *The Projectionist*[1]; Mel Brooks' YOUNG FRANKENSTEIN; Woody Allens TAKE THE MONEY AND RUN und ANNIE HALL; Jerry Lewis' *The Nutty Professor*; Laurel und Hardys *Way Out West* und viele Kurzfilme, deren Titel ich vergessen habe; alle oben erwähnten Filme der Marx Brothers; W. C. Fields' *It's a Gift, The Dentist, The Pharmacist* und *The Bank Dick.*

Der Genius des Komischen, der in jedem dieser Filme offensichtlich ist, hat sehr wenig mit der Zeit zu tun, in der ein bestimmter Film gemacht wurde, abgesehen von gewissen oberflächlichen Stilformen, und diese Stilformen haben weniger mit der Zeit als mit der Methode zu tun. Chaplin wie auch Keaton kommen von der Music Hall und vom Vaudeville, was sich an Chaplins Vorliebe ablesen läßt, eine komische Sequenz ungeschnitten zu zeigen, als sei das alles auf einer einzigen Vorbühne zu sehen. Keaton dagegen war ein Meister (unter anderem) der Film-Illusion, wie in seinem außerordentlichen *The Projectionist*[1], wenn Buster in dem Kino, in dem er arbeitet, in die Handlung auf der Leinwand hineinspaziert und sie wieder verläßt. Gleiche Ursprünge, unterschiedliche Stilformen.

---

[1] gemeint ist *Sherlock Jr.* (Anm. d. Hrsg.)

Buster Keaton: Sherlock Jr. 1924

W. C. Fields, die Marx Brothers und Will Rogers nutzten nicht nur ihre Bühnenerfahrung in ihren Filmen aus, sondern auch ihre Nummern, und keiner von ihnen fühlte sich durch die Ursprünge eingeengt. Ihre Filme sind eindeutig als Filme erkennbar und nicht als gefilmte Bühnenauftritte.

Wodurch wird ein Film wie National Lampoon's Animal House[2] *so populär?*
Ich habe keine Ahnung, möchte aber, weil *Animal House* mehr Geld eingespielt hat als jeder Woody-Allen-Film, eine Vermutung wagen. Als *Animal House* auftauchte, wurde er von ein paar Kritikern, auch von mir, ziemlich scharf angegriffen als ein besonders schlampig gemachter Film, in dem es kaum eine Sequenz oder einen einzelnen Gag gibt, die nicht durch besseren Schnitt oder besseres Timing gewonnen hätten. Dennoch ist der Film oft sehr komisch, und retrospektiv betrachtet, scheint er es teilweise deswegen zu sein, weil die Schlampigkeit ein Reflex der Schlampigkeit und Faulheit sei-

[2] R: John Landis. 1978.(Anm. d. Hrsg.)

National Lampoon's Animal House. 1978

ner Figuren ist. Obwohl der Film in den noch nicht so lang zurückliegenden Sechzigern spielt, ist seine Respektlosigkeit genauso Rebellion gegen Ordnung und Konformismus der späten Siebziger wie gegen die übertrieben enge Campus-Verwaltung, die er verspotten will.

Keine Anstrengung der Einbildungskraft macht aus *Animal House* eine klassische Filmkomödie, aber der Film gefällt uns wegen seiner enthusiastischen Parteinahme für eine Art roher, billiger Komödie, die wir mit College-Humor assoziieren, und weil er lüsterne Seitenblicke und Schwatzhaftigkeit in einer Weise einsetzt, die an den Großen Groucho erinnert. Dem Film fehlt auch jede Andeutung der Wildheit von Grouchos Witz – aber schließlich: welcher Film, der nicht von den Marx Brothers ist, hat das schon?

Wer sind die beiden gescheitesten Komiker von heute in Amerika?
Das ist leicht. Mel Brooks und Woody Allen, die beide ihre Karriere damit begründeten (vermute ich), daß sie mit den Ohren am Radio klebten und Bob Hope, Jack Benny, George

Burns und Gracie Allen, Joe Penner, Ed Wynn, Eddie Cantor und »Es zahlt sich aus, dumm zu sein« zuhörten. Am Anfang war das Wort, und gleich nach dem Wort kam das Ohr, es aufzunehmen. Brooks und Allen fingen als Komödienschreiber an, verkauften ihre Gags an etablierte Komiker. Das Wort oder der Gag hatten übergroße Bedeutung, und jeder Mann wurde gebraucht, der über ausreichende Disziplin verfügte, durch die das Wort zu größtmöglichem Effekt gelangt.

Woody wurde ein Komiker, dessen Mittel der Monolog war. Als Brooks anfing, Filme zu machen, war klar, daß er einer der komischsten lebenden Männer ist, aber seine ersten Filme waren entweder zu chaotisch wie THE PRODUCERS oder zu formal wie THE TWELVE CHAIRS. Erst als Brooks mit seinen Parodien anfing, fand er die Disziplin, die ihm fehlte, in den Grenzen, die ihm das Genre setzte, das er parodierte. Noch immer macht er Filme wie Weihnachtsstrümpfe, in die alles nur Erreichbare gesteckt wird, von Diamantenuhren bis zu Walnüssen, von guten bis zu schlechten Gags. Man kann nicht sicher sein, wohin Brooks nach seinen Erfolgen mit YOUNG FRANKENSTEIN, SILENT MOVIE und HIGH ANXIETY gehen wird, aber schließlich sollte man sich derartiger Dinge nie so sicher sein.

Das Woody-Allen-Phänomen ist so faszinierend, weil es unter unseren Augen stattgefunden hat. Es sind erst zehn Jahre vergangen seit TAKE THE MONEY AND RUN, diesem herrlich komischen Film-Monolog über einen erfolglosen Bankräuber namens Virgil Starkwell. In den Filmen, die danach kamen, wurden wir nicht nur Zeugen des Wachsens eines Regisseurs und Schauspielers, sondern auch der Entwicklung von Woodys Leinwand-Figur von einem Jungen, der sich hinter komischen Namen verbarg und der sich mehr oder weniger von den schrecklichen Dingen, die ihm zustießen, absetzte, bis zu dem wirklichen Mann mit Gefühlen, den er heute in MANHATTAN spielt.

Die Welt, die Isaac Davis in MANHATTAN bewohnt, ist nicht unbedingt gesünder als die Comic-Strip-Welt von Virgil Starkwell, aber es ist eine Welt, in der Einsamkeit und Schmerz eine Bedeutung haben. Wir lachen in MANHATTAN, wenn Isaac Davis (Woody) sagt: »Ich hatte niemals eine Beziehung zu einer Frau, die so lang anhielt wie die Hitlers zu Eva Braun.« Das hätte auch Virgil Starkwell sagen können. Aber dieses Mal ist die Selbsterkenntnis mit Schmerz verbunden. Wenn Diane Keaton als tief gestörte junge Frau mit einer Neigung zu Affären, die dazu verdammt sind, unbefriedigend zu bleiben, herausschreit: »Ich bin eine schöne Frau. Ich bin hoch intelligent. Ich habe Besseres als dies verdient«, dann springt Woodys Komödie mitten ins Herz.

MANHATTAN ist ein sehr ernster und gleichzeitig sehr komischer Film. Es gibt ganze Passagen wie in früheren Woody-Allen-Filmen, aber der Blick ist jetzt länger, offener. Mit diesem Film dehnt er seinen Anspruch aus auf eine Art von Komödie, die – obwohl wundervoll wortreich – mit seinen Nachtclubauftritten als Komiker sehr wenig zu tun zu haben scheint. Aber hat Woody sich verändert? Ich glaube: nicht einmal für eine Minute. Ich habe den Verdacht, daß wir, haben wir erst einmal begriffen, wozu er fähig ist, zurückgehen und Dinge sehen werden, die wir vorher in BANANAS, SLEEPER, LOVE AND DEATH nicht gesehen haben. Nicht zuletzt erfrischend ist die Tatsache, daß Woody Allen die Möglichkeiten von Erfüllung innerhalb der Grenzen der kommerziellen Filmindustrie bewiesen hat. Hollywood (ganz generell) stranguliert seine besten Talente eben doch nicht immer. Manchmal befreit es sie sogar.

Gedruckt unter dem Titel *Notes on Woody Allen and American Comedy* in der *New York Times* vom 13. 5. 1979. Übersetzung: Christa Maerker.

Liebe, Tod und Brillengläser
Woody Allen und seine Filme

Von Hans Günther Pflaum

I

*Die meiste Zeit hab ich nicht viel Spaß und
die übrige Zeit gar keinen.*[1]

Der geborene Verlierer, als der sich Woody Allen in seinen
Filmen immer wieder präsentiert, ist reinste Fiktion. Er versteht es allerdings mit viel kreativem Geschick, die Kluft zwischen seinem Leben und der Selbstdarstellung in seinen Filmen durch autobiografische Anleihen zu verschleiern, die zu
einem erheblichen Teil sogar den Reiz seines Werks ausmachen. Wenn Dürrenmatt klagt, daß sein Kollege Max Frisch
Erlebtes und Beobachtetes niederschreiben könne, während
er selbst dagegen nichts erlebe und sehe, seine »Sachen« folg-
lich alle erfinden müsse, dann ist man schnell versucht, Woody
Allen auf dem Weg der Analogie zur Kategorie der Künstler
zu zählen, wie sie Max Frisch verkörpert; ein Blick auf Woody
Allens Biografie jedoch drängt da schnell erhebliche Zweifel
auf.
Woody Allen (als Allen Stewart Konigsberg 1935 geboren) ist
zwar wie sein Film-Ego in Brooklyn aufgewachsen, doch
längst nicht unter so ärmlichen und bedrückenden Verhältnis-
sen, wie es seine Filme vortäuschen. Seine Eltern hätten ihn
gern als Chef eines Drugstores gesehen; er jedoch vermied alle
Erfolge an der Universität, verdiente bereits mit 17 Jahren als
Gagschreiber einiges Geld, arbeitete mit 22 als Autor für prominente Fernseh-Komiker, unter anderem für die Garry-
Moore-Show, kassierte eineinhalbtausend Dollar in der Woche und trat schließlich selbst in einem Nachtclub auf, um die
eigenen Texte auf die Probe stellen zu können. In dieser
Nachtclub-Zeit, zu Beginn der sechziger Jahre, begann er bereits jene Figur zu entwickeln, die er in seinen Filmen vari-
ierte: den Underdog und notorischen Verlierer, den Geprü-

gelten, von den Frauen nicht für voll Genommenen, einen kleinen, rothaarigen, jüdischen, kurzsichtigen, sanft neurotischen Intellektuellen. Woody Allen hat diese Figur beständig weiterentwickelt, bis sie so einfach und klar wurde wie in MANHATTAN. Je weiter er in dieser Entwicklung sein Film-Ego von den Attributen des geborenen Verlierers befreite, desto näher scheinen sich dabei auch Leben und Film zu kommen, und in gleichem Maß gewinnt seine Komödie an Ernst und Konzentration.

Die vermeintliche Identität zwischen Schöpfer und Figur entstand in Woody Allens ersten Filmen vor allem durch die Übernahme äußerer Attribute; sein Leben diente ihm immerhin als ergiebiges Material für seine Arbeit. Späße, mitunter freilich auch grimmig gegen sich selbst gerichtet, gelten immer wieder den beiden ehemaligen Ehefrauen; seine Heimat Brooklyn und überhaupt New York sind aus seinen Filmen nicht wegzudenken, weder die Kneipen noch das kulturelle Klima der Stadt noch die Rolle, die Psychologie und Analyse für die Bewohner spielen.

Woody Allens Späße auf Kosten des eigenen Körpers übergehen, daß er vor Jahren ein gefragter Baseballspieler war und sich sogar als Boxer versucht hatte. Zudem lernte er Saxophon und Klarinette, schrieb zwei erfolgreiche Broadway-Stücke *(Don't Drink the Water* und *Play it Again, Sam)* und war wohl im Alter von dreißig Jahren bereits Millionär. Woody Allen ist kein Verlierer, eher ein geborener Sieger, der heute auf eine exakt getimte Karriere zurückblicken kann – aber er ist ein besessener Arbeiter, dem kein Sieg in den Schoß fiel, der jeden Erfolg mit eiserner Disziplin und mit einem gründlichen Hang zur Perfektion (wie es auch die Entwicklung seiner Filme von TAKE THE MONEY AND RUN, 1969, bis zu MANHATTAN, 1979, beweist) errungen hat.

Seine Filmkarriere beginnt mit der Entdeckung durch den Produzenten Charles F. Feldman, für den er 1964 das Drehbuch zu WHAT'S NEW PUSSYCAT? schreibt und eine kleinere Rolle übernimmt. Er mag den Film hinterher nicht; zu viele Änderungen am Buch und an der Besetzung, die auch seinen Part erheblich beeinträchtigten, soll der Produzent gegen den Willen des Autors durchgesetzt haben.

So verunglückt diese Sex-Komödie immer sein mag – was nicht unbedingt allein zu Lasten des Regisseurs Clive Donner geht –: in diesem Chaos finden sich einige wahnwitzig komische Momente, parodistische Glanztaten, die freilich in dem allgemeinen Wirrwarr untergehen; offensichtlich haben bei WHAT'S NEW PUSSYCAT? wirklich zu viele Leute mit- und hineingeredet. Dabei ist Woody Allens Urheberschaft vor allem bei der Konzeption der Figuren nicht zu übersehen: ein psychopathischer Psychiater (Peter Sellers), weibstoll, doch in ständiger Angst vor seiner Frau lebend, ein neurotischer Playboy (Peter O'Toole), der sich vor den Frauen kaum noch zu retten vermag (ein latenter Wunschtraum in fast allen Filmen Woody Allens) und schließlich der Autor selbst als Victor Shakopopolis (an den Namen scheint er nicht weniger zu tüfteln als einst Jean Paul oder später Karl Valentin). Victor jobt als Umkleider in einem pariser Striplokal, haust in einer entsetzlichen Junggesellenbude, man sieht ihn in einer Sauna ununterbrochen seine anlaufende Brille putzen, einem Mädchen im Bett in Playback-Methode zum Plattenspieler vorsingen und von einer angebeteten Frau erst dann geküßt werden, als diese volltrunken ist: alles Motive, die immer wieder variiert und weiterentwickelt werden.

Aufschlußreich ist, wie sich später selbst ein so beiläufiges Motiv wie die Behausung des Film-Ego verändert. Die Bude, die er in TAKE THE MONEY AND RUN bewohnt, ist so gräßlich wie in PUSSYCAT, seine Klamotten holt er – eine offensichtliche Anleihe beim frühen Chaplin – aus dem Kühlschrank hervor. In PLAY IT AGAIN, SAM (1971, Regie führte Herbert Ross) braucht sein Held keine exotische Armseligkeit mehr, sondern ist damit beschäftigt, Bücher und Schallplatten für den Besuch eines Mädchens möglichst eindrucksvoll, an ihren Titeln ausgerichtet, in den Vordergrund zu bringen. In ANNIE HALL (1976) spielt die Wohnung des Protagonisten eine ganz selbstverständliche Rolle als Lebensraum, den er indirekt sogar gegen die Frau, die er liebt, verteidigt; er will zwar, daß Annie zu ihm zieht, wehrt sich jedoch dagegen, daß sie ihre eigene Wohnung deswegen aufgibt. In MANHATTAN (1979) schließlich ist sein Appartment kaum anders gezeichnet als die anderen Orte, an denen man Menschen trifft; es ist für ihn wenig wichtiger als Straßen und Restaurants, Museen oder der Central Parc, auch die entscheidenden Gespräche finden oft außer Haus statt; so bleibt nur mehr das Schlafzimmer als fast symbolischer Raum, als »hortus conclusus«, aber auch da dringt,

What's New Pussycat?

zumindest akustisch, die Außenwelt störend ein, als nervtö-
tendes Geräusch in der Nacht, das klingt, »als wenn einer 'ne
Trompete zersägen würde«. Allein schon an den Wohnungen
läßt sich ablesen, wie das Film-Ego an Souveränität gewinnt
und sich vom geborenen Verlierer wegentwickelt.
Wehleidig oder larmoyant war Woody Allen freilich auch in
seinen Anfängen nicht. Victor (das lateinische Wort für Sieger) Shakopopolis behält, als Verlierer in PUSSYCAT, nicht nur
trotz des Chaos, das die Wahnsinnsdramaturgie verursacht, als
sie am Ende überaus intrigant zwei Dutzend Menschen in ein
Hotelzimmer zusammenführt, seine komische Identität als Figur, er darf auch seine Infantilität höchst anarchisch abreagie-
ren. Beim Schachspiel wehrt er sich gegen eine drohende Niederlage, indem er dem Gegner einfach Figuren klaut, den
Frauen begegnet er mit kessen Sprüchen wie »haben Sie mich
nicht schon irgendwo gesehen?«, und seine kleinen physischen

38

Play it Again, Sam

Schlappen macht er mit witzigen Albernheiten wett: »Ich hab mir den Finger verbrannt, ich geh mal schnell ins Bad und schreie!«

Die drei Hauptfiguren, der Psychoanalytiker, der Playboy und Victor Shakopopolis, wirken wie eine Aufspaltung des späteren Film-Ego. Auf sie verteilt sieht man viele Grundmotive des Komikers: das sexuelle Jagdfieber der Figuren; die satirische Glossierung der Psychoanalyse; die Vorliebe für »russische« Pittoresken made in New York, die den Psychoanalytiker Nikita Popovitch prägt und später, bei LOVE AND DEATH (1974), einem ganzen Film sein Kolorit gibt, ähnlich wie aus der ironischen Behandlung des Themas Sexualität und ihrer ökonomischen Verwertung in PUSSYCAT Woody Allens dritter eigener Film resultiert, EVERYTHING YOU ALWAYS WANTED TO KNOW ABOUT SEX BUT WERE AFRAID TO ASK (1972). Sogar das Motiv des Todes klingt in PUSSYCAT immer wieder an, mit einem fidelen Rettungskommando, das auf suicide Frauen spezialisiert ist, und in einer lächerlich feierlichen Zeremonie, mit der sich Nikita Popovitch zum Selbstmord rüstet.

Dem Drehbuch und der Konstruktion der Geschichte merkt man an, daß der Autor über beträchtliche Erfahrungen mit komischen Einzeilern (one-liners) verfügt. Da finden sich viele kleine schöne Einfälle, die sich nicht so recht zu einem Ganzen fügen wollen. Woody Allens Maßeinheit war, zumindest in seiner Anfangszeit beim Film, die einzelne Einstellung und nicht eine organisch oder rhythmisch montierte Sequenz. Wenn Clive Donner in PUSSYCAT offensichtlich gegen das Drehbuch doch längere Montagen versucht, dann entsteht regelmäßig blanker Klamauk, während sich der ganze Film letztlich im Additionsverfahren aus isolierten Gags entwickelt. Die Komik ist noch streng an den Dialog gebunden, selbst die stummen Szenen würden kaum ohne vorausgegangene sprachliche Charakterisierung der Figuren funktionieren. Wenn es um die Komik von Bildern geht, dann wird PUSSYCAT ebenso platt wie noch Jahre später an vielen Stellen EVERYTHING YOU ALWAYS WANTED TO KNOW.

Der kommerzielle Erfolg von PUSSYCAT, den viele Kritiker vergeblich zu verhindern sich mühten, bedeutete für Woody Allen den ersten und vermutlich entscheidenden Schritt in jene Unabhängigkeit, mit der er seine späteren Produktionen realisieren konnte. Zunächst freilich folgten zwei Arbeiten, die eher als Etüden zu sehen sind und ihm Gelegenheit gaben, das Filmhandwerk zu lernen. In der James-Bond-Parodie CASINO ROYALE (1966) wird er zwar nicht unter den Autoren geführt, spielt aber dennoch eine Rolle, die unverkennbar dem Film-Ego entspricht: den heillos aus der loyalen Art geschlagenen Neffen des Geheimagenten, der als schizophrener Dr. Noah die Welt bedroht. Und noch ein Kuriosum gehört zu den ersten Filmversuchen: für WHAT'S UP, TIGER LILY (1966) fertigte Woody Allen eine das japanische Original total verändernde Synchronisation an, aus dem Agentenfilm wurde eine krude Parodie – und ein erneuter Erfolg an den amerikanischen Kinokassen. Der »geborene Verlierer« erhielt eineinhalb Millionen Dollar von den Palomar Studios, um seinen ersten eigenen Film als Autor und Regisseur realisieren zu können: TAKE THE MONEY AND RUN.

II

*Während viele junge Amerikaner sich durch
die Aussicht auf ein bequemes Leben zu einer
Verbrecherlaufbahn verlocken lassen, müssen Gangster in Wirklichkeit viel arbeiten, oft
in Häusern ohne Klimaanlage.*[2]

In TAKE THE MONEY AND RUN bringt Woody Allen parodistisch
verwendete Muster des amerikanischen Gangster-Reports,
von den vierziger Jahren bis hin zu Filmen wie *Bonnie and
Clyde*, mit seiner nun voll ausgeprägten Filmfigur zusammen.
Das Ergebnis ist eine ironische Abwandlung der »Crime
Doesn't Pay«-Moral: das Verbrechen lohnt sich nur dann
nicht, wenn man zu den geborenen Verlierern gehört. (Wie
scharfsichtig Woody Allen andere Filme zu analysieren versteht, zeigt zum Beispiel ein Blick auf *Dillinger* (1972) von
John Milius: die Parodie trifft selbst bei um Jahre später gedrehten Filmen noch ins Volle.)
Woody Allens Einfallsreichtum – die Gags von TAKE THE MO-
NEY AND RUN würden für drei Filme reichen – ordnet sich
kaum der Story und überhaupt nicht der Dramaturgie unter;
dadurch erhält die beißende Komik seines Regie-Erstlings
eine anarchische, widerspenstige Dimension. Sein Filmheld
Virgil Starkwell ist von dem gleichen schlafwandlerischen,
störrischen Eigensinn getrieben, mit dem sich auch Buster
Keaton oder der ganz frühe Chaplin durch ihre Komödien
kämpften. Gerade dieser Vergleich zeigt jedoch auch, wie Allen seine unverwechselbar eigene Sicht auf die Welt artiku-
liert: während Keaton seine Schwierigkeiten am Ende immer
wieder durch groteske, aber nicht minder souveräne Weise
löst, während Chaplin seine listigen Tricks findet, sie zu bewäl-
tigen, erweist sich Woody Allens Filmheld als Meister im Ver-
drängen.
Das Ergebnis ist eine Figur voller Neurosen, die durch einen
Rückkoppelungseffekt den sozialen Status des Neurotikers
noch weiter demolieren. So ist Virgil Starkwell am Ende stolz
auf seinen Ruhm als »Gangster des Jahres«, und der Fall wird
noch von einigen begeisterten Mädchen, mit denen Virgil un-
erkannt in der Versicherung gearbeitet hatte, unmißverständ-
lich kommentiert: »Und wir haben ihn alle für einen Trottel

gehalten!« Der »Gangster« sitzt zu diesem Zeitpunkt freilich
schon hinter Gittern, verurteilt zu 800 Jahren Gefängnis, und
hat immer noch nichts gelernt. Er hofft, daß ihm bei guter
Führung die Hälfte der Strafe erlassen wird – und ist schon
wieder dabei, aus einer Seife eine Pistole zu basteln; dabei
hatte sich bei einem früheren Fluchtversuch eine derartige Sei-
fenwaffe während des Regens in Schaum aufgelöst und ihn
verraten. Letzte Frage Virgils: »Regnet es draußen?«
TAKE THE MONEY AND RUN ist eine furiose Mischung aus grim-
migem Ernst und ebenso grimmiger Lächerlichkeit, die vor

Take the Money and Run

nichts zurückschreckt, Gags werden angebracht, wo man sie
nicht erwarten mag. Virgil Starkwells Biografie beginnt in den
Slums. Der Held ist ein kleiner, rothaariger, kurzsichtiger
sanfter Junge mit Kontaktschwierigkeiten, der ein Musik-In-
strument lernt, um irgendwie und irgendwo mitspielen zu können, der aber dann mit seinem Cello in einer durch die Straßen
paradierenden Blaskapelle buchstäblich keinen Anschluß findet, weil er sich zum Spielen immer auf einen mitgeschleppten
Hocker setzen muß. Seine Eltern verstecken sich vor einer
Reporter-Kamera hinter albernen Masken (deren buschige
Augenbrauen und Schnauzbärte sind ein offensichtlicher Ver-
weis auf Groucho Marx) und räsonnieren bigott-autoritär über
den »mißratenen« Sohn. »Ich habe versucht, Gott in ihn rein-

Take the Money and Run

zuprügeln«, erklärt der Vater – und sein Sohn kriegt Bewährung im Knast, weil er sich als Versuchskaninchen für die Erprobung eines neuen Serums zur Verfügung stellt. Ergebnis der Injektion: »Er verwandelte sich für mehrere Stunden in einen Rabbi.« Ein Gag wie dieser ist zweifellos im Drehbuch

Take the Money and Run

schriftlich fixiert und bedarf, um zu funktionieren, nicht unbedingt der optischen Realisierung. Woody Allen läßt ihn auch vorsorglich zuerst im Off von einem anonymen Reporter erwähnen, der Virgils Verbrecher-Biografie kommentierend begleitet. Erst danach schneidet er ein Bild seines Helden ein, mit langem (roten) Haar und Bart drapiert. Das wirkt wie ein Insert und gibt dem sprachlich schon erledigten Gag durch visuelle Verdopplung noch einen zusätzlichen komischen Effekt. Sechs Jahre später findet sich ein ähnlich funktionierender Gag in ANNIE HALL: Annie hat Alvy (Woody Allen) von ihrer »Omama« erzählt, die keine Juden möge. Mit diesem Wissen besucht Alvy die Familie seiner Freundin, sieht bei Tisch, wie ihn »Omama« mustert, und wieder kommt ein Insert, das Woody in Rabbi-Maske zeigt: Alvy stellt sich vor, wie ihn sich die alte Dame vielleicht eben vorstellen könnte: ein mehrfach gebrochenes Bild – und ein Indiz dafür, wie subtiler und raffinierter die Filmkomik in den späteren Arbeiten geworden ist und wie sehr Woody Allen doch inhaltlich an seinen Leitmotiven und Topoi festhält.

Auffallende Bedeutung als Signum scheint für Woody Allen seine Brille zu besitzen, die er in seinen Filmen oft behandelt, als wäre sie nicht nur ein Markenzeichen, sondern ein Körperteil. In SLEEPER (1973) wird der eingefrorene Woody in einer fernen Zukunft aufgetaut; er ist eingewickelt wie eine Mumie – in Alufolie, und selbst dabei trägt er seine Brille, die beim Auspellen des Kopfes als erstes sichtbar wird. Im Kontext dieser Szene reicht die Brille bereits als Indiz für den Zuschauer aus, um den Kopf unter der Folie als den Kopf Woody Allens zu identifizieren. In LOVE AND DEATH fragt er entrüstet: »Ich soll nach Seinem Ebenbild geschaffen sein? Meinst du, Er trägt eine Brille?« Und in TAKE THE MONEY AND RUN wird Virgil Starkwell schon als Kind die Brille von aggressiven Jungen vom Gesicht gerissen und zertreten; als Erwachsener hat er sich dann so sehr an dieses sich regelmäßig wiederholende Ritual gewöhnt, das ebenso Demütigung und Verstümmelung bedeutet wie den Angriff auf seine Scharfsichtigkeit, daß er den Vorgang im Zustand der Bedrohung gleich freiwillig selbst vollzieht.

Überhaupt ist dieser Virgil Starkwell das genaue Gegenteil vom tough guy des amerikanischen Gangsterfilms: ein Sanftmütiger, der zu harmlos, zu wenig gerissen ist, um innerhalb des american way of life sich auf legale Weise behaupten zu können. Virgil ist das grotesk übersteigerte Produkt seiner Umwelt, der bigott-autoritären Erziehung durch seinen Vater und nicht zuletzt (auch in diesem Motiv bleibt sich Woody treu) der Dummheit der Psychologen, die den »Gangster« Starkwell begutachten. Ein Mädchen, das wie eine Verheißung auftaucht und sich von Virgil erobern läßt, kommt dagegen auf die Dauer nicht mehr an. Dabei scheitern seine Coups allesamt auf die lächerlichste Weise. Einmal schiebt er zwecks Banküberfall einen Zettel durch den Spalt im Glas des Schalters; der Mann dahinter beginnt mit ihm und anderen Angestellten seelenruhig einen Disput über den Inhalt der unleserlichen Schrift und legt den Zettel dem Direktor zum Gegenzeichnen vor. Ergebnis: 10 Jahre Gefängnis für Virgil. Ein andermal plant er einen Banküberfall, getarnt mit fingierten Filmaufnahmen; dann aber erscheint am Tatort gleichzeitig eine Konkurrenzgang und beginnt einen Streit darüber, wessen Überfall denn das nun sei und wer zuerst dagewesen sei.

Den einzigen illegalen Erfolg hat Virgil Starkwell schließlich wider Willen. Bei einem lange vorbereiteten Ausbruch steht er plötzlich mutterseelenallein auf dem Gefängnishof, die Komplizen hatten die Flucht abgeblasen und vergessen, ihn zu informieren. Erst als er sich vergeblich bemüht hat, in den Bau zurückzukommen, läuft er davon. Dem Mädchen, das ihm in der Freiheit als Weihnachtsgeschenk ein Baby ankündigt, erklärt er: »Mir hätt' 'ne Krawatte schon gereicht!« Bei aller Sehnsucht nach einer festen Bindung werden Woody Allens Filmhelden die Angst davor nicht los.

III

> Ohne daß er davon etwas wußte, gab er damit das Signal für eine Söldnertruppe, die der CIA angeheuert hatte, und zwar als Gegenleistung für Arroyo, der den Vereinigten Staaten das Recht eingeräumt hatte, Orangensaftbuden zu eröffnen.[3]

Trieb Woody Allen mit seinem satirischen Spott auf Rechtswesen und Strafvollzug in den USA noch »Innenpolitik«, so mischte er sich mit BANANAS (1970) auch in außenpolitische

Angelegenheiten ein. Zwar behauptet er später in einem Interview, er »wollte einen Film machen, über den die Menschen lachen«[4], und dementiert ganz grundsätzlich politische Intentionen, doch nicht nur BANANAS, auch SLEEPER und Texte wie »Viva Vargas! Auszüge aus dem Tagebuch eines Revolutionärs« oder »Die Schmidt-Memoiren«[5] stellen die Dementi wiederum entschieden in Frage.

Schauplatz von BANANAS ist »eine niedliche kleine Diktatur« in Lateinamerika, in die der New Yorker Fielding Mellish (Woody Allen) wegen eines politisch engagierten Mädchens gerät. In San Marcos wird gerade der durch einen Putsch an die Macht gekommene Präsident Vargas mit Pferdeäpfeln aufgewogen und lädt später Fielding Mellish zum Dinner ein – doch dann soll der Gast für alle die Zeche zahlen. Zum Essen spielt ein kleines Orchester auf, doch die Musiker haben keine Instrumente, sondern simulieren nur pantomimisch ihr Spiel: ein komisches, bitterböses Bild für den Betrug, den der Diktator betreibt. Regierungsleute, als Rebellen verkleidet, sollen den Amerikaner schließlich ins Jenseits befördern, doch der rettet sich zu den wirklichen Rebellen und wird für die Revolution eingespannt. Revoluzzer-Romantik, Posen und markige Worte überzeugen Fielding Mellish kaum, er will nicht Espositos »Tiger« werden: »Tiger ist für mich eine Nummer zu groß, aber wenn du mal ein Eichhörnchen brauchst …«

Unerschrocken unterzieht sich der notorische Antiheld einem Rebellenkursus, doch der einzige Erfolg, der ihn interessiert, den er dann auch wirklich mit heroischen Posen genießt, ist die Eroberung einer revolutionären Sex-Bombe; außerdem bringt er es fertig, für tausend Mann Sandwiches zu organisieren. Als die Revolution ausbricht, mischt auch der CIA mit, sicherheitshalber gleich auf beiden Seiten. Mit dem Sieg Espositos jedoch tritt nur ein neuer Diktator an die Stelle des gestürzten. Der ehemalige Rebellenführer läßt wieder keine Wahlen abhalten, aber Leute hinrichten und dreht, von der Regie polemisch mit den äußeren Attributen Fidel Castros versehen, als größenwahnsinniger Tyrann immer mehr durch, bis unversehens Fielding Mellish der neue Präsident wird.

Woody Allen ist freilich weit davon entfernt, für eine Seite oder gar für ein System politisch Partei zu ergreifen. Seinen Helden Fielding Mellish läßt er mit lächerlich angeklebtem Bart, im spöttisch parodierten Revolutionärs-Look, in die

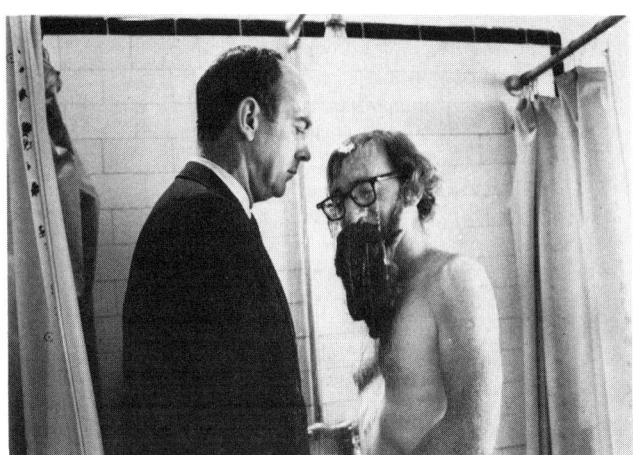

Bananas

USA zurückkehren. Der FBI »beschützt« den neuen Präsidenten von San Marcos bis unter die Dusche, der CIA erkennt hinter der Maske Fielding Mellish, verhaftet ihn und stellt ihn vor Gericht. Der Prozeß, bei dem FBI-Chef Hoover als Negerin verkleidet mitmischt, Miß America auftritt und der Angeklagte gefesselt und geknebelt seine Aussagen machen soll, ist eine ungeheure Farce; Woody Allen inszeniert dies jedoch so verrückt blödelnd und mit so viel sichtlichem Spaß an seinen Einfällen, daß man die Radikalität seiner höhnischen Attacken auf politische Prozesse in den USA leicht übersehen könnte. Dabei gab es seit Charlie Chaplins *A King in New York* (1957 in England produziert und erst viele Jahre später auch in den USA aufgeführt) wohl keine vergleichbar heftige Attacke auf die politisch gelenkte Gerichtsbarkeit in den amerikanischen Kinos zu sehen. Gerade die Gerichtsszenen in BANANAS lassen es auch als schwer vorstellbar erscheinen, daß Woody Allen in THE FRONT (1975/76, Regie Martin Ritt, Buch Walter Bernstein) keinen Einfluß ausgeübt haben soll, der über den des Hauptdarstellers hinausgegangen wäre.

In THE FRONT steht der vermeintliche Schriftsteller Howard Prince, der in Wirklichkeit nur seine Identität anderen, zwar tatsächlichen, jedoch mit Berufsverbot belegten Autoren zum Zwecke des Publizierens zur Verfügung gestellt hat, vor

Bananas

McCarthys Tribunal. Prince (Woody Allen) verweigert sich
dem Verhör, indem er sich wahnwitzig dumm stellt, mit albernen Gegenfragen reagiert und schließlich, als es ihm zu blöd
wird, mit einem klar formulierten Götz-Zitat den Saal verläßt.
Es sind freilich nicht nur die parallelen höhnischen Gerichtsszenen in BANANAS und THE FRONT, die auf einen Einfluß
Woody Allens auf Martin Ritts vehemente Rachekomödie
schließen lassen. Die Diskrepanz zwischen der tatsächlichen,
dem Zuschauer ständig bewußten Identität des Protagonisten
und seiner Reputation bei anderen Filmfiguren zählt zu den
Leitmotiven in den Komödien Woody Allens, der sein Film-
Ego diesen konfliktträchtigen Kontrast zwischen Sein und
Schein zum Vergnügen des Zuschauers recht clever und vor-
teilhaft ausnützen läßt.
Problematisch ist diese Diskrepanz lediglich in PLAY IT AGAIN,
SAM (1971), denn da kann Allan Felix die angestrebte Illusion,
die scheinbare Übereinstimmung zwischen Existenz und
Image, nicht erreichen. Bezeichnenderweise hat Woody Allen
hier, im »Ernstfall«, den Kontrast zwischen Sein und Schein
nicht als Motiv, sondern als Thema verwendet und die Regie
seines Stücks einem anderen Regisseur übertragen, Herbert
Ross. In seinen anderen Filmen vor ANNIE HALL – dort übernimmt seine Partnerin Diane Keaton einen Teil der Charakte-

The Front

ristika des allenschen Film-Ego – ist dieser Kontrast eine Quelle der Komik: in TAKE THE MONEY AND RUN gilt der harmlose Virgil Starkwell als »Gangster des Jahres«, in LOVE AND DEATH avanciert der ängstliche Pazifist Boris Gruschenko unfreiwillig zum Kriegshelden, in BANANAS wird der ahnungslose, naive Fielding Mellish Staatspräsident, und in SLEEPER tritt der unpolitische Miles Monroe als Untergrundkämpfer auf, der er nicht ist, und spielt innerhalb dieser Rolle ein weiteres Spiel, einen berühmten Arzt, der er erst recht nicht ist.

Miles (das lateinische Wort für Soldat) Monroe, der sich per Tiefkühlung in einen zukünftigen, satirisch mit Gegenwartszügen gezeichneten totalitären Staat verirrt hat, wiederholt Woody Allens in BANANAS artikulierte ironische Zweifel an jedweden politischen Systemen noch energischer. Er hilft zwar bei der Beseitigung der etablierten Ordnung phantasievoll mit und verhindert, daß aus der Nase, dem einzigen Überrest des »großen Führers«, wieder ein ganzer Führer rekonstruiert wird, aber er traut auch Erno, dem Oberhaupt der siegreichen Untergrundkämpfer, nicht im geringsten eine demokratische Handhabung der Macht zu: »Und in einem Jahr werden wir Ernos Nase klauen«, prophezeit er seiner Freundin.

Spott und Skepsis gegenüber der Politik und ihren Heroen äußert Woody Allen auch in LOVE AND DEATH. Napoleon erscheint als lächerlicher, eitler Fatzke, als Dummkopf, der so leicht durch einen Doppelgänger zu ersetzen ist, den ihm seine Vasallen aus Angst vor Attentaten als kaiserlichen Stuntman besorgen, daß Original und Double als Rivalen in einem Ringkampf aneinandergeraten, bei dem weder Höflinge noch Zuschauer ausmachen können, wer nun der wirkliche Kaiser ist. »Wenn wir mehr Franzosen umbringen, gewinnen wir«, erklärt man auf russischer Seite den in den Krieg ziehenden Soldaten. Woody Allen läßt dann sogar Würstchenverkäufer über das Schlachtfeld spazieren, die ungefährdet ihren Geschäften nachgehen und am Krieg verdienen, und montiert in einer überdeutlichen Schnittfolge die Truppen im Feld parallel mit Schafherden

Noch grimmiger, freilich ganz beiläufig in einem Dialogsatz, formuliert Woody Allen seinen Abscheu in ANNIE HALL: die Ethik von Politikern, so läßt er sein Film-Ego Alvy Singer sagen, liege »ein Grad unter der von Kinderschändern«. Die einzige Andeutung einer alternativen Herrschaftsform, der er zustimmen könnte, findet sich in LOVE AND DEATH. »Wer soll das Land regieren«, fragt ein Soldat. »Die Leibeigenen«, antwortet Boris Gruschenko, »denn das sind die einzigen, die wissen, wie man was macht.«

IV

Gibt es eine Trennung zwischen Leib und Seele, und wenn ja, was ist günstiger zu besitzen?[6]

Die Möglichkeiten der Parodie, der übertreibenden Nachahmung anderer Filme und Topoi, die Verschiebung und Verzerrung von bekannten Inhalten unter Beibehaltung bestehender äußerer Formen müssen Woody Allen von Anfang an interessiert haben, sonst wäre er wohl schwerlich auf die Idee gekommen, seine Synchronisations-Späße mit WHAT'S UP TIGER LILY zu treiben. Die parodistischen Töne sind in TAKE THE MONEY AND RUN ebensowenig zu übersehen wie in BANANAS; bei dieser Komödie haben offensichtlich die Marx-Brothers mit Filmen wie *The Cocoanuts* und *Duck Soup* Pate gestanden, Woody Allen spielt aber auch auf Richard Fleischers Guevara-Epos

Che an und zitiert sogar ironisch aus jener berühmten Sequenz von Sergej Eisensteins *Panzerkreuzer Potemkin,* in der ein Kinderwagen über die Hafentreppe von Odessa rollt. Ein weiteres ironisches Eisenstein-Zitat findet sich später in LOVE AND DEATH: da wird jene Montage parodiert, durch die sich drei Steinlöwen in einen einzigen, aufspringenden verwandeln, nur sinkt jetzt der Löwe, hart an eine heftige Liebesszene zwischen Boris und Sonja geschnitten, erschöpft zusammen.

In PLAY IT AGAIN, SAM lieferte die kritische Auseinandersetzung mit Kinoleitbildern den Ausgangspunkt für die ganze Komödie. Radikaler noch nimmt Woody Allen die von Kino und Presse unter dem Deckmantel der Wissenschaft vermarktete Sexualität zum Anlaß einer Parodie: EVERYTHING YOU ALWAYS WANTED TO KNOW ABOUT SEX BUT WERE AFRAID TO ASK (schon die Übernahme des monströsen Titels eines berühmten dubiosen Aufklärungsbuchs von David Reuben zeigt die Entschlossenheit zur Satire) ist eine Gratwanderung zwischen Lustigkeit und schlechtem Geschmack, die der Regisseur und Autor im Parforceritt angeht, unbekümmert gegenüber Ausrutschern. Ihm allerdings Geschmacklosigkeit nachzusagen hieße, seine Methode nicht begriffen zu haben. Durch monströse Übersteigerung wird eine Ware attackiert, zu deren Merkmalen auch der schlechte Geschmack gehört; daß er sein böses Spiel ohne Rücksicht auf Peinlichkeiten durchhält, sichert ihn davor, jene Art verklemmter Entrüstungsfilme zu drehen, die ihrerseits nur eine andere Art der gängigen Sex-Produktion bedeuten. Entlarvend verzerrt, werden die einzelnen Motive und vorgetäuschten Problem-Fragen ad absurdum geführt. Aphrodisiaka und Sodomie, Transvestiten und Perversionen, Orgasmusprobleme und die Rolle der Wissenschaft.

Dennoch zeigt EVERYTHING YOU ALWAYS WANTED TO KNOW ABOUT SEX BUT WERE AFRAID TO ASK auch Woody Allens Grenzen. Trotz seines Mutes, mit dem er diesen Film überall aus den Nähten platzen läßt, erreicht er nur selten den entscheidenden Abstand vom parodierten Gegenstand (die stellenweise arg zotigen Kalauer der deutschen Synchronisation verringern diese Distanz wohl zusätzlich), weil seine optische Phantasie den Bildern nur in einigen Episoden eine wirklich groteske oder gar surreale Kraft zu geben vermag. So läßt sich beispielsweise die Episode zum Thema Sodomie, in der es der durchaus komödiantische Gene Wilder mit einem armenischen Schaf zu treiben hat, mit Woody Allen als Darsteller weit komischer vorstellen: es ist weniger das Bild, sondern das Spiel, das die komische oder groteske Wirkung der Szene erzielt. In der ersten Episode ist es allein der Darsteller Woody Allen, der als Hofnarr die mittelalterlich kolorierte Intrige um Aphrodisiaka und Keuschheitsgürtel erträglich macht – und gleichzeitig demonstriert, wie sehr seine Möglichkeiten als Autor und Regisseur noch an seine schauspielerischen Fähigkeiten oder an die von ihm entwickelte und verkörperte Filmfigur gebunden sind. Besonders deutlich wird dies in der letzten Episode, in der die verbreiteten vulgärwissenschaftlichen, mechanistischen Vorstellungen von Erotik und Sexualität ins Bild gesetzt und der Lächerlichkeit überführt werden: der Mensch erscheint als gigantisches Werkzeug, inwendig eine Fabrikhalle, in der kleine, funktionsgebundene Männchen schuften, dirigiert von der Kommandozentrale Gehirn. Die komische Grundidee zündet eigentlich erst, wenn man Woody Allen mit seiner Brille unter den Spermen, einer Schar uniformer weißer Männchen, entdeckt.

Die gelungenste Episode des Films geht bezeichnenderweise von einem zusätzlich parodierten Genre, vom Horrorfilm aus. Der einst als Gruselstar populäre John Carradine tritt als fanatischer Wissenschaftler auf, der den Menschen skrupellos zum Studien- und Versuchsobjekt degradiert und sich nur mehr in einem brutalen und peinlichen Jargon mitteilen kann. Als sein Laboratorium schließlich durch Woody Allens Gegenwehr in die Luft fliegt, gebiert es eine riesige Brust, die sich verselbständigt und wie eine vernichtende Waffe durch die Landschaft walzt. Dieses vielleicht einzige wirklich surreale Bild des ganzen Films funktioniert dann auch präzis als Karikatur des zeitgenössischen Sexualfetischismus und der um jede erotische Qualität gebrachten, Menschen in Organ-Objekte zerstückelnden Pornografie.

Woody Allen hat keinen Film gedreht, in dem Erotik und Sexualität nicht als Problem seiner Figuren mehr oder minder unmittelbar angesprochen werden. In WHAT'S NEW PUSSYCAT geht es im Grunde ausschließlich darum, wer mit wem, wo, wann, wie oft und unter welchen Bedingungen schläft, und die sexuellen Ambitionen der Figuren halten die Geschichte in Gang. Der Psychiater Nikita erklärt, er wolle »die Abgründe der Seele ausloten« – und besucht zu diesem Zweck ein Strip-

Was Sie schon immer
über SEX* wissen wollten
*aber bisher nicht
zu fragen wagten

Was Sie schon immer
über SEX* wissen wollten
*aber bisher nicht
zu fragen wagten

Was Sie schon immer
über SEX* wissen wollten
*aber bisher nicht

tease-Lokal. »Und hier gibt's massenhaft zu loten«, kommentiert grinsend sein Patient, der Playboy Michael.

Der Verzicht auf echte Partner trug wohl auch zur Episoden-Struktur von EVERYTHING YOU ALWAYS WANTED TO KNOW bei, da sich von körperlichen Beziehungen über längere Strecken hinweg schwerlich erzählen läßt, ohne dabei ausgeprägtere Partner-Figuren zu etablieren. Zurückgenommen, angepaßt dem Verlierer-Image seines Film-Ego, das zunächst mit auch nur annähernd gleichwertigen Partnern nicht funktioniert hätte, ist das Motiv des sexuellen Jagdfiebers einschließlich der Potenz-Späße in TAKE THE MONEY AND RUN; relativ mühelos, nur mit einigen Lügen über seinen Broterwerb, erobert Virgil ein Mädchen und begnügt sich mit der einen. In BANANAS sieht man Fielding Mellish verklemmt in einem Pornoladen herumstehen und schließlich die Frage stellen: »Was kostet Orgasmus?« – und wenig später verläßt ihn seine Freundin. Wenn Fielding dann in San Marcos eine üppige Revolutionärin wie im Sturm nimmt, wirkt diese Eroberung nicht nur deswegen komisch, weil die beiden überhaupt nicht zueinander zu passen scheinen. Es ist der Sieg des notorischen Verlierers, das Paradoxon, das den Zuschauer überrumpelt. Davids unerwarteter Triumph über Goliath, als komischer Topos schon ein fester Bestandteil der slapstick-comedy, liefert das Vorbild für die frühen Filmhelden und ihre Beziehungen zu Frauen. Erst in ANNIE HALL stehen sich mit Alvy und Annie zwei in ihren Stärken und Schwächen ebenbürtige Partner gegenüber – und ausgerechnet da scheitert die Beziehung.

Bezeichnend ist, mit welchen »Tricks« die Protagonisten ihre Eroberungen vornehmen; sie beruhen auf Vortäuschungen falscher Identitäten. Virgil Starkwell gibt sich als seriöser Musiker aus. Fielding Mellish spielt sich bei der Revolutionärin Yolanda als verwegener Revolutionär auf und gewinnt seine frühere Freundin Nancy erst mit dem Image des Präsidenten von San Marcos zurück. Selbst der Vollzug der Hochzeitsnacht mit Nancy findet dann als arrangiertes Spiel statt, live im Fernsehen übertragen und wie ein Boxkampf kommentiert: ein öffentlicher Potenz-Nachweis, den zu erbringen die Figuren Woody Allens sich immer wieder bemüßigt fühlen.

In PLAY IT AGAIN, SAM klagt der Filmkritiker Allan Felix:

Take the Money and Run / Annie Hall / Bananas

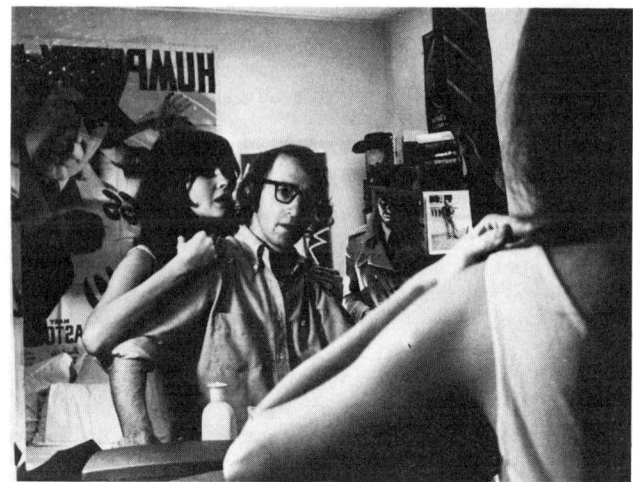

Play it Again, Sam

»Zehn Millionen Frauen gibt's in den USA, und ich hab' nicht 'ne einzige.« Es geht ihm nicht mehr um einen bestimmten Menschen, sondern um irgendeine Vertreterin des anderen Geschlechts, und für diesen Zweck ist er sogar bereit, sich selbst über seine Identität etwas vorzumachen; er heuert sich sein Kinoidol Humphrey Bogart als Über-Ich an, dem er sich sogar am Ziel seiner Wünsche noch unterordnet. Noch im Bett mit einer Frau, die ihm wirklich etwas bedeutet, sieht er sich als Filmstar und muß sich am Morgen fragen lassen, warum er nachts immer »action!«[7] gebrüllt habe.

Zu den komischen Widersprüchen von Woody Allens Figuren gehört auch die Diskrepanz zwischen ihrer Erscheinung und ihren Verweisen auf die eigene sexuelle Potenz. »Hast du gelesen, daß in Oakland eine Frau vergewaltigt worden ist?« fragt Linda in PLAY IT AGAIN, SAM. Allan antwortet: »Ich war seit Jahren nicht mehr in Oakland« und scheint doch wenig später dieses lächerliche Mißverhältnis zwischen Sein und Scheinen-Wollen zu korrigieren, als er über die Frau seines Freundes herfällt und sie damit in die Flucht jagt. Freilich kommt Linda bald darauf zurück mit der Frage: »Du hast gesagt, du liebst mich?« Genau diese Erklärung war indes nicht vom Leitbild Bogart diktiert worden.

Selbst in THE FRONT erobert der Held eine Frau auf der Grundlage einer Täuschung: als die Fernsehredakteurin erfährt, daß Howard Prince in Wirklichkeit kein Schriftsteller, sondern Kellner ist, revidiert sie ihre Liebe. Lediglich Miles Monroe, Woody Allens Protagonist in SLEEPER, kommt bei Luna Schlosser ohne Manipulationen an – doch auch er hat, gezwungenermaßen, seine ursprüngliche Existenz als Musiker und Besitzer eines vegetarischen Restaurants verlassen müssen und ist in der Zukunft des Jahres 1994 auch sexuell eine Ausnahme-Erscheinung. Der Staat hat in dieser schönen neuen Welt auch die Sexualität seiner Bürger unter Kontrolle und versorgt sie mit Befriedigungs-Maschinen, die in wenigen Sekunden funktionieren und jede persönliche Beziehung hinfällig machen. »Zwei Minuten mit mir im Bett, und du verkaufst das Ding als Sperrmüll«, sagt Miles zu Luna; diesmal hat die Potenz-Prahlerei jedoch ihre politische Dimension als subversive Haltung. SLEEPER ist auch Woody Allens komische Version von der Revolution, die im Schlafzimmer beginnt. Mit einem entsprechend anderen Selbstbewußtsein, auch mit einer für Woody Allens Filmfiguren bis dahin neuen körperlichen Sicherheit, tritt Miles Monroe auf. Wenn er sich mühelos als Roboter-Butler zu tarnen versteht, eine kleine akrobatische

Sleeper

Einlage auf einer kippenden Leiter liefert oder sich halsbrecherisch an einem riesigen Magnetband abseilen läßt, wenn er Siege erringt durch die unerwartete Beherrschung seines Körpers, dabei aber doch immer wieder mit Objekten, deren Funktionsweisen ihm nicht vertraut sind, groteske Duelle austrägt, so unterscheidet er sich darin erheblich von Woody Allens anderen Filmhelden. Zum erstenmal scheint sich der Regisseur nicht nur vom frühen Chaplin und von den Marx-Brothers, sondern auch von Buster Keaton seine komischen Anregungen geholt zu haben. In LOVE AND DEATH, seinem nächsten Film, läßt er Boris in einer Opernloge eine Schäkernummer abziehen, deren leicht femininer Gestus unverkennbar Chaplins Tramp zum Vorbild hat und schon fast wie ein Zitat wirkt. Boris hat damit einen höchst überraschenden, scheinbar durch nichts gerechtfertigten Erfolg bei einer Gräfin; dann erst kommt, wieder als Potenz-Bescheinigung, von der eroberten Frau die Erklärung: »Du bist der größte Liebhaber, den ich je hatte!« – »Ich übe auch fleißig, wenn ich allein bin«, entgegnet Boris.

Die notorischen Verweise auf die sexuellen Fähigkeiten seiner Helden, die in komischem Widerspruch zu allen Klischee-Vorstellungen vom Bild eines »guten Liebhabers« stehen, dem Zuschauer aber keine Hindernisse bei der Identifikation mit »Potenz« in den Weg stellen, werden sogar noch in MANHATTAN wiederholt, nur aus anderer Perspektive. Da ist es das Film-Ego Isaac Davis selbst, der mit dieser Überraschung konfrontiert wird, als er Jeremiah kennenlernt, von dem ihm eine Freundin erzählt hatte, er sei ein wilder, animalischer und unersättlicher Liebhaber. Isaac steht fassungslos vor einem kleinen, unscheinbaren, eher weichlich wirkenden Kahlkopf. Das ist jetzt aber nur noch eine fast beiläufig inszenierte Szene, mit der sich Woody Allen nicht mehr wie früher einen Lacher für sein Film-Ego zu holen versucht. Um wieviel sublimer seine Komik geworden ist, läßt sich schon bei der Verwendung des Motivs in ANNIE HALL beobachten; es klingt in einer Rückblende in Alvy Singers Kindheit an. Man sieht ihn von seiner Schulbank aufstehen und ein kleines Mädchen küssen; den Ärger, den er sich damit einhandelt, kommentiert der erwachsene Alvy aus dem Off: »Ich hatte nie eine Latenzperiode.« Mit dieser Szene verweist er die für seine früheren Helden typische Haltung, Frauen als identitätslosen Gegen-

Love and Death

stand eines allgemeinen Bedürfnisses zu betrachten und sich nach überhaupt irgendeiner Frau, egal welcher, zu sehnen (jener Stoßseufzer in PLAY IT AGAIN, SAM von den zehn Millionen Frauen, die es in Amerika gebe, und er habe keine einzige, zeigt das sehr deutlich), in den Bereich von Infantilität und Pubertät zurück.

Zwar wird auch in ANNIE HALL auf zwei Ex-Frauen von Woody Allen angespielt, doch sie erscheinen diesmal weniger als Zeuginnen der komischen Niederlagen eines geborenen Verlierers, sondern ernst genommen als Menschen mit eigenen berechtigten Bedürfnissen; Alvy ist nicht, wie Allan Felix in PLAY IT AGAIN, SAM, das verstörte, hilflos allein zurückgelassene Opfer einer Ex-Frau. Schon die Form der Rückblende, mit der von seinen beiden Ehen erzählt wird, signalisiert eine gewisse Distanz. In den Szenen seiner ersten Ehe scheint Alvy den eingangs unmittelbar in die Kamera zitierten Ausspruch von Groucho Marx, er wolle keinem Club angehören, der Leute wie ihn als Mitglied aufnehmen würde, am Beispiel seiner Frau verifizieren zu wollen. Alvy erscheint nicht mehr als der allzeit sehnsüchtig bereite Liebhaber, sondern diskutiert mit seiner Frau, wie er selbst eingesteht, um nicht mit ihr schlafen »zu müssen«, über die Ermordung Kennedys. In Alvys zweiter Ehe scheint das Problem offensichtlich »seitenverkehrt« wiederzukehren; während einer Verlegerparty, bei der sich seine arg ambitionierte Gemahlin sichtlich wohlfühlt, während er sich in das Nebenzimmer zu einer TV-Sportübertragung geflüchtet hat (die einzige Stelle in Woody Allens Filmen, in der er das ansonsten heftig angefeindete Fernsehen ungescholten davonkommen läßt), ist es der Ehemann, der unerwartet aber vergeblich seine sexuellen Bedürfnisse bekennt.

Erst in Alvys dritter Beziehung deutet sich eine später freilich

Annie Hall

gestörte Balance zwischen den erotischen Bedürfnissen der Partner an. Schon ihr erstes Gespräch, nach einem Tennis-Match (undenkbar, daß Woody Allen sein Film-Ego in früheren Filmen einfach Sport hätte treiben lassen, ohne daraus irgendwelche Versager-Gags abzuleiten), zeigt, daß der Autor einige Merkmale seiner früheren Figuren diesmal auf seine Partnerin Diane Keaton in der Rolle der Annie übertragen hat; sie ist überaus unsicher und versucht sich mit albernen Sprüchen darüber hinwegzuhelfen, erweist sich dann in ihrem VW – ein Lieblingsrequisit Allens – als haarsträubend schlimme Fahrerin und stellt sich bei vielen Verrichtungen des alltäglichen Lebens ebenso ungeschickt an wie Woody Allen in früheren Rollen. Wie spontan sich die beiden verstehen, demonstriert der Regisseur mit einem hinreißenden Einfall:

60

Annie hat Alvy eben erst kennengelernt und trotz aller Verlegenheit auf einen Drink in ihre Wohnung mitgenommen; das Gespräch, ein vorsichtiges Tasten und Testen, geht hörbar über Kunst, während gleichzeitig Untertitel beider Gedanken sichtbar machen, die als innerer Monolog beginnen und sich unverzüglich zu einem versteckt geführten erotischen Dialog entwickeln.

Zum erstenmal findet das Film-Ego einen Menschen, der ihm gleicht, der dieselben Verlegenheiten kennt und die gleichen Gründe zum Lachen findet. Den Spaß, den die beiden zum Beispiel beim Hummerkochen haben, versucht Alvy später mit einer anderen Frau zu wiederholen – es wird ein trauriges Fiasko, das selbst dem Zuschauer wehtut, weil die neue Freundin den ulkigen Alvy nur fassungslos für einen Trottel hält und sein Spiel nicht erwidert. Übereinstimmend unsicher erleben Annie und Alvy auch ihre Libido, aber sie reagieren unterschiedlich: während er sich mit der Frage »war ich gut« am Morgen Bestätigung für die vergangene Nacht holen möchte, beginnt Annie damit, sich im Bett zu beobachten, sie spaltet sich auf (und die Szene zeigt das durch Übereinanderkopieren von zwei Einstellungen ganz konkret) in eine sich hingebende und in eine ungerührt daneben sitzende Person. Später versucht sie sich durch Drogen über diesen Abstand hinwegzuhelfen. Alvy stören Annies Probleme erheblich, und er versteht sie auch nicht so recht: »Da könntest du dir auch 'ne Vollnarkose geben lassen!« (Wie wenig Woody Allen von Rauschgift hält, zeigt eine Szene, in der er Alvy eine ihm aufgedrängte Schachtel mit »erstklassigem Stoff« mit einem gewaltigen Nieser leerfegen läßt.) Die Probleme des Paars setzen sich dann in alltäglichen Meinungsverschiedenheiten fort, bis Annie, von ihrer beruflichen Entwicklung begünstigt, Alvy verläßt. Der Psychiater, den beide besuchten, konnte auch nicht helfen, da wurden nur ihre unterschiedlichen Reaktionen bei der Analyse gegeneinandergestellt: die Gemeinsamkeiten scheinen nicht ausgereicht zu haben. Dennoch tragen sie am Tag der Trennung Partnerlook.

Von einer neuen Freundin muß sich Alvy sagen lassen, daß Sex mit ihm »ein kafkaeskes Erlebnis« sei; »ich meine das als Kompliment«, fügt das pseudointellektuelle Mädchen zum Schrecken Alvys noch hinzu. Ein Anruf Annies erlöst ihn für den Rest der Nacht; sie bittet ihn zu sich, damit er eine Spinne tötet, die sie aus der Fassung bringt. Alvys Attacke auf die Spinne, mehr zu hören als zu sehen, vollzieht sich, wie einst die Vorbereitungen zum Hummerkochen, so überzogen, als wäre es ein Kampf mit dem Drachen. Erinnerungen werden wach, Annie sinkt weinend auf ihrem Bett zusammen. Es folgt die vielleicht zärtlichste Szene, die Woody Allen je gedreht hat, obwohl nicht mehr zu sehen ist als Alvys sanfter Versuch, Annie zu helfen.

ANNIE HALL scheint von allen Filmen Woody Allens auch die meisten autobiografischen Momente aufzuweisen, wenngleich in vielfach umgewandelter Wiedergabe. Alvy stammt aus Brooklyn, fühlt sich als Jude mitunter verfolgt und verdient sein Geld als Komiker; Rückblenden (wie überhaupt die zeitlichen Ebenen dieses Films ziemlich kompliziert ineinander verschachtelt sind) erzählen von den Anfängen, von einem Auftritt bei einer Wahlparty und in der Aula einer Universität, wobei Alvy auf den vorzeitigen Abbruch seines Studiums hinweist. Ein Stück eigener Biografie scheint Woody Allen – neben seinen komischen Erfindungen – ebenfalls auf Diane Keatons Rolle übertragen zu haben: Annies erster Auftritt als Sängerin in einem Nachtlokal mißlingt, weil das Mikrofon nicht richtig funktioniert und die Gäste keine Notiz von ihr nehmen. Man darf annehmen, daß solche Momente der Enttäuschung und der Einsamkeit zu den Erfahrungen von Woody Allens Nachtclub-Anfängen gehören, über die er sich in seinen Filmen sonst konsequent ausschweigt.

Die Übertragung einiger Attribute seines etablierten Filmhelden auf die Partnerin kommt auch Alvy Singer zugute. Er ist die bis dahin vielschichtigste, rundeste und glaubwürdigste Figur Woodys, weil er die Last der Komik nicht mehr alleine tragen muß. Außerdem ist Alvy der erste Protagonist, der sich entwickelt, der hinzulernt und sich verändert. Bis dahin war das Film-Ego komisch als isolierte Figur, die sich, wie die Helden der slapstick-comedy, als Schlafwandler störrisch und egozentrisch durch die Geschichten der Filme kämpfte; die Komik gründete auf dem Mißverhältnis zwischen der Beschaffenheit des Helden und dem Zustand der Welt. Wie Keaton, Lloyd, Langdon oder der frühe Chaplin konnte Woody Allen Partner im Grunde nur zur Hilfestellung brauchen: sie blieben austauschbar. Wenn in ANNIE HALL das Thema die Entwicklung einer Beziehung ist, bei der Alvy erfährt, daß Annie nicht

Annie Hall

austauschbar ist, wenn nicht mehr der Kampf eines Einzelnen gegen den Rest der Welt in Vordergrund steht, dann muß Woody Allen von seinem bisherigen Muster der one-man-show abrücken. Ansätze dazu gab es schon in LOVE AND DEATH, hier aber scheint er die Komik endgültig dezentralisiert zu haben. Mit ANNIE HALL ist Woody Allen als Filmkomiker erwachsen geworden.

V

> *In Wirklichkeit schuf sie eine Welt um uns, in der wir existierten, wo alles an seinem Platz war, wo immer eine gewisse Harmonie herrschte. Alles war voller Würde. Ich will sagen, es war wie ein Eispalast.*[8]

Daß Woody Allen nach ANNIE HALL seinen ersten »nicht-komischen« (ernst waren seine Komödien schließlich auch) Film realisierte, ist für die Entwicklung des Autors und Regisseurs durchaus logisch und konsequent; er konnte noch einen Schritt über das Finale von ANNIE HALL hinausgehen und von ernsteren Möglichkeiten beim Ende einer Beziehung erzählen. Daß er dabei nicht selbst als Schauspieler mitwirken wollte, um sich, wie er erklärte, voll auf die Regie eines für ihn neuar-

63

tigen Werks konzentrieren zu können, wird auch auf der Einsicht beruhen, daß seine bisherige Fixierung auf eine komische Figur, die zwar weiterentwickelt, doch nie aufgegeben wurde, einen solchen Bruch kaum zugelassen hätte.

ANNIE HALL erzählt von einem Mann, der von seiner Freundin verlassen wird und sich dennoch über Wasser hält; in INTERIORS verläßt ein Mann seine Frau, und die kommt mit der Trennung nicht zurande. Woody Allen wagt sich bei der Inszenierung bis an die Grenzen des Melodrams vor, und die großen melodramatischen Momente sind nicht unbedingt die stärksten des Films. Aber wenn es ganz einfach darum geht, Menschen in ihren psychischen Gefährdungen und Verwundungen begreifbar zu machen, dann spielt es für ihn offensichtlich keine entscheidende Rolle, wie ernst oder komisch das von ihm gewählte Genre ist. Die Konflikte, von denen in INTERIORS zwar bitter, aber nicht verbittert erzählt wird, haben sich gegenüber früheren Arbeiten so entscheidend gar nicht verändert, nur hat sich das Kräfteverhältnis verschoben; die somnambule Unverwüstlichkeit des Slapstick-Helden ist verschwunden. Wenn, wie Jean Paul erklärte, Humor überwundenes Leiden an der Welt bedeutet, dann ist auch klar, warum aus dieser Geschichte keine Komödie werden durfte.

Interiors

Der Protagonist Arthur erklärt beim Frühstück seiner Familie ganz ruhig, daß er endlich sein eigenes Leben leben wolle, daß er von diesem Recht Gebrauch machen und weggehen werde, vielleicht nur vorübergehend. Freilich ist Arthur bereits 63 Jahre alt, hat drei erwachsene Töchter und einen kaum ausformulierten Bedarf, Leben nachzuholen; aber er weiß, daß er der Harmonie des Eispalasts, der kultiviert sterilen Villa, entkommen muß. INTERIORS (mit dem deutschen Titel »Innenleben« wurde nur die eine Bedeutung des englischen Worts übersetzt) zeigt freilich auch, wie wenig Sinn es hätte, den Betroffenen Schuld zuzuweisen oder Zensuren zu verteilen. Woody Allen analysiert auch nicht, sondern ergreift Partei für seine Figuren, versucht sie zu erklären und verfolgt, wie viele weitere Probleme der Bruch im Familiengefüge freisetzt, auch im Leben der Töchter und in deren Beziehungen. Arthur taucht schließlich mit einer neuen Frau auf, die das Gegenteil seiner früheren verkörpert: Pearl ist unbekümmert und unkompliziert, vielleicht auch ein wenig ungebildet, aber überaus lebenstüchtig und natürlich, und obwohl sie für den einzigen heiteren Moment des Films sorgt, ist sie vermutlich von allen Filmfiguren Woodys am weitesten von seiner eigenen Person entfernt. Die verlassene Ehefrau, die sich Mann und Haus

Interiors

nach ihren Bedürfnissen hergerichtet hatte, der dann aber nur noch die Möglichkeit bleibt, sich mit sinnlosen Konzepten für pastellfarbene Inneneinrichtungen zu verwirklichen, verliert mit dem Ende ihrer Hoffnungen auf Arthurs Rückkehr ihren Lebenswillen. Ihr letzter Auftritt gehört zu den irritierendsten Momenten des Films, weil zunächst unklar bleibt, ob ihr Erscheinen womöglich nur eine Projektion der Tochter ist, eine Unklarheit, die freilich auch von einer gewissen Unsicherheit zeugt gegenüber dem melodramatischen Finale, dem nächtlichen Selbstmord im Meer, der mit diesen Szenen beginnt.

Souverän und unerwartet präzis führt Woody Allen, der Ingmar Bergman mit einer Einstellungsfolge in LOVE AND DEATH und indirekt, mit einem Filmplakat, in ANNIE HALL zitiert und nun ganz offensichtlich von ihm gelernt hat, seine Schauspieler durch dieses Seelenlabyrinth. Die sehr ökonomisch geführte Kamera bleibt immer ganz dicht bei den (insgesamt acht) Figuren. Statisten gibt es nicht und auch nur ganz wenige Einstellungen, die ein menschenleeres Bild zeigen. Scheinbar unbekümmert schneidet Woody im Schuß-Gegenschuß-Verfahren auch dann von Gesicht zu Gesicht, wenn sich die zweite Person an einem völlig anderen Ort befindet, und keine Totale markiert den Schauplatz-Wechsel. Nur auf den ersten Blick wirkt das Verfahren abrupt, dann begreift man, wie sehr diese Schnitte, die der Regisseur schon in ANNIE HALL ausprobiert hatte, in ihrer Vernachlässigung des Raums eine richtigere Kontinuität herstellen und das Innenleben der Personen an einem gemeinsamen seelischen Ort versammelt. Insofern ist die Erzählweise von INTERIORS, die an der Oberfläche etwas bühnenhaft wirkt, auch überaus filmisch.

VI

Freud war beunruhigt, weil die Psychoanalyse damals mit Skepsis betrachtet wurde, und als das Mädchen mit dem Kleiderständer zu einer Kreuzfahrt durchbrannte, schwor er, nie wieder zu praktizieren.[9]

Freud, der mit seiner Analyse erreicht, daß ein Mädchen seine Zuwendung auf ein Möbelstück überträgt; Jung, der erfolglos behandelten Patienten »große ausgestopfte Pandas zu schen-

Bananas

ken pflegte«; Helmholtz, dessen Therapie zur Folge hat, daß ein Mann zwar keine Frauen mehr überfällt – aber »später, wenn er zufällig auf eine ahnungslose Frau stieß, zog er, anstatt sie zu überfallen, einen großen Heilbutt aus seiner Jacke und zeigte ihn ihr«: monströse Fälle wie diese, die Woody für seinen Text »Gespräche mit Helmholtz«[10] erfand, tauchen auch in den Filmen mit einer Regelmäßigkeit auf, die es berechtigt erscheinen läßt, ihm ein profundes Mißbehagen gegenüber der Psychoanalyse nachzusagen.

Schon Nikita, der Psychiater in WHAT'S NEW PUSSYCAT? ist als Figur die blanke Verhöhnung des Berufsstands: ein Seelenarzt, der sich selbst auf den Boden wirft und wie ein hysterisches Kind gebärdet, der weder andere Menschen von ihren suiciden Neigungen befreien kann noch sich selbst. Nikita scheint sogar noch an das verlogene Pathos zu glauben, mit dem er dem eigenen Selbstmord Stil zu verleihen sucht, obwohl er schließlich zu infantil und regressiv reagiert, um ihn wirklich auszuführen. Ohne eine Ahnung von der tatsächlichen Beschaffenheit ihres Untersuchungsobjekts bleiben auch die Analytiker, die in TAKE THE MONEY AND RUN Virgil Starkwell als Kriminellen einstufen. Fielding Mellish in BANANAS unterzieht sich ebenso erfolglos der Psychoanalyse wie Allan Felix in PLAY IT AGAIN, SAM. »Wenn ich nur wüßte, wo mein

Psychiater Urlaub macht«, stöhnt Allan, als ihn seine Frau verlassen hat, und gesteht damit nur seine subjektive Abhängigkeit ein, während er bis zum Ende als Person mit seinen Komplexen nicht zurandekommt. Den einzigen Schritt nach vorne, die wenigen Momente der Identitäts-Findung, bewältigt er durch den Zwang der Umstände; wenn ihm seine Freundin Linda dabei helfen kann, dann gelingt ihr das nicht kraft irgendwelcher psychologischer Maßnahmen, sondern einfach als Frau, die ihn in den entscheidenden Augenblicken vorbehaltlos akzeptiert und ihn weder heilen noch verändern will.

In EVERYTHING YOU ALWAYS WANTED TO KNOW geht Woody Allens Verachtung der Psychotherapie so weit, daß dabei sogar Untertöne des Bedauerns spürbar werden. Der Arzt, der in die Neigung eines Armeniers zu einem Schaf heilend eingreifen soll, verliebt sich selbst Hals über Kopf in das Tier und ruiniert schließlich aus unglücklicher Liebe seine eigene Existenz. Die »intellektuelle Sackgasse«, als die Miles Monroe in SLEEPER die Wissenschaft ganz allgemein bezeichnet, führt für Woody Allen offensichtlich geradewegs in den Wahnsinn. In EVERYTHING YOU ALWAYS WANTED TO KNOW will ein Sexualforscher den klitoralen Orgasmus nicht nur vom weiblichen Geschlecht erlebt wissen und läßt einen Mann mit einem Roggenbrötchen verkehren ...

Die Methoden, mit denen die Machthaber der Zukunftswelt von SLEEPER vorgehen, um Miles Monroes Persönlichkeit zu verändern, schildert Woody Allen als nicht weniger albern als die psychoanalytischen Versuche der Freunde vom Untergrund, den verstörten Miles in seine ursprüngliche Identität zurückzumanipulieren: erst wird sein Ich in die Rolle der Miß Montana gedrängt, dann mit einem lächerlichen Stegreifspiel, bei dem seine Traumata die Stichworte liefern, wiederhergestellt. Man spielt ihm Bilder der Kindheit und der jüdischen Eltern vor und versetzt ihn schließlich in Szenen aus Tennessee Williams' Bühnenstück *A Streetcar Named Desire*.

Selbst in LOVE AND DEATH, wo Zeit und Ort des Geschehens keine unmittelbaren Attacken auf Psychiater und Therapeuten zulassen, greift Woody die Seelenärzte an: als Boris, endlich am Ziel seiner Wünsche, einen plötzlichen Drang zum Selbstmord verspürt, sucht Sonja einen weisen greisen Eremiten auf, um ihn um Rat zu fragen. Doch das senile Väterchen

Andrej, die Travestie eines Psychiaters, hat nur eine Weisheit: er schwärmt von zwölfjährigen Mädchen, »am besten gleich zwei davon«.

Auch die Dramaturgie der Filme setzt Woody als satirische Waffe gegen die Psychoanalyse ein. In TAKE THE MONEY AND RUN, in LOVE AND DEATH, am ausgeprägtesten wohl in ANNIE HALL, persifliert die Erzählstruktur die Methoden der Analytiker. Rückblenden versuchen immer wieder Recherchen in der Vergangenheit der Figuren, doch was sie zutagefördern, auch aus der Kindheit, ist als Ergebnis regelmäßig nur eine Häufung kurios übertriebener, hinlänglich bekannter Analytiker-Topoi von der harten lieblosen Kindheit und der Genie-Klischees, mit frühreifen Todesvisionen und Lebensangst angesichts des unendlich expandierenden Universums.

Auch die spöttisch im Bild konkretisierte Persönlichkeitsspaltung der Annie Hall, die mit Alvy im Bett liegt und sich gleichzeitig einige Meter von sich selbst entfernt, um den Vorgang zu beobachten, demonstriert Woody Allens Verachtung der Theorie: sie ist gerade gut genug für einen optischen Gag. Ähnlich zeigt er dann die Praxis; Alvy und Annie auf der Couch ihrer Analytiker, im split-screen-Verfahren (wieder Woodys Vorliebe, mit den Mitteln des Films Räume zu überbrücken) simultaner Behandlung unterzogen, erwähnen zwar die gleichen Fakten, stellen sie aber mit ihrer eigenen immanenten Deutung so unterschiedlich dar, daß die beiden Analytiker konträre Schlüsse daraus ziehen müssen – also nur die Interpretation einer Interpretation liefern können.

In INTERIORS macht Woody Allen mit den Psychiatern kurzen Prozeß und teilt dem Zuschauer eigentlich nur indirekt mit, daß Arthurs Frau Eve regelmäßig und über einen langen Zeitraum hinweg psychiatrische Behandlung erhält, die ebenso wenig wirkungsvoll wie erwähnenswert ist, weil sie die Frau nicht vor dem Selbstmord bewahren kann.

MANHATTAN endlich geht einen entscheidenden Schritt weiter. Zwar wiederholen sich Woodys bissige Witze und one-liners gegen die Psychiatrie in Sätzen wie »schließlich hatte ich einen Orgasmus, aber mein Arzt sagte mir, es war der falsche« oder »mein Analytiker warnte mich, aber du warst so schön, daß ich mir einen anderen Analytiker nahm« – doch darin deutet sich bereits die Kritik an der Bereitwilligkeit der »Patienten« an, die Woody später sein Film-Ego Isaac Davis formulieren läßt:

»Die Menschen in Manhattan schaffen sich dauernd selbst ihre in Wirklichkeit unnötigen neurotischen Probleme, die sie davon abhalten, sich mit erschreckenderen, unlösbaren Problemen der Welt zu befassen.«[11]
Wenn die Regelmäßigkeit, mit der Woody Allens Witze sich in die Psychoanalyse verbeißen, den Schluß nahelegt, daß er sie eben doch ziemlich ernstnehmen muß, so bringt Isaacs Erklärung dafür die Bestätigung: auch Woody Allen hat psychoanalytische Deutungen parat, wenn er als Ursache seelischer Konflikte den Vorgang des Verdrängens betrachtet.
Die Schilderung urbaner Neurosen macht MANHATTAN zum aktuellsten und konkretesten Film Woody Allens; ihn auch kategorisch als sein Meisterwerk zu bezeichnen, heißt, LOVE AND DEATH, seine wohl am gründlichsten unterschätzte Arbeit außer acht zu lassen. Was jedoch MANHATTAN auszeichnet und die fast ausnahmslos begeisterten Kritiken veranlaßt haben mag, ist die scheinbar ohne jede Anstrengung erzielte Genauigkeit, mit der Woody Allen das Großstadtleben einer gehobenen Mittelschicht beschreibt – eine ziemlich abgeschlossene Welt, der nicht nur der Protagonist Isaac, sondern letztlich auch die Kritiker angehören, die sich und ihr Leben hier wiederfinden können, ohne daß der Komiker Allen seine Figuren an jenen überzogenen Klamauk verraten würde, der die vielen anderen Komödien über großstädtische Neurotiker überlagert; man denke nur an unzählige hysterisch-lächerliche Kinoauftritte von Jack Lemmon. Trotz aller Heiterkeit ist MANHATTAN auch im Vergleich mit ANNIE HALL ein Film von überrumpelndem Ernst mit Langzeitwirkung. Von einer »Liebeserklärung an New York«, die manche Rezensenten darin sehen wollten, kann ohnehin nicht die Rede sein, auch nicht an Manhattan: Woody beschränkt sich auf einen ziemlich kleinen Ausschnitt, auch räumlich manifestiert sich das Für-Sich-Sein-Wollen seiner Person, die Abgeschiedenheit einer Klasse inmitten aller Turbulenz, und nur deswegen vermittelt die düstere Stimmung der Bilder gleichzeitig auch urbane Geborgenheit. Harlem und die Bowery oder gar die South Bronx auf der anderen Seite des Harlem River scheinen für Isaac und seine Freunde nicht zu existieren; viel zu sehr mit sich selbst beschäftigt, um auch nur in Gedanken diese Welt zu verlassen,

Manhattan

sind sie letztlich auch unfähig zu stabileren menschlichen Bindungen. Was sie von draußen annehmen, Kultur vor allem, wird als Gesprächsstoff verwertet. Man delektiert sich an banalem Geschwätz über Kunst, am name-dropping erweist sich, wer »in« ist; Böll, Bergman und Mahler werden bevorzugt: das ist die ganze weltstädtische Offenheit, die sich im Abspulen von europäischen Namen und Phrasen befriedigt. Woody Allen verfolgt diese Haltung bis in kleinste Details: sein Film-Ego läßt er seine Zigarette rauchen und erklären, daß sie ihm eigentlich nicht schmecke, er inhaliere auch nicht, aber eine Zigarette in der Hand sehe einfach »unglaublich hübsch« aus. So sind auch die Beziehungen der Personen untereinander von Oberflächlichkeit beherrscht. Tracy, die jünste, ein Teenager, erscheint noch am unverdorbensten. Sie liebt Isaac, aber Isaac, der zwei gescheiterte Ehen hinter sich hat, verliebt sich in Mary, die ihm nach einiger Zeit erklärt, daß sie immer noch Yale liebe, der mit einer anderen verheiratet ist. Isaacs erste Frau hatte ihn in Richtung Drogenszene verlassen, Jill, die zweite, verlor er an eine andere Frau. Am Ende, nachdem ihm Mary den Laufpaß gegeben hat, versucht er vergeblich, wenigstens Tracy zurückzugewinnen, doch die kehrt dieser Welt entschlossen den Rücken, um für ein halbes Jahr an einer Bühne in London zu arbeiten.

Manhattans imponierende Skyline, die das weite, schwarzweiße Panavision-Bild füllt und die Personen einschließt, als wären es die Alpen im bayerischen Heimatfilm, hat dabei etwas von einer Traumkulisse, unterstützt noch von Gershwins *Rhapsody in Blue*, die Woody Allen einmal sogar synchron zu einem Feuerwerk anzulegen versucht. Wie sehr die Intellektuellen-Schickeria von Manhattan auf diese Kulissen angewiesen ist, zeigt er bei einer Begegnung zwischen Isaac und Mary; ein Spaziergang im Central Parc endet mit der Flucht vor den Widrigkeiten der Natur, heftiger Regen treibt die beiden ins Hayden-Planetarium. Eine neue Kulisse, die artifizielle Sternennacht, der Himmel im Zeitalter der technischen Reproduzierbarkeit, dient als romantischer Topos und als Stimulans für vorübergehend Verliebte: Manhattan als künstliches Paradies, das den Menschen zwar nahelegt, sich mit sich und ihresgleichen abzugeben, aber doch erregend genug ist, um sie nie wirklich zu sich selbst kommen zu lassen. Für hartnäckige Fälle hält dieser urbane Kosmos Psychiater und Drogen be-

Manhattan

reit, die für Woody Allen offensichtlich nahe verwandt sind.
Als Mary erklärt, sie wolle zu Yale zurück, fragt Isaac, was
denn ihr Psychiater davon halte. »Der liegt im Koma, er hatte
ein schlimmes Drogen-Erlebnis«, antwortet Mary. Sie selbst
greift immer wieder zu Valium, wiederholt die Aufrüstungs-
versuche ihres Analytikers und seine Sprüche für sich und die
Umwelt: »Ich bin schön, ich bin jung, ich bin sehr intelligent.«
Narzißmus als Narkose scheint sich als Lebensprinzip etabliert
zu haben. Momente des Ausbruchs sind selten: Jill veröffentlicht ein kritisches Buch mit Details aus der Ehe mit Isaac, der
zwar zunächst wütend und aggressiv reagiert, dann einigen
Humor aufbringt und sich zudem entschließt, seinen Job beim
Fernsehen, das er wie alle Film-Egos Woody Allens verachtet,
aufzugeben, um sich seriöseren Dingen zuzuwenden und selbst
ein Buch über das Leben seiner Clique in Manhattan zu
schreiben. Zwar bedeutet auch das nur Beschäftigung mit sich
selbst und dem eigenen Umfeld, diesmal jedoch mit dem ener-
gischen Willen zur kritischen Auseinandersetzung.
In seinen bislang letzten drei Filmen hat Allen seine Figuren
auffallend konsequent in Berufen angesiedelt, die ihm vertraut
sind: Alvy Singer ist Komiker, Annie Hall macht gerade ihre
ersten Schritte im Show-Business. In INTERIORS arbeiten Ar-

thurs Tochter Renata und ihr Mann als Schriftsteller, Flyn ist Schauspielerin, Joey hat sich ebenfalls als Schauspielerin und Lektorin versucht, auch ihr Mann beginnt zu schreiben. In MANHATTAN steht Tracy am Anfang einer Bühnenlaufbahn, Jill hat gerade ihr erstes Buch veröffentlicht, Isaac schreibt die ersten Sätze. Es scheint ihm damit so ernst zu sein wie Woody Allen selbst, der bei der Endfertigung des Films viele Witze wieder entfernt hat. »Sie waren sehr lustig, nicht nur one-liners, sondern auch optische Gags – aber im Zusammenhang des Films sahen sie aus wie vom Mond gefallen.«[12]

Auch die Schauplätze sind Woody Allens eigenem Lebensbereich immer näher gerückt; die Einstellungen von Manhattans Skyline wurden vorwiegend von seinem eigenen Penthouse aus gedreht. Auf diesem Weg zu sich selbst nahm seine Komik immer ernstere Züge an. Erklärte er noch zu seiner ausgelassenen Satire BANANAS, er »wollte einen Film machen, über den die Menschen lachen«[13], so attackiert er mit MANHATTAN rigoros die Selbstgefälligkeit der eigenen Umwelt. »Wenn mein Film bewirkt, daß sich ein Mensch mehr elend fühlt, dann habe ich mein Ziel erreicht.«[14]

VII

Ich frage mich beständig, ob es ein Leben nach dem Tode gibt, und wenn es eins gibt, werden sie in der Lage sein, einen Zwanziger zu wechseln?[15]

Für Immanuel Kants Definition, nach der das Lachen »ein Affekt aus der plötzlichen Verwandlung einer gespannten Erwartung in nichts«[16] sei, liefert Woody Allen schlagendere Beweise, als sie dem Kritiker der ästhetischen Urteilskraft eingefallen sind: »Es ist unmöglich, unvoreingenommen seinen eigenen Tod zu erleben und ruhig weiterzusingen.« Oder: »Das Universum ist bloß eine flüchtige Idee im Geiste Gottes – ein ziemlich unbehaglicher Gedanke, besonders, wenn man gerade die Anzahlung für ein Haus geleistet hat.« Oder: »Es gibt nicht nur keinen Gott, sondern versuch mal, am Wochenende einen Klempner zu kriegen.«[17]

Die Beispiele ließen sich mit einer Vielzahl weiterer fortsetzen; Woody Allen hat die humoristische Methode, Erwartungen zu düpieren, schon vor Beginn seiner Filmarbeit entwikkelt und in seinen Texten immer wieder angewandt und perfektioniert. Auch sein Film-Ego läßt er regelmäßig Aphorismen von sich geben, die nach dieser Methode konstruiert sind. Besonders LOVE AND DEATH, die abgründigste seiner Arbeiten, hat für den Helden Boris Gruschenko solche Sentenzen bereit. Definition eines Wunders: »Ein brennender Busch, wie sich das Meer vor mir teilt, wie mein Onkel eine Rechnung bezahlt.«

Auffallend oft läßt Woody Allen dieses Spiel seinen Ausgangspunkt in metaphysischen Bereichen nehmen und löst Transzendenz in diesseitiger Trivialität auf. »Wie ist das, tot?« – »Du kennst doch die Hühner in Tresky's Restaurant. Es ist schlimmer!«[18] Immer wieder schaffen die Sentenzen mit ihrem absurden, nie ganz korrekt funktionierenden tertium comparationis einen Berührungspunkt zwischen Diesseits und Jenseits. Die »gespannte Erwartung« in der Definition Kants wird dabei durch das Jenseits erweckt, die »Verwandlung in nichts« geht von irdisch-physischen Erwägungen aus.

Diesen Vorgang, dem auch eine rituelle Dimension innewohnt, von der Sprache völlig zu lösen und ihn ausschließlich mit den Mitteln des Bildes oder der Montage zu vollziehen, ist unmöglich, da die optische Konkretisierung der Erwartung bereits die »Verwandlung« selbst bedeuten würde. Das freilich hat Woody Allen in LOVE AND DEATH mehrmals gewagt, als er Boris Gruschenko mit dem Tod konfrontierte: ein mit einem weißen Tuch völlig verhüllter Sensenmann tritt auf und läßt sich von dem noch kleinen Boris die Schlüsselfrage stellen, ob es Mädchen gebe. Später sieht man ihn mit einem Nachbarn der Gruschenkos weggehen, und am Ende begleitet er Boris selbst ins Jenseits. Woody Allen hat sich dafür bezeichnenderweise den französischen Kameramann Ghislain Cloquet geholt, der als regelmäßiger Mitarbeiter Robert Bressons über die metaphysischen Möglichkeiten eines Bildes wohl besser Bescheid wissen mußte als seine amerikanischen Kollegen. Allen und Cloquet verstanden es gerade in der Schlußsequenz des Films – für mich das Beste, was Woody je gelungen ist –, den Tod, trotz seiner trivialen Maskerade und unabhängig von den immer noch vorhandenen komischen Untertönen der Szene, abzuheben von jeglicher Lustigkeit. Boris bewegt sich zu irritierend heiterer Musik wie ein lebendig gewordener Moriskentänzer von der Kamera weg und tanzt den von Bäumen eingesäumten Weg ins Jenseits so traumhaft leicht entlang, als wäre er wieder ein spielendes Kind, dem Tod voraus wie einem Erwachsenen, der Mühe hat, hinterherzukommen.

Kaum eine andere Szene in irgendeinem Film Woody Allens evoziert ein ähnliches Gefühl der Harmonie und der Sicherheit der Bewegung wie diese. Während Chaplin oder Keaton zwar ihre Disharmonie im Kampf mit den Tücken realer Objekte erleben, sie aber mit der ihren Figuren immanenten eigenen Logik durch eine zweckentfremdete, doch überraschend sinnvolle Weise neu zum Funktionieren bringen und so die verlorengegangene Harmonie wiederherstellen, verweigert Woody Allen seinen Helden die in der neuartigen Beherrschung der Objekte liegende Rehabilitation. Die vermeintlichen Siege, die Miles Monroe in SLEEPER oder Boris in LOVE AND DEATH erringen, sind durch so arge Zufälle entstanden, daß sie für den Betroffenen insgeheim demütigend sein müssen – vorausgesetzt, er wird sich des Sieges überhaupt bewußt. Miles Monroes Fluchtversuch mit einem Rucksack-Helicopter müßte als lächerlicher Fehlschlag enden, wenn nicht die Verfolger ebenfalls an den Tücken der Objekte scheiterten und von ihrem Flammenwerfer selbst bedroht würden. Boris Gruschenkos Münchhausen-Ritt auf einer Kanonenkugel, den wohl alle Großen des Slapstick durch irgendeine wahnwitzige List bewerkstelligt hätten, erfolgt nur aus Versehen, logisch sind für ihn nur die Niederlagen. So sieht er sich zwar plötzlich als Kriegsheld, aber als ihn die schöne Gräfin um Mitternacht auf ihr Zimmer bestellt, fragt er sie ganz selbstverständlich, ob sie denn auch dasein werde.

Boris' Leben endet mit einer Niederlage, als er zum erstenmal damit rechnet, vom Schicksal verschont zu werden. Wegen eines Attentats auf Napoleon wird er zum Tod verurteilt und hingerichtet, obwohl ihm, der ständig auf ein Wunder gewartet hatte, um an Gott glauben zu können, im Gefängnis ein Engel mit der Botschaft seiner Begnadigung erschienen war. Boris stirbt einen zynisch überflüssigen Tod: wegen einer Tat, die nicht er ausführte, sondern ein anderer, und die Kugel hat auch nicht Napoleon getroffen, sondern dessen Doppelgänger; schließlich war auch der Engel nur ein Trugbild. Nach so vielen Täuschungen kann für den betrogenen Helden die Wahrheit des Todes zwar schlimmer sein als die Hühner bei Tresky,

Love and Death

aber sie bedeutet auch endlich die Antwort auf die vielen Fragen nach dem Jenseits, die ihn zeitlebens beschäftigt hatten, den ersten Moment der Harmonie. Der Affekt entsteht nicht mehr »aus der plötzlichen Verwandlung einer gespannten Erwartung in nichts«. »Man muß wohl bemerken«, hatte Kant seinen Ausführungen hinzugefügt, »daß sie sich nicht in das positive Gegenteil eines erwarteten Gegenstands« verwandeln dürfe, »denn das ist immer etwas, und kann oft betrüben«. Boris, der, sich von den Menschen entfernend, dem Tod voraustanzt: ein harmonisches, heiteres Bild, und doch hat Woody Allen nie ein traurigeres geschaffen.

Als Motiv taucht der Tod freilich in allen Filmen des grübelnden Komikers auf. WHAT'S UP PUSSYCAT wird von befremdend vielen suiciden Typen bevölkert, in BANANAS und EVERYTHING YOU ALWAYS WANTED TO KNOW finden Hinrichtungen statt. In SLEEPER scheint Woody Allen mit seinem eingefrorenen und wieder aufgetauten Helden eine Travestie der Auferstehung zu versuchen und wiederholt das Motiv am Ende des Films, nur daß da sein Held das neue Leben des Tyrannen verhindert. »Alle Bücher über Tod und Sterben gehören dir«, erklärt Annie Hall, als sie Alvy verläßt. In INTERIORS begeht eine Frau Selbstmord, ihre Tochter wird von Gedanken und Ängsten vor dem Tod als Schriftstellerin arbeitsunfähig. Mit den »schrecklicheren, unlösbaren Problemen«, denen sich die Menschen in MANHATTAN mit ihren Ablenkungsmanövern entziehen, meint Woody Allen nichts anderes, denn, so bekennt er, »der Tod ist die große Obsession hinter allem, was ich gemacht habe«.[19] Insofern haben seine Arbeiten eine engere Verbindung mit seiner Person als viele sogenannte Autobiografien. Vielleicht liegt hier das Geheimnis seines Erfolgs.

1 Woody Allen, zitiert nach Bill Adler u. Jeffrey Feinman: Woody Allen. Clown Prince of American Humor. Pinnacle Books, New York 1975, S. 4
2 Woody Allen: Ein kurzer Blick auf das organisierte Verbrechen. in: Wie du dir, so ich mir. Rogner & Bernhard, München 1978, S. 22
3 Woody Allen: Viva Vargas! Auszüge aus dem Tagebuch eines Revolutionärs. in: Wie du dir . . ., S. 152
4 s. Interview, S. 84
5 Beide Texte in: Wie du dir . . ., S. 142 u. S. 25
6 Woody Allen: Das Frühjahrsprogramm. in: Wie du dir . . ., S. 69
7 In der deutschen Fassung heißt es, wenig glücklich übersetzt, »Aufnahme!«
8 Woody Allens Protagonist Arthur in INTERIORS spricht den Satz zu Beginn des Film aus dem Off bzw. mit dem Rücken zur Kamera und zum Zuschauer.
9 Woody Allen: Gespräche mit Helmholtz. in: Wie du dir . ., S. 137
10 a. a. O.
11 Die Zitate entsprechen der Originalfassung des Films; die deutsch synchronisierte Fassung war vor Redaktionsschluß noch nicht zu sehen.
12 Woody Allen, zitiert nach Frank Rich: An Interview with Woody. in: Time, 30. 4. 1979
13 s. Anm. 4
14 Woody Allen, zitiert nach Frank Rich, a. a. O.
15 Woody Allen: Aus Allens Notizbüchern. in: Ohne Leit kein Freud. Rogner & Bernhard, München 1979
16 Immanuel Kant, Kritik der ästhetischen Urteilskraft, § 53, Anmerkung. Wissenschaftliche Buchgesellschaft, Darmstadt 1968, Band 8, Seite 437
17 Woody Allen: Aphorismen. in: Wie du dir . ., S. 41 f.
18 Woody Allen als Boris Gruschenko am Ende von LOVE AND DEATH
19 Woody Allen, zitiert nach Richard Schickel: Woody Allen Comes of Age. in: Time, 30. 4. 1979

Woody Allen / Interview

Von Bert Koetter

Sie wurden in Brooklyn geboren. Ihr Name ist Allen Stewart Konigsberg. Woher stammen Ihre Vorfahren?

Von überall her: Rußland, Deutschland, Ungarn. Aus ganz Europa.

Wie ist das, in Brooklyn aufzuwachsen?

Wir gehörten zur unteren Mittelschicht. Mein Vater war Kellner, dann Taxifahrer. Die meiste Zeit ging ich zur Schule und spielte auf der Straße Ball. Das war so ungefähr alles, was wir machen konnten.

Wie entwickelt sich jemand, der dort aufwächst? Es gibt einen Mythos in Bezug auf Brooklyn: dort wachsen besondere Leute auf.

Ich weiß, daß viele Komiker aus Brooklyn stammen.

Warum?

Es gibt dort eine große jüdische Gemeinde. Und – viele amerikanische Komiker sind jüdisch. Dafür allerdings habe ich keine Erklärung. Brooklyn ist sehr groß, mit unterschiedlichsten Gegenden. Dort, wo ich aufwuchs, war es ganz hübsch. Bäume säumten die Straßen – ganz wie ein Vorort. Es war sehr angenehm, nicht wie die Armenviertel oder die brutaleren Bezirke.

Wie wurde Ihr Innenleben davon beeinflußt, daß Sie dort aufwuchsen?

Wie meinen Sie das?

Sie spielten Ball wie jedes andere Kind, sie hatten Spaß, Freunde – was bedeutete das alles für Sie?

Im Grunde lauter Unsinn: man ging zur Schule, konnte nicht erwarten, daß sie aus ist, denn sie war langweilig. Und sobald sie aus war, rannte man auf die Straße, um Ball zu spielen. Im

Sommer konnte man das den ganzen Tag. Das war ungefähr alles. Ziemlich unbeschwert. Man ging ins Kino, las Comics. Niemand damals dachte an irgend etwas Besonderes, weder kulturell noch politisch. Niemand tat sehr viel.

Dann kam die Pubertät. Das verändert doch meist eine Menge.

Das fällt mit der Zeit zusammen, in der man aufs College kommt. Man muß sich entscheiden, was man machen will. Das wird dann ein großes Problem. Man muß beschließen, in welchen Beruf man will, wie man den Rest seines Lebens verbringen möchte. Das passiert zu einem ziemlich frühen Zeitpunkt im Leben.

Haben Sie da bewußt eine Entscheidung getroffen?

Klar, das mußte man ja. Man mußte sich entschließen. Meine Freunde gingen zur Schule und wollten Lehrer und Ärzte werden. Ich mußte mich entscheiden: wollte ich aufs College? Und wenn ja, was sollte ich studieren? Man mußte eine endgültige Entscheidung treffen. Ich war kein guter Student, wurde hinausgeworfen. Ich hatte schlechte Zensuren und kein Interesse. Ich hatte keine fachlichen Vorlieben, ich ging nicht immer hin, und wenn ich es tat, bekam ich schlechte Zensuren. Ich bin sehr froh, daß ich aus dem College geflogen bin. Ich habe nichts gelernt. Die Erziehungsmethoden hier sind nicht gut. Sie sind so ausgerichtet, daß man überhaupt nichts lernt. Wenn man sich also einem solchen Erziehungsprozeß unterwirft, tötet das jeglichen Appetit aufs Lernen. Deshalb bin ich froh. Hätte ich die vier Jahre College gemacht, wäre mein Leben ganz anders geworden.

Wie sind Sie darauf gekommen, ins Show-Business zu gehen? Da muß doch etwas vorhanden gewesen sein, das Sie diese Richtung einschlagen ließ?

Es interessierte mich. Schon als Kind habe ich mich immer für Show-Business interessiert. Mir gefiel Vaudeville, ich mochte die Komiker.

Das war Ihr Zeitvertreib als Kind?

Ja, aber das spielte nur am Rande eine Rolle. Ich verbrachte nicht meine ganze Zeit damit. Es machte mir Spaß, und als ich älter wurde, dachte ich, daß ich sowas auch könnte. Mir erschien es eine gute Existenzgrundlage zu sein – man mußte es natürlich können.

Und wie sind Sie dann wirklich dazu gekommen? Zum Schreiben.

Ich fing an, Gags zu schreiben, die ich an Komiker verkaufte. Fernsehen war damals sehr populär, eine enorme Gelegenheit für Autoren. Viel kam damals aus New York, genau wie jetzt. Ein Riesenanteil. Viele Comedy-Shows. Ich fing damit an, fürs Radio zu schreiben, danach fürs Fernsehen.

Damals trafen sie Dick Cavett?

Den traf ich erst viele Jahre später. Ich rede von der Zeit, als ich siebzehn Jahre alt war. Dick traf ich, als ich fünfundzwanzig war. Er kam, um mich in einem Cabaret zu sehen.

Cabaret ist eine sehr unamerikanische Angelegenheit. Ich erinnere mich an Bob Dylan in einem Cabaret im Village. Vor Jahren. Ich fand es unamerikanisch wegen einiger politischer Elemente. Wegen des Sarkasmus.

Cabaret hier ist nicht mit europäischem Kabarett zu vergleichen, weil ihm fast immer ein richtiger Inhalt fehlt. Cabaret hier ist mehr Vaudeville: Gesang, Steptanz, Jonglieren, Witzemachen. In Europa ist Kabarett eher Satire, hat mehr Tiefe, ist eher ein Kommentar. Hier sind es Vaudeville-Schausteller, die ihre Spezialitäten anbieten. Meine war, Witze zu erzählen. Meistens sangen die Leute in Cabarets, spielten Gitarre. Nur während der späten fünfziger, frühen sechziger Jahre schlich sich etwas mehr Inhalt in die Cabarets. Die Sänger besangen relevantere Themen, die Komiker kommentierten Sachen, aber es ist eigentlich keine große Sache hier.

Zu Ihrer politischen Position: wo stehen Sie?

Ich glaube, ich bin ein ganz durchschnittlicher Liberaler der Mittelklasse.

Was heißt das?

Daß ich liberale Ansichten zu jedem Thema, Sachverhalt habe. Es gibt keine Ausnahme: ob das die Todesstrafe ist, die Gleichberechtigung oder Vietnam, ich verhalte mich liberal.

Sind Sie je dafür bestraft worden?

Nein, das ist hier keine gefährliche Position. In bezug auf den Vietnamkrieg war es die Position der Mehrheit, und trotzdem war es schwer, etwas zu erreichen.

In Ihren Filmen untersuchen Sie die Rolle des Menschen in einer Metropole wie New York. Frauen haben versucht, ihre gesellschaftliche Rolle durch die Emanzipationsbewegung neu zu definieren. Wie würden Sie die männliche Rolle neu definieren? Würden Sie sagen, daß der »alte Mann« nicht mehr existiert? Wie sieht der »neue Mann« aus?

Ich kann nicht sagen, daß der »alte Mann« nicht mehr existiert. Ich glaube nicht, daß es große Veränderungen gegeben hat. Die einzige Veränderung, die ich beobachten konnte, bezieht sich auf das Bewußtsein der Frauen. Ihre Haltung ihren Problemen gegenüber hat sich verändert, es gibt mehr Verständnis, obwohl sie noch immer Schwierigkeiten mit der Gleichberechtigung haben. Ich glaube allerdings, daß es für Frauen auf gesellschaftlicher und politischer Ebene Fortschritte gibt.

Sollten Männer sich nicht dieser Entwicklung anpassen?

Zum Teil. Aber der Fortschritt der Frauen ist gar nicht so groß. Sie haben zwar Fortschritt gemacht, aber es läuft ja nicht glatt für sie.

Seit ich hier lebe, habe ich das Gefühl, daß New York der allgemeinen Entwicklung um zehn, fünfzehn Jahre voraus ist.

Ich glaube, das stimmt. New York ist hochentwickelt, aber wenn man ins Innere der Vereinigten Staaten gerät, hat sich nicht viel verändert, fürchte ich. Es gibt ein paar entwickelte Zentren, und New York steht an der Spitze. Da gibt es einfach mehr Möglichkeiten für Frauen. Arbeitsmöglichkeiten. Aber das ist schon alles. Es gibt immer noch Probleme mit der Legalisierung von Abtreibung, emotionelle Probleme, sexuelle. Aber was die Arbeitsmöglichkeiten anbelangt, ist es ihnen gelungen, mehr Anerkennung zu bekommen.

Glauben Sie auch, daß die gestörten Beziehungen zwischen Männern und Frauen mit den riesigen Entfernungen zwischen Wohnung und Arbeit zusammenhängen? Ich könnte mir denken, daß diese Erscheinung der Industriegesellschaft einer tiefen Beziehung im Wege steht.

Richtig. Aber ich bezweifle, daß es überhaupt jemals tiefe Beziehungen gab. Unsere Erwartungen sind heute größer, und wir leben bewußter. Ich habe das Gefühl, daß die Beziehungen zwischen Männern und Frauen zu keiner Zeit zum besten standen. Ehen hatten immer mit einem finanziellen oder politischen Konzept zu tun. Die Idee einer romantischen Hochzeit kam erst viel später. Ich bezweifle sehr, daß sich da im Kern irgend etwas geändert hat.

Würden Sie lieber in einer anderen Epoche gelebt haben, oder macht es Ihnen nichts aus, mit den Problemen von heute zu leben?

Es macht mir nichts aus. Diese Zeit ist so gut wie jede andere. Ich glaube nicht, daß irgendeine Vergangenheit bedeutungsvoller gewesen ist. Aber vielleicht wäre es gut, in der Zukunft zu leben. Das ist eine Vermutung. Ich glaube einfach, daß in ein paar hundert Jahren weiter Fortschritt stattgefunden haben wird. Ein bißchen Fortschritt ist gemacht worden, aber es ist besser, am Ende einer solchen Entwicklung zu stehen. Es ist sicher besser, heute zu leben als im dreizehnten Jahrhundert.

Wo würden Sie am liebsten sehen, daß Fortschritt gemacht wird?

Im Bereich der Gesundheit. Das würde mir gefallen, mehr brauchte ich nicht. Ich wäre sicher nicht gegen eine Gesellschaft, in der es keine Krankheiten mehr gibt, in der die Lebenserwartung höher wäre. Das wäre wirklich gut, mit dem anderen Zeug kann man leicht fertig werden.

Warten Sie auf die Erfindung eines Jungbrunnens?

Das wäre fein, das wäre gut. Das wäre der beste Fortschritt.

Ist das der ewige amerikanische Traum?

Ich weiß nicht. Ist das so amerikanisch? Es ist doch ein ganz natürlicher Impuls, für die Erhaltung von Jugend, Kraft und Stärke zu kämpfen. Wenn man es jedoch mit abstoßenden Anstrengungen erreichen will – wie sich zum Beispiel von jemandem in der Schweiz das Gesicht operieren zu lassen –, dann ist etwas falsch. Aber ich finde, daß es sonst ein ganz normaler Impuls ist.

Fällt es Ihnen schwer, Ihre Tage zu planen und sich dann danach zu richten?

Gewöhnlich nicht. Nur an Wochenenden. Wochentags verläuft alles nach Produktionsdiktat. Entweder drehe oder schneide ich gerade einen Film, dann fällt es mir leicht.

Eiserne Disziplin.

Nein, das läuft ganz einfach: man wird irgendwo erwartet. Aber die Wochenenden verwirren mich. Da versuche ich, all die nicht geplanten Dinge zu erledigen.

Gibt es da auch Platz für ein Privatleben?

Sicher.

Was haben Sie in dem Film BANANAS versucht?

Das ist mein zweiter Film. Als ich meinen ersten Film (TAKE THE MONEY AND RUN) sah, nachdem er fertig war, entdeckte ich die vielen Fehler, die ich beim Drehen gemacht habe. Mit BANANAS versuchte ich, einen Film mit weniger Fehlern zu machen. Ich wollte einen Film machen, der nicht so langsam war. Ein Film, der einfach nur komisch sein will, muß sehr schnell sein. Man braucht eine Million Gags. Und je länger ein solcher Film läuft, desto schneller müssen sie kommen, desto stärker müssen sie sein. Das ist schwierig, und das wußte ich nicht, als ich meinen ersten Film drehte. Als ich ihn schnitt, gab es zu langsame Stellen, die mir Probleme bereiteten.

Versuchen Sie, mit Ihren Filmen eine Aussage zu machen?

Nein, auf keinen Fall, wenigstens damals nicht. Ich wollte einen Film machen, den sich die Leute ansehen, über den die Menschen lachen und immer lachen können und nicht nach einer halben Stunde aufhören müssen, oder lachen und ihn fünf Minuten später unerträglich finden.

Sie wollten die Leute mit Witzen erschlagen. – Ich fand es sehr komisch, wie die südamerikanische Politik dargestellt ist, wie ein Zirkus.

Richtig. Aber außerhalb Amerikas ist das anders. Als ich nach Europa ging, um für BANANAS Werbung zu machen, entdeckte ich eine Tendenz, sich auf die politischen Aspekte zu konzentrieren, weil Politik außerhalb der Vereinigten Staaten eine so große Bedeutung hat. Hier bei uns sieht man den Film nicht halb so ernst an. Hier gehen die Leute ins Kino, sehen einen Film wie BANANAS und kommen lachend heraus. Ich verstehe das, weil ich Amerikaner bin. Sie finden es entweder komisch oder nicht. Aber in Europa neigt man dazu, die politischen Zusammenhänge in den Vordergrund zu stellen, egal, wie komisch sie sind. In meinem Land denkt man nicht darüber nach. Hier denkt man nur daran . . .

. . . wie die Dinge auf der Leinwand kommen?

Genau. Wir kommen aus diesem Film und denken: das hat mir gefallen, ich habe gelacht; oder auch nicht. Nicht einmal ernsthafte politische Filme haben bei uns in den Vereinigten Staaten von Amerika einen großen Erfolg. Es ist sehr schwer, in den USA einen politischen Film zu machen, der erfolgreich wäre. Dafür interessiert sich fast niemand.

Und Ihre Science-Fiction-Komödie, Ihr Fahrenheit 451 *oder* 2001 . . .

SLEEPER? Ich machte gerade EVERYTHING YOU ALWAYS WANTED TO KNOW ABOUT SEX BUT WERE AFRAID TO ASK und fuhr eines Tages nach Hause. Und plötzlich und ohne daß ich weiter darüber nachgedacht hatte, fand ich, daß es sehr komisch sein würde, wenn ich einen Film machte, in dem ich 1975 eingeschläfert werde und in der Zukunft aufwachen würde.

Einige Leute haben das hier ja schon gemacht: sie ließen sich einfrieren und wollen 200 Jahre später wieder geweckt werden.

Ja, ein paar haben das gemacht. Ich glaube, das ist eine weltweite Angelegenheit. Ich wollte jedenfalls einen sehr großen Film daraus machen: anderthalb Stunden für den new yorker Teil, wo der Protagonist vorgestellt wird; am Ende dieses ersten Teils werde ich eingeschläfert. Dann sollte eine Pause kommen. Im zweiten Teil wachen wir 200 Jahre später auf und alles wäre anders: bunt und in der Zukunft. United Artists war sehr interessiert. Aber als ich anfing, merkte ich, daß die Sache eine Nummer zu groß war. Daß ich zwei Filme machen müßte. Das war zuviel für mich. Heute würde ich so etwas vielleicht versuchen. Aber damals wollte ich Filme schneller machen, sie schneller herausbringen. Jetzt, nachdem ich einige gemacht habe, bin ich vielleicht bereit zu einem so ungewöhnlichen Projekt.

In SLEEPER gibt es einen elektronischen Diener, einen Roboter. Wer hatte die Idee für das Kostüm?

Der Mann, der die Kostüme gemacht hat, hatte nie vorher für Film gearbeitet. Ich hatte ihn mal kennengelernt, er wollte es gerne machen, und ich mochte ihn auf Anhieb. Er ist sehr begabt, hat ein paar sehr schicke Sachen in New York gemacht, sehr elegante Schaufenster. Er hat ein sehr, sehr kleines Budget bekommen und mußte damit auskommen, um all diese einfallsreichen, futuristischen Kostüme zu machen. Er hatte die Idee, der Dienerschaft Fracks anzuziehen. Kaum hatte er das vorgeschlagen, fand ich es wundervoll. Ich wäre nie darauf gekommen, weil ich mich viel mehr an einem futuristischen Rahmen orientierte.

Da gibt es einen starken Kontrast zwischen den Menschen und dem mechanischen Diener, der zur verlorenen Seele wird.

Er ist ein großartiges Vehikel.

Einerseits ist er der Verrückte, der immer verfolgt wird oder wegrennt, weil andere ihn verfolgen, und zum anderen ist er der traurige Kommentator der Dinge, die passieren. Wie in der Partyszene, die auch heute irgendwo in New York stattfinden könnte.

Ja, das war ja eine Absicht des Films, allerdings mehr bezogen auf Kalifornien als auf New York. Es ist eigentlich immer die gleiche Party: ob in SLEEPER oder in ANNIE HALL. SLEEPER sollte ja eine Satire auf Gegenwärtiges sein, nicht so sehr auf Zukünftiges.

Was halten Sie von derartigen Parties? Die gibt es doch so.

Klar.

Gehen Sie auf solche Parties? Oder vermeiden Sie das?

Ich gehe nicht auf viele Parties. Aber ich bin auf einigen gewesen, die vergleichbar sind. Langweilig.

Sprechen wir über den Gegensatz zwischen Ost- und Westküste. Sie haben etwas gegen die Westküste. Ist das eine sehr grundsätzliche Kritik?

Sleeper

Ja, aber nicht aus einer stark moralischen Position. Ich ziehe den Osten einfach vor. Ich bevorzuge alles im Osten: den Lebensstil, das Wetter, die Struktur der Städte, das Tempo. An der Westküste ist es wärmer, sonniger, langsamer, vom Auto abhängig, breiter angelegt, mehr wie ein Vorort. Mir gefällt das nicht.

Ist es Ihnen dort zu unwirklich?

Es ist zu ruhig, zu still. Das gefällt mir nicht. Würde ich nicht in New York leben, wäre ich gerne in Paris. Wo es lebendig und großstädtisch ist.

Ich habe Freunde, die in Kalifornien leben und finden, daß es ziemlich verrückt sei. Daß dort viele komische Leute herumrennen.

Es gibt ein Übergewicht an Theaterleuten. Also gibt es viel Geld, außerdem bietet ein solcher Lebensstil viel Freizeit. Es gibt viele Strände.

Und Sie ziehen es trotzdem vor, hier im Osten zu arbeiten?

Ja, sehr. Oder in Europa, ich könnte mir in Europa ein vergleichbares Leben vorstellen.

87

Sie haben in SLEEPER *zum erstenmal mit Diane Keaton gearbeitet.*

Nein. Zum erstenmal war ich mit ihr zusammen auf der Bühne
in einem Stück in New York: *Play It Again, Sam.* Dann in dem
Film PLAY IT AGAIN, SAM, und danach in SLEEPER.

Sie arbeiten mit ihr. Wie finden Sie das?

Mit ihr zu arbeiten? Oder wie ich über sie denke?

Was halten Sie von der Zusammenarbeit mit ihr?

Ich arbeite gern mit ihr. Ich glaube, sie ist ein echter, großer
Filmstar.

Sind Sie beide ein Team?

Nein, ich denke bei uns nicht an ein Team, sondern an zwei
Leute, die zusammenarbeiten, weil sie befreundet sind. Es gab
immer Gelegenheit dazu. Und wenn ich arbeite, denke ich an
sie, weil sie da ist. Es macht Spaß, mit ihr zu arbeiten, man
kann sich auf sie verlassen, sie ist angenehm, eine gute Freundin und eine große Schauspielerin. Ein großartiger Star. Ich
glaube, wir können gut zusammenarbeiten, weil wir es seit
vielen Jahren tun. Wir haben über ein Jahr lang jeden Abend
am Theater gearbeitet. Wir haben inzwischen fünf Filme zusammen gemacht. Ich habe einen ernsten Film mit ihr inszeniert. Und wir haben alle nur möglichen Szenen miteinander
gespielt: Slapstick, Verfolgungsszenen, Liebesszenen, intime
Szenen. Man fühlt sich in so einer Situation natürlich sehr
wohl.

ANNIE HALL *war so etwas wie ein Bruch mit ihren bisherigen
Arbeiten, etwas Neues in dem Sinn, daß Sie nicht mehr so ausschließlich fixiert waren auf die komische Brillanz, die in dem
Cartoon-Stil der früheren Filme vorgegeben ist. Sie wurden persönlicher, näherten sich Ihrem eigenen Leben.*

Das ist viel weniger grundsätzlich zu sehen. Ich würde auch
sagen, daß ANNIE HALL keinesfalls eine cartoon-artige Komödie ist, die ich im übrigen sehr mag. Ich habe ein paar gemacht,
und es gibt ganz großartige von den Marx-Brothers und ande-

Play it Again, Sam / Interiors / Manhattan

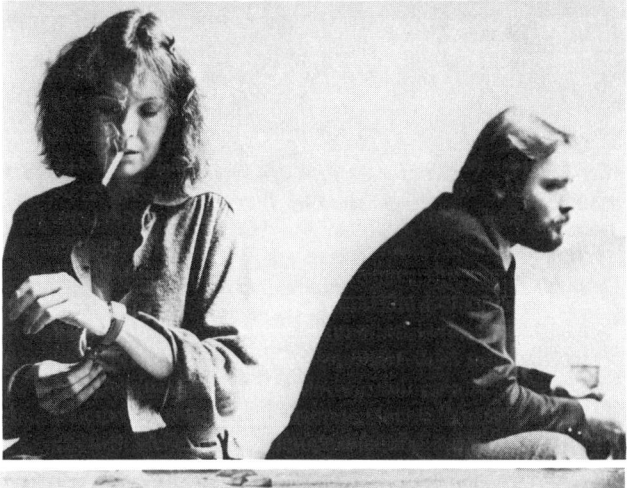

ren, wo einfach alles passiert für einen Lacher und man sich nicht darum kümmert, wie wahrhaftig das ist. Es macht Spaß, sowas zu drehen. Und ich möchte auch noch ein paar davon drehen. Zum Zeitpunkt, als ich ANNIE HALL machte, hatte ich schon drei, vier Filme hinter mir, die einfach nur Spaß machten – wenigstens hoffe ich das –, und ich wollte etwas anderes machen.

Ich kann mir vorstellen, daß es sehr schwierig ist, auf einmal einen persönlichen Film zu drehen. Wie sehen Sie diese Wende von cartoon-ähnlichen Filmen und Slapstick-Komödien zu einer nervous romance, wie man das hier nennt. Es gibt da einen Wandel in der Regieführung.

Natürlich, aber ganz ohne bewußtes Nachdenken. Es hat keinen Zweck, sich da hinzusetzen und es so zu planen. Es war da ein instinktives Gefühl, diese eine Sache zu machen. Ein Instinkt, daß das Publikum daran Gefallen finden könnte. Ein bißchen eine Nase dafür, was dem Publikum gefallen könnte und auf welcher Ebene man mit ihm kommunizieren sollte.

Glauben Sie, daß dieser Film in den sechziger Jahren möglich gewesen wäre? Das Gefühl dieses Films?

Für mich als Regisseur?

Oder für das Publikum, dem es gefallen soll.

Ja, ich glaube, daß es dem Publikum gefallen hätte, auch wenn es derselbe Film gewesen wäre. Aber ich glaube nicht, daß ich ihn so hätte machen können.

Ich glaube, daß die zarte Beziehung in diesem Film Werte enthält, die es in den Sechzigern nicht gab. Erst in den siebziger Jahren wird eine Art neues Gefühl erprobt.

Das ist möglich. Ich bin da viel altmodischer als die meisten Leute. Aber es ist möglich, daß – hätte ich den Film in den Sechzigern gemacht, vorausgesetzt, ich wäre fähig dazu gewesen – das Gefühl so nicht in den Köpfen der Leute vorhanden gewesen wäre.

Was wollten Sie mit diesem Film?

Vor allem wollte ich eine persönlichere Beziehung zum Publikum herstellen, durch den Versuch, es direkt anzusprechen gleich zu Beginn des Films. Mit ihm zu sprechen, damit es versteht, was für Probleme ich habe. Diese Probleme zu demonstrieren, wie sich diese Probleme zeigen. Also direkter zu kommunizieren.

Wie sehen Sie Ihre Probleme?

In diesem Film ging es mir um ganz unterschiedliche Probleme: wie lebt man, wie kommt man mit Leuten aus, wie schafft man Beziehungen. Aber viel oberflächlicher, als es vielen Leuten vorkam. Für mich war das ein sehr leichter, amüsanter Film. Es gab viele Leute, die ihn viel ernster nahmen, als sie sollten. Das sind die gleichen Leute, die ins Kino gehen und nichts Besseres zu tun haben, als große Bedeutungen zu erfinden. Es gibt hier schon Deutbares, aber in vielen Filmen gibt es kein bißchen Bedeutung. Ganz sicher gibt es keine Komödie mit Bedeutung.

Gibt es überhaupt Bedeutung? Wir leben doch in einer ziemlich verrückten Welt. Wo soll man sie da finden?

Oja, ich finde, es gibt Bedeutung. Dieser Film bekam viele Impulse aus der einfachen Tatsache, daß er ein bißchen auszusagen versuchte. Dafür wurde er von dem Publikum sehr geschätzt. Viele erzählten mir, daß sie den Film drei-, viermal gesehen hätten. Daß er sehr bedeutsam für sie gewesen sei. Ich bekomme immer noch zentnerweise Briefe.

Haben Sie je über diese Reaktion nachgedacht?

Nein, sie überraschte mich. Ich erlebte denselben Prozeß wie immer: ich drehte, und als ich schnitt, war ich enttäuscht von vielen Dingen. Ich warf Sachen weg. Und schließlich ergab sich ein Film, den ich ein paarmal zeigte. Die Leute schienen ihn zu mögen. Aber nicht mehr als SLEEPER oder irgendeinen anderen Film, den ich gedreht hatte. Die Reaktionen waren gut, es gab Kritik, es gab Vorführungen, die besser als andere waren, oder schlechter. Aber als der Film herauskam, mochten ihn die Leute und erzählten das ihren Freunden, vielleicht weil sie die Probleme verstanden. Was im Film ausgespielt wird, kannten sie. Sie sahen ungefähr ihr eigenes Leben. Das reicht ihnen, und das ist leichter zu erreichen, denke ich, und dennoch bin ich da gar nicht so sicher. Ich meine, daß so ein

Film einfach viel vergnüglicher, viel populärer ist, als ein Film, in dem man in der Zukunft erwacht. Daran kann man auf einer intellektuellen Ebene sicher Vergnügen haben, aber wer macht schon solche Erfahrungen?

Ihre Filme sind populär. Trotzdem gehen in Ihre Filme weniger Leute als beispielsweise in die von Mel Brooks. Wie erklären Sie sich das?

Ich kann das nicht erklären. Ich konnte das noch nie. Meine Filme sind bis zu einem bestimmten Grad populär, ausreichend populär, um profitabel zu sein. Aber sie sind nicht so übermäßig populär wie viele andere Filme. Auch wenn man denkt, daß sie die gleichen Qualifikationen erfüllen.

Kann es sein, daß Sie für manche Leute zu intellektuell sind?

Es fällt mir schwer, Filme wie BANANAS oder SLEEPER für intellektuell zu halten. Mir kommen sie wie gewöhnliche lustige Komödien mit Witzen vor, mit optischen Witzen vor allem.

Würden Sie sich als jemanden bezeichnen, der hart arbeitet?

Ja. Es ist unmöglich, einen Film zu drehen, ohne hart zu arbeiten. Das ist ein zu großes Unterfangen. Man braucht ungefähr ein Jahr, um einen Film zu machen. Die Vorbereitungen sind enorm und schwierig. Das Drehen ist sehr hart. Man steht sehr früh auf.

Probieren Sie Ihre Witze an Ihrer Umgebung aus?

Nein, nicht die für einen Film.

Sie behalten sie für sich?

Man kann sie nicht ausprobieren, bevor man sie nicht gedreht hat. Sie bedeuten nichts. Man kann Witze ausprobieren, wenn man die Leute vorbereiten kann – in einem Cabaret. Da kann man Witze testen. Aber im Film ist das eine völlig andere Sache.

Stimmt die Theorie über Komiker, daß sie sehr ernsthafte Leute seien?

Das ist wie bei allen Verallgemeinerungen ... Ich kenne viele Komiker. Manche sind ernsthaft, manche nicht. Manche sind sehr frivol.

In diesem Zusammenhang: ANNIE HALL *sollte ursprünglich An-hedonia heißen. Und sie selbst nannten sich Anhedonia.*

Ja, aus Spaß. Ja, der Film sollte Anhedonia heißen, bis zur letzten Minute.

Was ist Anhedonia, was bedeutet das?

Anhedonia ist ein psychischer Zustand. Wer darunter leidet, kann an nichts Gefallen finden. Das war auch ursprünglich die Geschichte. Es war eigentlich mehr eine Geschichte über mich als über eine Beziehung: über eine Figur, die an nichts Vergnügen hat. Aber als sich der Film entwickelte, sich von mir entfernte, wurde daraus mehr die Geschichte einer Beziehung, und es stimmte plötzlich, daß die Aufmerksamkeit auf Diane gerichtet wurde.

Sie sind wirklich jemand, der lachen und Spaß haben kann?

Klar. – Nur: es gibt die Tendenz, Komiker immer für komisch zu halten. Wenn ich Leute treffe, lachen die viel, obwohl ich ihnen keinen Anlaß gebe.

Verletzt Sie das manchmal?

Ich denke nicht darüber nach. Ich nehme es wahr. Ich habe letzte Woche mit jemandem Tennis gespielt, es war das erstemal. Wir haben ein paar Bälle gewechselt, und dann hat sie anderen davon erzählt, daß ich gut spielen könne, aber sie habe nicht mit Lachen aufhören können, wegen ihrer Assoziationen. Das hat mich nicht gestört, ich habe nicht darüber nachgedacht – aber so etwas passiert. Es hat ja auch sein Gutes. Da gibt es viele unverdiente Lacher. Wenn ich also einen Film oder so mache und etwas gar nicht so komisch ist, dann lachen die Leute trotzdem, weil sie daran gewöhnt sind.

Stehen Ihnen die Figuren Ihrer Filme manchmal im Weg, wenn Sie unter Leuten sind?

Nein, glaube ich nicht.

Keine Mißverständnisse?

Nichts Auffälliges. Meist bin ich unter Freunden. Wenn ich neue Leute treffe, kann es passieren, daß sie einfach schnell lachen. Weil sie denken, daß ich es darauf anlege, komisch zu sein. Aber dadurch entstehen keine Probleme.

Sie porträtieren in Ihren Filmen das, was man den »kleinen Mann« nennt. Andere wie Chaplin und Keaton haben ihn vorher porträtiert, den kleinen Mann, der verletzt werden kann. Glauben Sie, daß Sie deshalb soviel Erfolg haben, weil diese Figur in jüngster Zeit auf der Szene gefehlt hat?

Ich neige dazu, die Dinge zu vereinfachen. Ich glaube, daß ich die Leute zum Lachen bringen kann. Es ist ganz einfach. Sie gehen ins Kino oder in ein Cabaret, und ihre Erwartung ist darauf gerichtet, zu lachen. Das ist eine Art Vertrag. Was ich für sie getan habe, ist ausreichend komisch, so daß sie lachen können.

Aber Sie benutzen bestimmte Mittel: es ist der kleine Mann, der bei einer Frau Liebe sucht.

Aber das ist Zufall. Ich denke nicht darüber nach.

Sie sind der Mann, der in die Maschinerie seiner Umwelt gerät und umhergeworfen wird.

Ja, aber auch das passiert eher zufällig. Ich glaube, das trifft auch auf Charlie Chaplin zu. Ich glaube nicht, daß er zu Hause saß und darüber nachdachte, daß ... So ist es wahrscheinlich bei jedem künstlerischen Ansatz, der eine Bedeutung hat. Ich habe darüber mit Groucho Marx gesprochen. Er erzählte, wie er in einer amerikanischen Kleinstadt in seinem Hotelzimmer sitzt und mit seinen Brüdern hofft, daß sie an diesem Abend erfolgreich sind und ihren Vertrag erfüllen und so komisch wie nur möglich sein werden. Und dann kommen die Kritiker und interpretieren sie als nihilistisch und surrealistisch und auf eine Weise wichtig, über die sie nie nachgedacht haben. Sie fanden das großartig, aber worüber sie nachdachten – genau wie ich, wenn ich einen Film mache –, hatte mit den Lachern zu tun und mit der Geschichte.

Sind Sie gegen den Starkult?

Nein, eigentlich nicht. Ich habe mir viele der Helden erhalten, die ich als Kind bewunderte. Ich verehre sie immer noch.

Wer sind die?

Die gleichen Leute, die mich immer faszinierten: Marlon Brando. Ich halte ihn für ein sehr großes Genie.

Kafka soll auch eins sein.

Sicher, aber ich habe nicht an Tote gedacht. Ich wäre sicher von Louis Armstrong fasziniert gewesen, hätte ich ihn getroffen. Ich bin ihm nie persönlich begegnet, aber es gab Augenblicke, da hätten wir uns beinahe getroffen: in einer Show, in der wir beide hätten auftreten können. Er war jedenfalls ein Genie. Und ich habe immer große Sportler bewundert. Ich war überwältigt, als ich Joe Louis traf. Oder Basketball-Spieler.

Wie erklären Sie sich das? Sie lieben Sport, Sie sind auch aktiv.

Ja, ich treibe gern Sport. Das ist ein interessanter psychologischer Vorgang: wenn man jemanden jahrelang verfolgt, der sehr, sehr gut ist, und ihm dann begegnet – so, als träfe man einen Filmschauspieler –, dann verfalle ich einer solchen Situation. Ich traf Marlon Brando vor Jahren eine Minute lang auf einer Party. Er wird sich nicht mehr daran erinnern. Ich war mit Diane Keaton zusammen. Ich sagte einen Satz zu ihm und konnte ihn dann nur noch quer durchs Zimmer anstarren. Ich habe schon Restaurants verlassen, weil irgendein für mich Prominenter auftauchte. Ich starrte ihn an und fühlte mich so unwohl dabei, daß ich gehen mußte.

Einen Ihrer Basketball-Helden haben Sie im Fernsehen gesehen. Das habe ich jedenfalls gelesen. Und plötzlich wurde Ihnen klar, daß Größe vergänglich ist, genau wie Jugend. Daß der Tod irgendwie präsent ist.

Ja, ich denke bei Athleten immer über so etwas nach. Sie haben einen sehr intensiven Augenblick an Größe, aber er ist sehr kurz. Gut sind sie eigentlich nur zwischen dem zwanzigsten und dreißigsten Lebensjahr. In dieser Zeit ist das Verhältnis zum Publikum, wenn sie Künstler sind, sehr intensiv, viel intensiver als gewöhnlich bei einem Schauspieler. Aber danach ist das vorbei.

Können Sie den Hunger nach Ruhm erklären? Will man das Leben verlängern und vor dem Tod fliehen? Will man etwas hinterlassen?

Etwas hinterlassen? Ich weiß nicht, ob das funktioniert. Ich sehe keinen Grund, etwas zu hinterlassen. Man tut es oder man tut es nicht. Ich will zu gegebener Zeit einen guten Film machen. Wozu sollte es meine Filme noch geben, wenn es mich nicht mehr gibt? Lieber wäre mir, daß es mich noch gibt, wenn sie schon nicht mehr existieren. Wo ist der Unterschied, ob ich fünfzig oder hundert Filme hinterlasse, nachdem ich weg bin. Wozu? Das ist doch absolut bedeutungslos. Auf jeder nur vorstellbaren Ebene. Es bedeutet einfach gar nichts.

Warum haben Sie nach all den Komödien einen ernsten Film produziert? INTERIORS.

Sie glauben sicher, daß ich Witze mache: ich wollte nie komische Filme machen. Ich wollte nie ein Komiker sein. Das war nicht mein ursprüngliches Ziel im Leben. Ich wollte ein ernster Dramatiker sein, und nicht ein Autor für Komödien, auch nicht der Regisseur amüsanter Filme. Als ich ernsthaft mit dem Schreiben anfing, als Jugendlicher, waren das schlechte Imitationen von Stücken von Ibsen, Arthur Miller. Das interessierte mich. Doch durch Zufall fand ich ziemlich früh heraus, daß ich für Komödien begabt war. Es fiel mir leicht, kam ganz natürlich. Ich fing also damit an und war sofort erfolgreich. Die ersten Gags, die ich als Teenager schrieb, wurden verkauft. Ich wurde angestellt. Ich entdeckte, daß ich ziemlich

Dreharbeiten Interiors

schnell erfolgreich war. Mir wurde klar: wollte ich in eine Position geraten, von der aus ich die Dinge tun konnte, die ich machen wollte, dann war der praktischste Weg der, an Komödien zu arbeiten. Ich schrieb für Cabarets, fürs Fernsehen. Ich konnte das ganz gut. Aber als ich die Gelegenheit hatte, einen ernsten Film zu drehen, habe ich sie wahrgenommen. Der Film war so erfolgreich, daß ich in den nächsten Jahren weitere machen kann. Ich würde sie nicht gern ausschließlich machen, aber ich würde gern noch mehr machen.

Nach einem Film wie ANNIE HALL *ist es eigentlich logisch, daß Sie das Gefühl hatten, jetzt zu einem ernsten Film bereit zu sein.*

Ja, ich hatte das Gefühl, bereit zu sein. Aber von einem praktischen Standpunkt aus hatte ich nicht das Gefühl, daß die Zeit dazu schon gekommen war. Ich fand, daß ich noch mehr Erfahrungen als Filmemacher sammeln sollte, mehr Glaubwürdigkeit bei den Leuten, die mir dafür Geld geben wollten. Es ist eine leichte Sache, ein paar Millionen Dollar für eine Komödie zu bekommen, die kommerziell mehr verspricht als ein ernster Film. Besonders wenn der gesamte Hintergrund keinesfalls andeutet, daß dafür eine Begabung vorhanden ist. Heute meine ich, daß es sich für mich gelohnt hat und daß ich ab und zu wieder ernste Filme machen könnte.

Wie würden Sie die Probleme, die Sie in INTERIORS *behandeln, definieren?*

Ich wollte zeigen, wie sich Leute mit den harten Horrors ihres Lebens auseinandersetzen, wollte ihre Methoden zeigen, die sie anwenden, um mit dem fertig zu werden, was wir hier prätentiös mit existentieller Realität bezeichnen würden. Aber was ich schließlich machte, war: ich schrieb oder drehte eine Familientragödie, die eher psychologisch als philosophisch war – aus vielen Gründen. Einer davon war, daß ich nicht erfahren genug war, mich auf das Material zu stürzen und es so zu formen, wie ich es wollte.

Wie sehen Sie die Mutter?

An ihr interessierte mich, wie sie sich auf ihre künstlerische Perfektion konzentriert, statt sich mit den sie umgebenden Leuten abzugeben. Aber so, wie sie schließlich herausgekommen ist, ist sie viel netter, als ich sie gesehen hatte.

Ist sie die »häßliche Mutter« für Sie? So wie man sich Mütter vorstellt?

Ich habe gar nicht so sehr daran gedacht, daß sie eine Mutter ist. Es ergab sich eher zufällig, daß sie eine Mutter wurde. Mich interessierte dieser Typ, eine Persönlichkeit, die besser mit Raum, Objekten und Farben umgehen kann, besser mit irgend etwas als mit Menschen. Leute dieses Typs schaffen oft Dinge von großer Schönheit. Aber ihr Privatleben ist nicht glücklich. Und schließlich zerbrechen sie daran.

Haben die Töchter das von ihrer Mutter geerbt?

Ich wollte, daß die Figur, die Diane Keaton spielt, ähnlich unglücklich ist. Ich finde, das ist gelungen.

Sie ist eine Poetin, die nicht schreiben kann.

Das Problem bei einem derartigen Film ergibt sich durch die vielen Aktivitäten zwischen den Schwestern, der Mutter, dem Vater, und die Sache wird ambivalent und kompliziert. Als ich den Film schrieb, war er ganz einfach. Ich wollte bestimmte Sachen sagen und sagte sie auch. Wenn man das Drehbuch liest, stimmt es auch noch, aber wenn das dann lebendig wird, weil lebendige Leute es spielen, gibt es eine ganze Reihe neuer Antworten, die sich automatisch ergeben. Man setzt einen Mann und eine Frau in ein Zimmer, mit genau den Worten, die man ihnen vorher gegeben hat ...

Es gab sehr unterschiedliche Reaktionen zum Film. Einige Kritiker lehnten ihn völlig ab, andere nicht. Ganz geteilte Ansichten. Wie erklären Sie sich das?

Ich kann verstehen, wenn manche sagen, daß dieser Film ein künstlerischer Mißerfolg sei, aber auch, daß es ein sehr erfreulicher Film sei. Es kommt darauf an, wie man darüber denkt. Ich glaube, daß es immer eine Gruppe Kritiker geben wird, die alles hassen, was ich an Ernstem mache, weil ich sonst komische Sachen mache. Und eine andere Gruppe, die alles Ernste lieben wird, wegen der Veränderung, egal, ob das gut oder schlecht ist.

Könnte es nicht auch sein, daß der Inhalt manche Leute verärgert und daß sie sich ihm deshalb verschließen?

Ja, das könnte auch sein. Und wieder andere sind gerade von diesem Inhalt fasziniert. Ich glaube, man muß Jahre warten, bis die Wogen sich geglättet haben, um zu sehen, ob es – zehn Jahre später – die Leute immer noch interessiert ...

Die Männer haben sehr merkwürdige Rollen in diesem Film. Entweder sind sie nur sexuell da, oder sie haben keine guten Beziehungen zu ihren Frauen.

Nein, die Männer haben keine guten Beziehungen zu ihren Frauen. Hätten sie gute Beziehungen zu ihnen, wäre es kein interessanter Film mehr. Sie sind aber auch symbolische Figuren. Einer der Männer verliert sich in den abstrakten Qualitäten der Politik und konzentriert sich mehr auf die Massen als auf Individuen. Das ist die große Falle, in die Leute sich immer wieder stürzen, um zu vermeiden, daß sie sich mit den eigenen Problemen auseinandersetzen müssen. Sie glauben, den Massen Gutes zu tun, vielleicht tun sie das ja sogar. Mit einzelnen Menschen aber können sie nichts anfangen.

Der Vater ist ziemlich gemein.

Ich konnte ihn immer gut leiden, aber es gibt Leute, die ihn ablehnen. Ich habe Kritiken gelesen, in denen er als schwach bezeichnet wird, jemand, der andere sitzenläßt. So habe ich das nie gesehen. Ich finde, daß er seine Sache so gut wie möglich macht. Unter den gegebenen Umständen. Was sonst wird von ihm erwartet? Er bleibt bei seiner Frau, bis die Töchter erwachsen sind, und will dann gehen. Seine einzige Alternative wäre doch, bis an sein Lebensende bei ihr zu bleiben. Das wäre ein großes Opfer, das von ihm verlangt würde. Aber das ist nun mal sehr ambivalent: sie hat ihm ja auch sehr geholfen. Sie war ein guter Katalysator für ihn, hat seine Karriere gefördert. Die Sache ist also ambivalent. Deshalb liegt das Schwergewicht auch mehr auf dem Psychologischen als dem Philosophischen. Wenn man mit Ehemännern und Ehefrauen und Schwestern zu tun hat, gibt es eine Million Aber, eine Million Argumente und Gegenargumente. Es fällt mir ja sogar schwer, dem zu folgen.

Kennen Sie Ihren Kameramann Gordon Willis schon lange?

Wir haben uns bei ANNIE HALL kennengelernt, wir mochten uns auf Anhieb sehr und konnten sehr gut zusammenarbeiten, arbeiteten auch bei INTERIORS wieder gut miteinander und haben jetzt gerade den dritten Film (MANHATTAN; Anm. d. Übers.) abgedreht.

Was gefällt Ihnen an ihm?

Ich glaube, daß er der beste aller amerikanischen Kameramänner ist. Vielleicht der größte, den es je gab. Er ist einfach ein Künstler.

Ich hätte das gern präziser.

Seine Fotografie ist sehr schön, sehr ungewöhnlich, sehr frisch. Seine Kompositionen, sein Licht – das ist sehr innovativ und mutig. Und – das ist das wichtigste – er bleibt ganz dicht an der Vorlage. Er verbringt viel Zeit mit mir, um den Stoff zu verstehen. Es ist also nicht einfach nur hübsche Fotografie. Es ist eine Fotografie, die bedeutungsvoll ist und ihre Kraft aus der Notwendigkeit bezieht, den Stoff eines Films auszudrücken. Er ist sehr intelligent.

Kritiker haben bei INTERIORS eine Beziehung zu Bergman festgestellt.

Ich glaube, das hängt mit den Interviews zusammen, die ich in letzter Zeit gegeben und in denen ich viel über Bergman gesprochen habe. Aber wer schärfer hinsieht, wird entdecken, daß das, was ich mache, nicht viel mit Bergman zu tun hat. Wenn überhaupt – womit ich nicht sagen will, daß ich so gut bin –, denn gibt es eine Nähe zu O'Neill oder Tschechow oder ähnlichem. Ich meine das jetzt nicht prätentiös. Der Film ist eher ihnen nachempfunden als Bergman, aber die meisten denken Bergman, weil ich so oft Bergman gesagt habe. Und sie sehen den Film gar nicht mehr richtig. Sie wissen nur, was sie hören.

Das Interview mit Woody Allen wurde im Dezember 1978 in New York geführt. Übersetzung: Christa Maerker.

Mel Brooks
oder Das System Kaminsky

Von Peter W. Jansen

Forever Laurel.
„Do not use this brain! Abnormal.“[1]

1

Als Verlierer geboren, hat er immer gefürchtet, der geborene Verlierer zu sein. Aber er hat immer die Furcht (und den Tod) besiegen, er hat nur Sieger sein wollen, koste es, was es wolle. Nur Sieger überleben, für eine Weile. Unverschämt ehrgeizig aufs Leben versessen, bis über jede Schamgrenze hinaus, tut er alles für einen Lacher. Denn wer lacht, der kann nichts anderes tun, für den Moment des Lachens wenigstens. Er ist besiegt und entwaffnet. Wer über den »obedient Jew«[2] lacht, den jüdischen Narren, der gehorsam seinen Jokus macht, wird ihn so leicht nicht töten. Die Mordlust weiß sowenig genau, weshalb sie morden will, wie die Lachlust jemals wissen wird, was das eigentlich ist, das sie zum Lachen bringt, und auf mordlüsterne Rassisten wird nimmermehr auch nur der Schimmer einer Ahnung fallen, daß das Lachen nichts als Protest gegen das Sterben ist. Wer über den Juden lacht, von ihm zum Lachen gebracht, der wird sich den Pogrom, vielleicht, noch einmal anders überlegen, für den Moment des Lachens wenigstens. Ein toter Rassist mag wohl der einzig gute Rassist sein, ein toter Jude aber, auch wenn er ein Narr war, ist eines ganz gewiß nicht mehr: komisch.

Melvin Kaminsky muß das gewußt haben, lange bevor er sich Mel Brooks nennen wird, von Anfang an. Der jüngste der vier Söhne der früh verwitweten Kate Kaminsky (Max Kaminsky starb an Tuberkulose[3], als sein Jüngster zwei Jahre alt war) war Mamas Liebling, Melb'n. Er hatte früh heraus, was man von ihm erwartete: der Sonnenschein zu sein in der Finsternis der Jahre der Depression, durch die sich die vaterlose Familie mit Heimarbeit und Kinderarbeit schlug, und als er erst sprechen konnte, hörte er nicht mehr auf damit. Doch dann kam die Straße in Williamsburg in Brooklyn, kam die Erfahrung, im Ghetto zu sein, das noch ein Stück größer war als das Ghetto der Familie, größer und fremder und eben doch nicht die ganze Welt. Aber da erst recht wollte, mußte Melvin die Furcht besiegen und der Erste sein. Körperlich den Altersgenossen unterlegen, nahm er zu der ihm eigenen Waffe Zuflucht und wetzte und schärfte sie an den Widerständen, die dem Überleben und dem Sieg entgegenstanden. Auf den Straßen von Brooklyn erst hat der junge Kaminsky erfahren, daß es außer den Juden auch die Nichtjuden gibt, außer den »jewishs« die »gentiles«, und der Straßenjunge, der er bald war, wußte auch hier, was von ihm erwartet wurde. Er verschaffte sich Respekt mit seinem scharfen, beißenden Witz, mit seiner Respektlosigkeit und mit einer Zunge, die schneller war als alle anderen Zungen in Williamsburg. Schon hier tat er alles für einen Lacher, und er lernte rasch, sein Arsenal zu sortieren und seine Mittel mit dem jeweils höchsten Effekt einzusetzen, die Reaktionen der anderen waren sein Maßstab. Da konnte es nicht fein und geschliffen zugehen, sondern nur rabiat und mit äußerster Energie selbst der Geschmacklosigkeit, woher auch sollten elegantere Kriterien kommen.

In der High School, wo noch die Prügelstrafe gang und gäbe war und wo man gerade von Immigranten der zweiten Generation den Kotau erwartete vor dem Privileg, die Freiheit der Bildung eines sich frei dünkenden Landes zu genießen, in der Schule wollte das System Kaminsky nicht recht funktionieren. Es setzte Strafe. Aber Melvin Kaminsky lernte, was wahrscheinlich nur ein Jude lernen kann, dem die Pogrome in Fleisch und Blut vermittelt worden sind: daß man wenigstens so lange nicht geprügelt wird, solange man prügellüsterne Erzieher durch Reden, Deklamieren, durch Witz fasziniert. »If your enemy is laughing, how can he bludgeon you to death?«[4] – ihm fällt der Knüppel aus der Hand.

Das Lachen also, den anderen aufgeschwätzt und abgezwungen, das Lachen erst war der Sieg, der die Gefahr entwaffnete. Das endlich war die aus den Erfahrungen der Voreltern gefilterte Immunisierung, waren die Antikörper, über die Max und Kate Kaminsky noch nicht verfügten, als sie in Kiew[5] oder Danzig[6] keine andere Zukunft mehr sahen als: Amerika[7], das

High Anxiety

war die Lachlust (der anderen) als Serum gegen die Mordlust
(derselben anderen). Laßt sie doch um Himmels willen hysterisch werden vor Lachen. Sollen sie sich in die Hosen machen,
dann bleibt wenigstens ihr Pulver nicht trocken. Wer sich mit
beiden Händen den Bauch halten muß, hat keine Hand mehr
frei für den Stock, den Colt, das Messer, den Strick.
Doch so einfach das klingt, die Sache ist komplizierter. Denn
das Lachen als Waffe ist nicht vergleichbar dem Stock oder
dem Colt oder dem Messer, nicht nur weil das Lachen, norma-
lerweise, keinen körperlichen Schaden zufügt und auch kein
Gegenstand ist, sondern eine wenn auch zuweilen recht kon-
vulsivische Tätigkeit ohne Gegenstand. Seine physische Erscheinung ist psychisch veranlaßt durch eine andere physische
Erscheinung. Das Lachen als (ungegenständliche) Waffe ist
weder Verteidigungswaffe in der Hand des Verteidigers noch
Angriffswaffe in der Hand eines Angreifers; denn es bietet
keinen Schutz, einen Angreifer an- oder auszulachen; man
sagt zwar, daß Lächerlichkeit töte, aber die Lächerlichkeit
muß, um diese Wirkung zu zeitigen, zuvörderst von demjeni-
gen als Lächerlichkeit empfunden werden, der durch sie »ge-
tötet«, will sagen entwaffnet werden soll. Das Lachen als
Waffe ist vielmehr eine paradoxale Erscheinung: die Verteidigungswaffe des Verteidigers in der Hand des Angreifers, der

103

durch diese Verteidigungswaffe gelähmt wird. Anders gesagt: das Lachen als Waffe ist 1. nur eine virtuelle Waffe (ruhende Energie), die 2. aktiviert werden muß bei dem, gegen den sich die Waffe wenden soll, was meistens auch bedeutet: gegen seinen Willen. Das heißt der Aggressor muß unabweisbar und rettungslos zum Lachen veranlaßt, er muß nach allen Regeln der Lachkunst (Komik) zum Lachen gezwungen werden. Das bedeutet Arbeit und Schwerstarbeit, weil enorme Widerstände zu überwinden sind. Aber auch Widerstände haben ihre Schwachstellen, sind verwundbar. Die verwundbarsten Stellen jedoch sind immer noch die, um die wir nicht von ungefähr Schutz- beziehungsweise Tabuzonen gelegt haben (eben weil wir an diesen Stellen verwundbar sind). Die probatesten Mittel, Tabuzonen bloßzulegen, heißen Obszönität und Vulgarität.

Mel Brooks nun, weit davon entfernt, obszön zu sein, ist vulgär (und seine Vulgarität ist womöglich wiederum ein Stück Tabuierung: gegen das Obszöne): das ist die Kraft, mit der er das Lachen als Waffe aktiviert. Kleinen Kindern – auch das ist eine Erfahrung aus den mit dem Maulwerk (und nicht nur mit dem) bestandenen Straßenkämpfen –, kleinen Kindern, sagt ein vielleicht nicht nur rheinisches Sprichwort, kann man auch mit einem Furz eine Freude machen. Mel Brooks macht sein Publikum zu kleinen Kindern, reduziert es zu analfixierten, hilflos fremdgesteuerten Lachmaschinen, wenn in BLAZING SADDLES am Lagerfeuer der bohnenessenden Eisenbahnarbeiter diese Furzerei losgeht. Halb Amerika war empört, als das 1974 in seinen Kinos zu hören war, die bis dahin ungeheuerlichste Vulgarität, die jemals von der Leinwand kam, das Echo hallte von Kalifornien bis New York und zurück. Halb Amerika diskutierte, und seine gescheitesten und blasiertesten Filmkritiker blähten sich akademisch auf und ließen sich wochenlang aus über den schlechten Geschmack von Fürzen. Das geschah ausgerechnet in einem Land, das sich zu der Zeit noch einzureden versuchte, der Krieg, den es in Vietnam führte, sei Heroismus und Opfertum – und nicht die schändlichste Vulgarität, in die sich Amerika seit dem Völkermord an den Indianern begeben hatte. Dagegen waren die Fürze in BLAZING SADDLES ein Furz. »The point of the farts are the farts«[8], meinte jedenfalls der Amerika wohltuende Übeltäter Mel Brooks dazu, und: als er ein Kind (a kid) gewesen sei, sei ein

Furz ein »guaranteed laughgetter« gewesen, ein bombensicherer Lacherfolg. Im Kino habe er das immer vermißt und nie den halbherzigen Realismus der Western verstanden, in denen Tag und Nacht nur Unmengen von Bohnen verzehrt würden, folgenlos. Da haben wir es, da haben wir ihn: Mel Brooks kein anderer als Melvin Kaminsky.

2

Es sieht so aus, als habe Mel Brooks eine Weile versucht, den Melvin Kaminsky loszuwerden. Sechs oder sieben Jahre, die er zwischen 1951 und 1958 auf der Couch verbrachte, hatten vor allem ein Lernziel: »how to be a father instead of a son«[9], bis der Mann, der, wie seine Freunde und Biografen wissen, immer noch darunter leidet, ohne Vater aufgewachsen zu sein[10], es wenigstens geschafft hatte, beides zu sein. Anders als bei Woody Allen schlugen sich die zwei bis vier Sitzungen pro Woche nicht in Psychiatrie-Gags nieder, und auch HIGH ANXIETY mit Mel Brooks als Richard H. Thorndyke, dem neuen Leiter des »Psycho-Neurotic Institute for the Very, *Very* Nervous«, ist eher dem Kino und der Kinopsychologie Hitchcocks verpflichtet als den Erfahrungen mit den Nachfahren Sigmund Freuds; der Mittelname Thorndykes wäre bei der von Brooks geübten genauen Be- und Anzüglichkeit der Namenswahl sonst wohl auch ein S gewesen und nicht H = Harpo (Marx). Die Analyse fand ihren Niederschlag vielmehr in der Praxis des Lebens (Scheidung von der Tänzerin Florence Baum, Sorge um die Kinder, Wiederverheiratung mit der Schauspielerin Anne Bancroft) und später des Filmemachens. Es läßt sich sogar vermuten, daß die analytische Arbeit Mel Brooks dazu verholfen hat, sich selbst frei zu machen für die Freiheit, die es braucht, als Autor Filme zu machen, das heißt als Autor (und nicht als Vertragsangestellter eines Studios oder eines Fernsehproduzenten oder -senders) allein Verantwortung zu tragen für die eigene Kreativität und die Verwirklichung anderer. Auch das bedeutet »to be a father instead of a son«.

Man kann sich den Befreiungsprozeß nicht komplex genug vorstellen, denn es war zugleich, mußte zugleich sein ein Prozeß der Ablösung. Mel Brooks war immerhin vierzig, als er 1966 den Versuch, auf eigenen Füßen zu laufen, mit THE PRO-

DUCERS zu starten wagte, und er war fast auf den Tag genau zweiundvierzig, als der Film 1968 endlich in die Kinos kam: Brooks hatte neun Monate für das Skript[11], acht Wochen für die Dreharbeiten und elf Monate für Schnitt und Mischung gebraucht[12]. Der mit gut vierzig frischgeborene Autor-Regisseur und Komponist[13], der sich beim ersten Gehversuch beinahe auch schon als Darsteller präsentiert hätte (in der Rolle des neonazistischen Schriftstellers Franz Liebkind, ehe ihn eine Probe mit Kenneth Mars von dessen unschlagbarem Talent für diese Spezialität in Knobelbechern überzeugte[14]) – der vierzigjährige Jungfilmer Mel Brooks hatte bis dahin fast ausschließlich abhängig, sekundär, subsidiär gearbeitet, als Ideenproduzent für die Possen, die andere rissen, als unerschöpflicher Erfinder von Witzen, die andere erzählten, als Lieferant immer neuer Idiotien, mit denen andere Idioten in der Öffentlichkeit glänzten, als verrücktes Huhn, dem nicht nur die Eier legefrisch, sondern auch noch das Gackern abgenommen wurde – gegen ein freilich immer fürstlicher werdendes Honorar. Er verkaufte sich, ohne sich verkaufen zu können. Alles, was er mehr oder weniger auf eigene Faust zu unternehmen wagte, das Musical-Libretto *Shinbone Alley* (1957) etwa oder *All American,* ein anderes Libretto von 1962, zu dem Charles Strouse und Lee Adams die Musik und Liedtexte schrieben, waren am Broadway allenfalls Eintagsfliegen, genauer: flops. Ein Theaterstück, dessen Titel schon den autobiografischen Hintergrund verrät, *Marriage Is a Dirty Rotten Fraud,* wollte niemand haben[15]. Alles schien zu bestätigen, daß Melvin Kaminsky nicht nur als Verlierer geboren war.

Mel Brooks, noch einmal, mußte ihn loswerden, den Melvin Kaminsky. Doch er mußte ihn gleichzeitig behalten und erhalten. Denn Melvin Kaminsky war sein einziges Kapital, war seine ganze Energie, war die Angst vor der Niederlage und die Wut, Sieger sein zu wollen, war die Quelle seines Talents, der geniale Erfinder des Systems Kaminsky. Nein, loswerden mußte der Vater der Kinder Stefanie, Nicholas und Edward[16] den Schatten, der über Melvin Kaminsky lag, den Schatten des nicht erlebten Vaters und den Schatten, in dem er fast zwölf Jahre stand, ohne ihn als Schatten zuerst recht wahrzunehmen, den »paternal shadow«[17] des überlebensgroßen Sid Caesar, den er stets neidlos bewundert hat. Sie hatten sich schon 1942 kennengelernt, lange bevor Kaminsky zur Armee und mit der

Artillerie nach Belgien und Deutschland kam, wo er nach dem
V-E Day, dem Kriegsende, mit einem alten Mercedes und der
Geigerin Helga am Steuer herumfuhr, als »Noncom in Charge
of Special Services«, und ganze Divisionen mit Imitationen
und Parodien auf Al Jolson oder Bob Hope unterhielt[18]. Im
Sommer 42 aber war der junge Kaminsky wieder einmal als
Helfer, Stimmungsmacher (tummler), »mostly after lunch«[19],
und Schlagzeuger in einem der jüdischen Hotels in Ellenville
in den Catskills beschäftigt, dem »Borscht Belt«, dessen
schönste literarische Beschreibung sich bei einem anderen new
yorker Juden findet, bei Philip Roth; seine Geschichten um
David Kepesh und den Schnulzensänger und Conferencier
Herbie Bratasky lesen sich wie Annotationen zur Biografie
Melvin Kaminskys und zum Psychogramm von Mel Brooks.[20]
Dort jedenfalls, wo Kaminsky sich den Namen Brookman
(den seiner Mutter) zulegt und ihn zu Brooks abkürzt, weil er
sonst nicht auf die Trommel seiner Schlagzeugbatterie gepaßt
hätte[21], dort spielt im Avon Lodge ein begabter Saxophonist,
der sich Sid Caesar nennt: Brooks trifft ihn in den Freistunden,
bewundert sein phänomenales mimisches Talent, wird sein
Freund[22]. Sechs Jahre später wird er diesem Freund, für zuerst
fünfzig Dollar die Woche, sein Kaminsky-Talent zur Verfügung stellen, die ebenso pausenlose wie alle Welt enervierende
Produktion skurriler, absurder, respektloser, surrealistischer
Einfälle.
Fast zwölf Jahre lang, von 1948 bis 1959, dient er, mit wenigen Unterbrechungen, dem Spitzenstar des amerikanischen
Fernsehens der fünfziger Jahre als Gag-Schreiber, beliefert er
zusammen mit Mel Tolkin, Lucille Kallen, Joseph Stein (später Autor von *The Fiddler on the Roof*), Larry Gelbart (später
Autor von *M*A*S*H*), Michael Stewart (später Autor von
Hello Dolly!), Neil Simon (später Autor von *The Odd Couple*
usw. usw.) und zeitweilig mit Woody Allen (»a little red-head-
ed rat«[23]), alle zusammen in einen Raum gesperrt, die Nummer Eins der TV-Komiker, Sid Caesar, aufgestiegen zum Pu-
blikumsliebling mit den höchsten Einschaltquoten, den Show
Master der allwöchentlichen Sendungen *The Admiral Broadway Revue* (1949), *Your Show of Shows* (1950ff.), *Caesar's
Hour* (1954ff.), *Sid Caesar Invites You* (1958/59). Die Shows
sind sechzig, dann neunzig, dann wieder sechzig, dann nur
noch dreißig Minuten lang, aber ob länger oder kürzer: ihr

Appetit auf Witze und Sketches, Gags, Pointen und Unverschämtheiten am Rande der Fernsehlegalität ist unersättlich. Es wird geschätzt, daß das Material, das allein Mel Brooks lieferte, für fünfundzwanzig ausgewachsene Kinofilme gereicht hätte[24]. Unter Streß und nahezu hysterisch wie alle Mitarbeiter der Caesar-Shows und von Gedanken an Selbstmord geplagt[25], »he was beginning to see television as a monster that devoured material as fast as a writer could turn it out«[26]. Doch als in Caesars Studio die Lichter ausgehen, als die Show aus dem Programm fliegt, weil sich der Geschmack des Publikums geändert hat, steht Brooks vor dem Zusammenbruch. Er hat nicht nur keine fünftausend Dollar mehr die Woche, sondern auch den Stellvertreter-Vater verloren. Was die Analyse allein nicht geschafft hatte, schaffen die Fernsehbosse: Melvin Kaminsky kann nicht länger der Sohn sein, er muß endgültig Mel Brooks – und Vater werden.

Alle seine Filme sind von Vater-Sohn-Beziehungen geprägt, selbst noch HIGH ANXIETY, für den er kurzfristig Alfred Hitchcock als Übervater adoptiert, allerdings: um ihn zu parodieren. Deutlicher ausgearbeitet auf der Szene findet sich das Syndrom in THE PRODUCERS, wo der Steuerprüfer Leo Bloom in dem Broadway-Bankrotteur Max Bialystock einen Komplizen und väterlichen Freund entdeckt (niemand vor Max, wird er bei Gericht sagen, habe ihn jemals Leo genannt, sondern immer nur Bloom). Es ist ebenso konstitutiv in THE TWELVE CHAIRS, wo der enteignete Aristokrat Ippolit Vorobyaninov auf der Jagd nach den verschwundenen Familienjuwelen in dem jungen Ostap Bender einen treuen Partner hat, der ihm durch alle Provinzen und Gefahren der Sowjetunion von 1927 folgt, sich gelegentlich amtlich als Vorobyaninovs Sohn ausgibt und am Ende zu einem Vorobyaninov (und den Zuschauern) schon bekannten Trick greift, als der »Vater« ihn schon rücksichtslos verabschiedet hat: vor dem Denkmal Dostojewskis simuliert er einen neuen, den alten epileptischen Anfall – und Vorobyaninov kehrt zu ihm zurück. Selbst in BLAZING SADDLES, der unter allen Brooks-Filmen bisher noch am wenigsten einer klaren Erzähllinie folgt, immer wieder ausbricht in die Freizügigkeit der Nummernrevue und nur mühsam an einem dünnen roten Faden gehalten werden kann, selbst dort

The Producers / The Twelve Chairs / Blazing Saddles

hat sich das Muster etabliert: Bart, der schwarze Sheriff von Rock Ridge, findet in dem versoffenen Revolvergenie Waco Kid den jugendlichen Helden, der wie ein Sohn zu seinem Vater steht, als es darum geht, dem verbrecherischen Hedley Lamarr das Handwerk zu legen.

Es fällt auf, daß die von Brooks projizierten Vater-Sohn-Relationen von Film zu Film zunehmend absurder, abstrakter und von »natürlichen« Beziehungen entfremdet werden: der betrügerische Bohemien Max Bialystock und der korrekte Leo Bloom; der aristokratische Ippolit Vorobyaninov und der bürgerliche, eher: klassenlose Ostap Bender; der Schwarze Bart und der Weiße Waco Kid, von dem Bart in einer für Brooks typischen Umkehrung offizieller Verhältnisse sagt: »White is beautiful.« Es kommt auch nicht von ungefähr, daß die Rolle des »Sohnes« in THE PRODUCERS und BLAZING SADDLES von Gene Wilder gespielt wird. Die persönliche Beziehung des Schauspielers zu Brooks ist durch das Rollenmuster bestimmt: Brooks hat ganz offensichtlich in dem Augenblick, in dem er anfing, Filme zu machen, für sich selbst die Rolle des Vaters akzeptiert. Sein »Sohn« blieb für lange Zeit Gene Wilder[27], schon drei Jahre im voraus für diese emotionale Rolle ausgewählt. Solange mußte Wilder, mit Anne Bancroft 1963 in *Mutter Courage* am Broadway auf der Bühne, als Mel der Eroberer die Szene betrat, warten, bis Brooks sein Versprechen wahrmachen konnte: »I've written a play with a terrific part for you.«[28] Daß Wilder dann auch seine dritte Rolle bei Brooks bekam, im Opus 4 YOUNG FRANKENSTEIN, verstand sich von selbst: er hatte das erste Skript geschrieben, und beide machten ein drehfertiges Buch daraus, bevor noch BLAZING SADDLES in die Kinos kam und den alle Erwartungen weit übertreffenden kommerziellen Durchbruch brachte. Aber der Dr. Frederick Frankenstein, Nachfahre des horrorgeschichtsnotorischen Victor Frankenstein, war auch in einem sehr viel umfassenderen und abschließenden Sinn eine »dritte Rolle« für Wilder bei Brooks. Er war nicht mehr Sohn – von einem Vater ist nie die Rede –, sondern Enkel, und er wird im Lauf des Films selbst zum »Vater«: des Monsters. Ist es nur Zufall, daß sich Brooks nach dieser für ihn und Wilder schönsten Zusammenarbeit, in der sich, wie Wilder sagt, für Brooks »his need to be the universal father and teacher« erfüllte und nach der Wilder erklärte: »I couldn't bear to leave Transylvania«[29]

Young Frankenstein

– ist es Zufall, daß sich Brooks danach weigerte, einen weiteren Film von und mit dem Schauspieler zu inszenieren, in den er Melvin Kaminskys Sehnsucht nach dem Vater so erfolgreich projiziert hatte? Wilder, so hatte er beschlossen, mußte aus dem »paternal shadow« heraustreten, in dem er selbst zu lange bei Sid Caesar gestanden hatte, Wilder mußte *The Adventures of Sherlock Holmes' Smarter Brother* selbst drehen, auf die Gefahr hin, daß sich der neue Jungfilmer als Epigone des alten Jungfilmers erwies. Was dann auch der Fall war.

YOUNG FRANKENSTEIN markiert in diesem Psychogramm in progress des Mel Brooks einen Wendepunkt. Noch einmal wird es zwar, in SILENT MOVIE, um »male camaraderie«[30] gehen, aber nun spielt endlich nicht mehr Mel Brooks eine (Zulieferer-) Rolle für Sid Caesar, sondern Sid Caesar eine Rolle bei Mel Brooks (die des väterlichen Studiochefs immerhin, der Hilfe durch Erfolg braucht), und am Ende sagt der Regisseur des Stummfilms in Farben von DeLuxe, sagt Mel Funn der Stripperin Vilma Kaplan, wenn der Film ein Erfolg werde, werde sie sich nie mehr vor anderen Leuten ausziehen müssen. Der Film wird ein Erfolg, und Mel Funn ist, in seiner ersten Hauptrolle bei sich selbst, Mel Brooks. Er ist dann auch, in HIGH ANXIETY, Richard H. Thorndyke, der schon bei der ersten Begegnung auf Victoria Brisbane abfährt: Madeline Kahn nach

BLAZING SADDLES und YOUNG FRANKENSTEIN zum drittenmal
auf dem Set von Mel Brooks. YOUNG FRANKENSTEIN ist die
Wendemarke für Kaminsky-Brooks: der Film erledigt nicht
nur seinen Vaterkomplex, sondern befriedigt auch zum erstenmal
den geradezu archaischen Haß auf die Vergänglichkeit
und besiegt für eine Weile die tiefwurzelnde Angst vor dem
Tod, die in den Pogromen und im nazistischen Judenmord
immer wieder die gleichsam realistische Bestätigung fand,
durch den Sieg, den Frederick Frankenstein mit der Erschaffung
des Monsters über die tote Materie erringt.[31]

3

»Half of Mel's creativity comes out of fear and anger«, bestätigt
Mel Tolkin[32], der es aus langen Jahren strapaziöser Zusammenarbeit
in Caesars Hilfstruppe wissen muß, und Kenneth
Tynan nennt als Quelle der brooksschen Komik »a fear –
or, to put it more positively, a hatred – of death«[33]. Es ist
immer noch dieselbe Furcht, Angst, Wut, derselbe Haß, wovon
Melvin Kaminsky im Ghetto von Williamsburg, Brooklyn,
N. Y. C., an der Ecke der South Third und Hooper Street
getrieben wurde, wenn er in den Straßenmaulfechtereien seine
Gegner zu hemmungslos kreischenden Hysterikern machte –
und in Wahrheit nicht gegen äußere Feinde, sondern gegen die
eigene Angst schwadronierte. Wo andere sich um Kopf und
Kragen reden, *er* redet er sich erst Kopf und Kragen, wie später
beim Analytiker, wovon sich in HIGH ANXIETY ein parodistischer
Abglanz findet: der zum Erbarmen hochgradig an Höhenangst
leidende Thorndyke wird im Augenblick höchster
Gefahr durch Professor Lilloman (Little old man; die deutsche
Fassung nennt ihn Kleinaltmann) vor Ort therapiert; hilflos
vor Angst an einer durchgebrochenen Stufe der ohnehin recht
luftigen Treppe zum Turm hängend, auf den sich das verbrecherische
Paar Dr. Charles Montague und Schwester Diesel
geflüchtet haben, wird ihm eine Rückblende aufgeschwatzt, in
der Thorndyke sich als schreiendes, einen tiefen Sturz fürchtendes
Baby bei maßlos schimpfenden Eltern sieht.
Brooks hat die Ängste, die Melvin Kaminsky plagte, längst
produktiv gemacht – wie der junge Kaminsky sie schon, unbewußt
noch, produktiv zu machen verstand zum System Ka-

minsky. Gleichzeitig jedoch galt es um der Produktivität und Kreativität willen, sich die Produktivkraft Angst zu erhalten, sie sich nicht wie Richard H. Thorndyke einfach wegreden zu lassen. Das ist der Widerspruch, in dem sich Mel Brooks befindet, seitdem er einer der erfolgreichsten Filmregisseure Hollywoods, der erfolgreichste Komiker Amerikas und ein Großverdiener geworden ist. Jetzt kultiviert er die Furcht, mit dem nächsten oder übernächsten Film wie einst aus dem goldenen Käfig bei Sid Caesar ins wirtschaftliche Nichts zu fallen: Geld ist auch für Brooks ein Gradmesser seiner selbst. »Hello, Six, this is Five speaking«, soll er sich bei seinem Freund Burt Reynolds gemeldet haben, nachdem er im Dezember 1976 – nach drei Box-Office-Rennern hintereinander: BLAZING SADDLES, YOUNG FRANKENSTEIN und SILENT MOVIE – auf Platz fünf der jährlichen Liste der 25 kommerziell attraktivsten Stars gesetzt worden war.[34] Die Angst vor dem Tod, der Haß auf die Vergänglichkeit und das Sterben werden davon freilich nicht berührt.

Sich selbst aus der Angst herauszureden (nach dem System Kaminsky: solange ich rede, kann ich nicht sterben) durch unermüdliche Produktion absurder Einfälle und scharfer, auch den »guten Geschmack« beleidigender Attacken gegen das Nichts, diese Form des Überlebens der Angst teilt Brooks mit vielen anderen jüdischen Standup-Komikern: mit Lenny Bruce zum Beispiel, der sich, verbraucht und erschöpft, 1966 zutode spritzte, oder mit Woody Allen. Auch der hatte im Borscht Belt der Catskill-Berge seine ersten Stehversuche gemacht, cerebraler veranlagt als Brooks, bei dem die Verbindung zwischen Schläfenhirn und Stirnhirn, zwischen Denken und Motorik besonders kurz geraten zu sein scheint. Während der um neun Jahre jüngere Woody Allen schon saß und schrieb, tobte er noch herum, hatte kein Sitzfleisch, sondern Einfälle nur, wenn sein Körper in Aktion war, Melvin Kaminsky in Williamsburg, Brooklyn, oder Mel Brooks in der »Max-Liebman-University«, wie er die Caesar-Truppe nach dem Producer Max Liebman nannte.[35] »Mel imitated everything from a rabbinical student to Moby Dick thrashing about on the floor with six harpoons sticking in his back«[36] – er tat alles für einen Lacher seiner Kollegen und Konkurrenten, erst wenn sie schreiend auf dem Boden lagen, gab er sich zufrieden, hatte er gewonnen. Er riskierte sein Leben dafür, baumelte an der Feuerleiter, warf sich aus dem Fenster und klammerte sich an die Fensterbank, bis die anderen endlich lachten; er nahm Verletzungen, Quetschungen, Knochenbrüche in Kauf »while jumping on the furniture, turning handstands which collapsed in mid-air, or banging his head against the wall«[37]. Noch Jahre später konnte er nicht einmal die simpelste Unterhaltung führen, ohne mit den Füßen zu stampfen oder auf die Möbel zu springen, und noch anderthalb Jahre nach dem Showdown der Show glaubte er verrückt zu werden vor Alpträumen, wachte früh am Morgen auf und hieb seinen Kopf gegen die Fliesen im Badezimmer.[38]

Er hatte kein Sitzfleisch, und jedesmal, wenn er es ausprobieren wollte, wurde er unsanft aus seinen Träumen gerissen: er hatte es zwischen alle Stühle plaziert. Kurzgeschichten wollten ihm ebensowenig gelingen wie die beiden Musicals oder Theaterstücke, und mehr als zehn Jahre lang laborierte er an einem Roman mit dem Titel »Springtime for Hitler« herum[39], ehe der Film THE PRODUCERS daraus wurde. »I was always an avid talker and doer. Reading books seemed too conservative for me to bother with«[40] – und ausgerechnet als er bei Sid Caesar war und erschrocken (scared) war und eingeschüchtert (intimidated)[41], als in den Credits sein Name als »writer« (»the word terrified him«[42]) erschien, begann er wie besessen zu lesen: Conrad, Fielding, Dostojewski, Gogol, Tolstoi. Bei Caesar schrieb er nie selbst etwas auf, er hielt es wie dessen Namensgeber: »I wanted to be the one who ran around and acted it out«[43], und er lernte nie, auf der Schreibmaschine zu tippen, weil ihm sofort auffiel, daß derjenige, der schrieb, an den Tisch gekettet war, und das war Michael Stewart, der in dieser Funktion später durch Woody Allen ersetzt wurde.[44]

Daß das Schreiben, daß Literatur nicht seine Sache war, war eine Sache, die Mel Brooks dem Melvin Kaminsky lange nicht glauben wollte. In seinem Respekt vor der Literatur, verbunden mit einem Minderwertigkeitsgefühl, was die eigenen Talente angeht[45], schlägt sich noch einmal die Furcht nieder, vor der Vergänglichkeit nicht bestehen zu können. Nur in seinen besten, glücklichsten Momenten, wenn ihn sein eigener Erfolg überwältigt, bekennt er sich zu dem Stoßseufzer: »My God, I'm not a writer, I'm a *talker*«[46]. Es sind die Momente, in denen das System Kaminsky funktioniert – in den Medien, die für dieses System wie geschaffen sind: die *gesprochene* Sprache, »the interview as comic art«[47], die Improvisation[48] und die *Körper*sprache der situativen Komik. Das alles mußte nicht unbedingt zum Film drängen und zur Filmkomödie, die in den sechziger, siebziger und achtziger Jahren längst nicht mehr sein kann, was sie noch in den Anfängen bei Mack Sennett, Roscoe Arbuckle, Charlie Chaplin war und bei Laurel & Hardy und den Marx Brothers nur noch zu sein scheint: das Produkt ihrer eigenen Entstehung. Schon Chaplin mußte sich spätestens mit *The Gold Rush* monate- und dann jahrelang um ein drehfertiges Skript quälen, und auch Mel Brooks wird diese Qual nicht erspart bleiben: bei BLAZING SADDLES braucht er zwei Jahre »to get the picture ready for screening«[49], am Buch von SILENT MOVIE sitzt er zwölf Monate[50], und beim Drehen wird er nichts improvisieren. Das ad-lib- oder Improvisationsmedium der Epoche sind die elektronischen Medien, und selbst dort stimmt, mit der halben Ausnahme von Talkshows und Zwischenfällen bei Livemoderationen, das Schema nicht mehr: die Liveshows von Sid Caesar waren bis in die kleinste Geste, die geringste Akzentuierung sorgfältig vorbereitet. Nur einmal wird Brooks seine »magnetische Kraft der Stimmenimprovisation«[51] bei einem Film einsetzen: er läßt Ernest Pintoff einen Zeichentrickfilm im Stil von Norman MacLaren machen, setzt sich mit einem Mikrofon in den Zuschauerraum und murmelt Vermutungen und Verwünschungen auf der Suche nach einem Plot »in this maze of abstractions«[52] aufs Tonband. Sie nennen diesen Film THE CRITIC. Er dauert dreieinhalb Minuten und bringt Brooks (zusammen mit Pintoff) seinen ersten Oscar.

Der Anfang mit dem Kino war nicht nur kürzer als die improvisierten One-Reeler der Keystone-, Essanay- und Mutual-Epoche, er war unübersehbar zugleich auch ein Ende: das ließ sich nicht wiederholen. Brooks mit seinem System Kaminsky war, so schien es, für nichts besser geeignet als für die flüchtigsten Medien der Zeit, für die Medien des schnellen Verbrauchs – er mußte die Karte des »talkers« erst vollständig ausreizen. Nur er, noch halb unbewußt auf der Höhe der Zeit und ihrer Medien, konnte offenbar das Endlosinterview (zusammen mit Carl Reiner) erfinden und dann unerschöpflich entfalten. Schon 1953[53] fingen sie damit auf Parties an, just for fun, und erst andere, Steve Allen und George Burns, überredeten sie zu einer Plattenaufnahme (1961), der weitere folgten und wieder weitere hätten folgen können. Die Erfindung des »Two-Thousand-Year-Old Man« war dem ambivalenten, dem Doppelcharakter des akustisch-elektronischen Mediums perfekt angemessen, seiner flüchtigen Vergänglichkeit, die vom Mund ins Ohr lebt, ebenso wie seiner allgegenwärtigen Permanenz und Verfügbarkeit durch die Aufzeichnungstechnik, seiner absoluten Gegenwärtigkeit ebenso wie dem Wiederholungsangebot der vokalen Präsenz. Die Livepräsentationen Sid Caesars waren noch: einmal und nie wieder, die Schallplatten Mel Brooks' waren: für immer wieder. Das Endlosinterview war diesen Gegebenheiten angemessen, weil es in sich selbst deren Struktur vollkommen entsprach: flüchtig und permanent in einem (ein 2000 Jahre alter Mann könnte im Prinzip auch 2000 Jahre lang erzählen), Gegenwart und Geschichte; es war endlos nicht nur, weil es nicht zu enden brauchte (und es endete ja auch nicht: Brooks' Filmidee »The History of the World«[54] scheint eine Weiterentwicklung zu sein), sondern weil es die Zeit aufhob. Melvin Kaminskys Angst vor dem Tod, sein Haß auf die Vergänglichkeit wurde von Mel Brooks in der Permanentsprechrolle des 2000 Jahre alten Mannes, wurde durch die Erschaffung dieses Unsterblichen gestillt, lange bevor eine ähnliche Rolle auf Frederick Frankenstein und auf den zum Vater werdenden Sohn Gene Wilder projiziert werden konnte. Im Medium des Interviews und im technischen Medium seiner Reproduzierbarkeit erfüllte sich das System Kaminsky endlich, was Brooks unübersetzbar zu Kenneth Tynan sagte: »What we should do is not *future* ourselves so much. We should *now* ourselves more. ›Now thyself‹ is more important than ›know thyself‹.«[55] Das elektronische Medium hat, Marshall McLuhan in allen Ehren, nie eine schönere und stringentere Apologie gefunden.

Der 2000 Jahre alte Mann war ein Wendepunkt in der Karriere von Brooks – und in seinem Selbstbewußtsein: »It gave him an identity as a performer for the first time.«[56] Er hatte bald Gelegenheit, diese vorerst nur akustische Identität zu erproben und zu nutzen. Zusammen mit Dick Cavett, dem späteren Talkmaster, als Interviewer produzierte er für Ballantine-Bier Werbespots fürs Radio, noch einmal, ein letztes Mal aus der Spontaneität der Improvisation. Sie zeichneten alles auf, was ihnen einfiel, viele Stunden – und schnitten nur die wenigen Minuten heraus, die ihren Ansprüchen an sich selbst genügten. Sie hatten absolute Freiheit, und die Manager von Ballantine wollten nie ein Skript sehen – sie hätten auch keines sehen können, weil es ein Skript nie gab.[57] Doch die Notwendigkeit und die Not zu schreiben kam unabweisbar auf den »talker« zu, »still haunted by the fear that he couldn't write«[58], eine Angst, die Mel Brooks ebensowenig endgültig losgeworden ist wie Melvin Kaminsky die Urangst im Angesicht der Sterblichkeit. Als er mit Buck Henry (der später das Drehbuch für *The Graduate* schrieb), zuerst für ABC und dann – als ABC kalte Füße bekam angesichts der heißen Idiotien, die Brooks entwickelte – für NBC die Fernsehserie *Get Smart* (1965) schrieb, schrieb Brooks offenbar immer noch nicht; der Krach mit Henry jedenfalls war dauerhafter als die Serie.[59] Gleichwohl war die Gestalt des idiotisch unfähigen Geheimagenten Maxwell Smart, der seine Gegner mit Hilfe seiner (unerwarteten) Dummheit schlägt – eine Übersatire auf die schon satirisch gemeinten James-Bond-Thriller –, für die Entwicklung der komischen Standards von Brooks nicht weniger wichtig als der »Two-Thousand-Year-Old-Man«. Hier wie dort nämlich gründet der komische Effekt in einer simplen Operation, in der man das System Kaminsky wiederentdeckt: die falsche Beziehung in der richtigen Besetzung (oder die richtige Beziehung in der falschen Besetzung?), der falsche Mann in der richtigen Situation (oder der richtige in der falschen), die falsche Situation in der richtigen Zeit (oder die richtige Zeit in der falschen Situation) usw. Das alles sind Strukturen auch der Tragödie, kein Zufall zumal bei Kaminsky-Brooks, der seine einzigartige komische Euphorie aus einer »fundamentally pessimistic view of life«[60] entwickelt und den 2000 Jahre alten Mann den Unterschied zwischen Komödie und Tragödie, genauer: zwischen Komik und Tragik durch eine ähnliche, die richtigen Bestandteile an die falschen Stellen transplantierende Operation definieren läßt: »Tragedy is if I cut my finger. Comedy is if you walk into an open sewer and die.«[61]

Die Operation, endlich, konnte grundsätzlich Divergierendes miteinander verbinden und die Verbindung, in der Widersprüche miteinander ein Auskommen zu finden hatten, explosiv halten. Sie endlich ermöglichte die produktive Koexistenz von genuin jüdischem Humor, von jahrtausendealter Skepsis geprägt, und amerikanischem Slapstick-Cartoon-Optimismus.

Warum sollte sich eine ähnliche Operation nicht auch am eigenen Leib, an der eigenen Person und ihren Talenten vollziehen lassen? Während er Filme macht, transformiert sich der »talker« zum »writer«, der Mann mit dem akustischen Drive zum visuellen Typ. In THE PRODUCERS, dessen Stärke die interviewartigen Dialoge sind, wirken die optischen Gags, und seien sie jeder für sich auch sorgfältig elaboriert, noch wie unbehauen und uneingepaßt. In THE TWELVE CHAIRS und BLAZING SADDLES schlagen Adaptationen des traditionellen Slapstick immer wieder vehement durch das erzählerische Kontinuum, ohne es in jedem Fall gleichzeitig weiterzutransportieren, Präsentationen eines gleichviel imponierenden Eklektizismus. Erst in YOUNG FRANKENSTEIN scheint die Wut, um alles in der Welt komisch zu sein, keiner Ausbrüche mehr zu bedürfen; Fotografie und Tonmischung, Szene und Musik sind perfekt aufeinander abgestimmt, die Gags aus dem Fortgang der Handlung selbst entwickelt, und es gibt keinen Einfall mehr, der um seiner selbst willen – koste es, was es wolle – in die Erzählung gesprengt wird. Ähnliches wird sich auch an HIGH ANXIETY beobachten lassen. Aber was, in diesem Zusammenhang, ist SILENT MOVIE? Was anderes, endlich, als das Testat auf die vollendete Transformierung des »talker« zum »writer«? Die Dialogliste enthält nur ein Wort: das energische »Non!« des Pantomimen (!) Marcel Marceau, und so flach der Gag auch scheinen mag, er zeigt, geradezu skelettiert, das Grundmuster der brooksschen Filmkomik: Marceau ist die absolut richtige Besetzung (als Marceau) in der absolut falschen Rolle.

4

THE PRODUCERS fängt damit an, daß es nur einer ist: Max Bialystock (Zero Mostel) spielt in seinem Büro, dessen bessere Zeiten um die Jahrhundertwende gelegen haben müssen, Katz und Maus oder die Gräfin und der Chauffeur mit Damen, deren bessere Zeiten sich mit denen des Büros messen können. Er wird in diesem Spiel, für das er sich wie ein Preisochse honorieren läßt, von Leo Bloom (Gene Wilder) unterbrochen. Der schüchterne Junge, Buchprüfer von Amts wegen, weiht Bialystock, der als Broadway-Produzent auf Flops abonniert zu sein scheint, in die Mysterien der kreativen Buchführung ein. Gemeinsam beschließen sie, einen todsicheren Reinfall

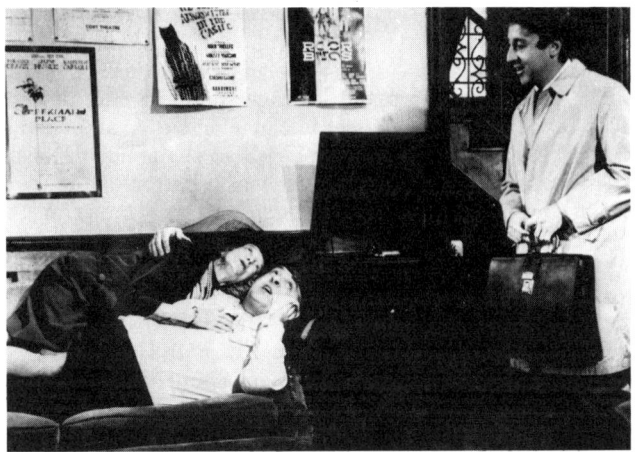

The Producers

auf die Bühne zu bringen, ganz billig, und an die Damen des unermüdlichen Bialystock Anteile bis zu 25 000 Prozent der wirklichen Produktionskosten zu verkaufen. Beim Bankrott, auf den sie hoffen, können sie das Geld ungestraft einstecken. Auf der Suche nach dem geeigneten Flop begegnet ihnen unter anderem ein Stück über Gregor Samsa, der beim Erwachen feststellt, daß er sich in ein Hühnerauge verwandelt hat. Sie halten das Stück für zu gut. Endlich stoßen sie auf ein Drama mit dem Titel »Springtime for Hitler«. Sie sind sicher: das läuft keinen Abend, das läuft nicht einmal bis Seite 4. Der Autor Franz Liebkind (Kenneth Mars) lebt in Stahlhelm und Knobelbechern und mit den Tauben in einer Dachwohnung, die mit Nazi-Emblemen tapeziert ist. Hitler, so sagt er, sei Churchill überlegen, er sei der bessere Maler gewesen: »He could do a room in one afternoon – two coats«, und außerdem hätten die braunen Hosen Hitlers noch beschissener ausgesehen als die Hosen von Churchill. Nach einem Zwischenspiel in Bialystocks Büro, wo die Sekretärin Ulla (Lee Meredith) zwar nicht Schreibmaschine schreiben kann, aber jedesmal, wenn sie Kaffee kocht, den Durstigen die Wartezeit mit einem perfekt marionettenhaften und powackelnden Bikini-Tanz vertreibt, treibt Max bei seinen Damen die Prozente ein. Als Inszenator engagieren sie den garantiert schlechtesten Broadway-Regisseur, den Transvestiten Roger DeBris (Christopher Hewett), und als Hitler einen hirnlosen Hippie mit Namen L. S. D. (Dick Shawn). Um ganz sicher zu gehen, daß ihr Stück in der Presse verrissen wird, wickeln sie die Karte für den Kritiker der New York Times in eine Hundertdollarnote und bedeuten ihm, als er empört ist, daß sie die hundert Dollar selbstverständlich nur als Anzahlung verstehen. Auf der Bühne formiert sich das Ballett der ganz in Schwarz weiße Beine schwingenden SS-Maiden zum Hakenkreuz, das Publikum springt auf und kreischt und wendet sich dem Ausgang zu. Da verlassen auch Max und Leo das Theater und feiern in der Bar den erfolgreichen Bankrott. Unterdessen aber reißt im Theater ein absolut schwuler Dialog zwischen Hitler und Eva Braun die Stimmung herum: »Springtime for Hitler« wird zum Hit. Nach weiteren Turbulenzen, in denen 1. Liebkind, der mit dem Krad zur Premiere gekommen war und sein Stück nicht wiedererkannte, Amok laufen will, sich aber unvorsichtigerweise bei Ulla Kaffee bestellt; 2. Max und Leo sich um die Geschäftsbücher balgen, mit denen Leo sich stellen will: vielleicht bringt ihm das einen Job in der Gefängnisbücherei; 3. Franz Liebkind sich erschießen will, aber seine Munition schon verschossen hat; 4. Leo gegen den Vorschlag von Max, Liebkind möge doch lieber die Schauspieler erschießen, mit

The Producers

der Bemerkung protestiert, das seien doch Menschen, und Max ihn fragt, ob er schon mal mit Schauspielern zu Mittag gegessen habe; 5. sie bei dem Versuch, das Theater in die Luft zu sprengen, beinahe ums Leben kommen – landen sie nach einer Gerichtsverhandlung mit einer schönen Rede von Leo im Gefängnis. Dort probiert Max mit einem Gefangenenschwulenballett »Prisoners of Love«, während man Leo Anteile ausgeben sieht, Anteile zu 20, 30, 50, 70 Prozent undsoweiter.

THE TWELVE CHAIRS verbraucht, wenn man alle zusammenzählt, circa ein Dutzend zwölf Stühle. Ippolit Vorobyaninov (Ron Moody), einst ein wohlhabender Aristokrat, wird aus der Amtsstube einer winzigen Stadt, wo er als Angestellter arbeitet, zu seiner sterbenden Mutter gerufen. Er hatte es so eilig, daß er selbst in dem Augenblick, wo er die Mutter zum letztenmal küßt, einen Stempel, mit dem er gerade noch beschäftigt war, nicht aus den Fingern bekommt. Auf der Backe der Toten bleibt der Abdruck zurück: Cancelled 17. August 1927. So schnell das alles gehen mußte: die Mutter hatte noch Zeit, Ippolit zu erzählen, daß sie beim Ausbruch der Revolution den Familienschmuck in die Polster eines der zwölf Stühle der Eßzimmergarnitur eingenäht hat. Ippolit kann auf das Begräbnis nicht warten. Ihm voraus eilt schon der Pope Fyodor (Dom DeLuise), der vor ihm bei der Sterbenden war und mit wehenden Rockschößen willens ist, sich das Beichtgeheimnis so teuer wie möglich zu machen. – In Stargorod verbündet sich Ippolit mit dem jungen Ostap Bender (Frank Langella), der erfolgreich einen Kriegsinvaliden mimt und später, als sie neues Kapital brauchen, vor einem Dostojewski-Denkmal einen epileptischen Anfall simulieren wird: die abergläubischen Russen spenden reichlich. Ippolit und Ostap lernen sich bei Tikon (Mel Brooks) kennen, dem Hauswart eines Altenheims. Auf die Frage, wie es den Alten so gehe, sagt Tikon, ohne jeden Anflug einer Emotion: »The old ladies, they tippy-toe in. They have a bowl of porridge, and then they ...«: der Rest ist Jauchzen. Vor der Revolution war Tikon Lakai bei den Vorobyaninovs; eine Rückblende zeigt, daß er es gelernt hat, die Hand, die ihn schlägt, zu küssen. – Als Ippolit und Ostap am nächsten Morgen aufbrechen wollen, geht zufällig der Pope mit einem Stuhl vorbei. Bei der Verfolgung geht der

The Twelve Chairs

Stuhl ohne Ergebnis zu Bruch. Die Stuhljagd führt Ippolit und
Ostap einerseits sowie Fyodor andererseits quer durch die Sowjetunion. Gelegentlich kreuzen sich die Wege, dann jagen sie
sich die Stühle ab, die sie gerade ergattert haben, oder auf die
falsche Fährte. So reist der Pope nach Irkutsk, während die
beiden anderen zum Möbelmuseum nach Moskau fahren; und
während Fyodor, knapp dem Schneetod entkommen und obwohl auf der falschen Fährte, bei Ingenieur Bruns und seiner
Frau die richtigen Stühle findet (aber es sind falsche richtige
Stühle: Imitationen), läßt sich Ippolit von einer Schauspiel-
truppe anheuern, die mit sechs Vorobyaninov-Stühlen, vom
Museum für die Requisite zur Verfügung gestellt, auf Schiffs-
reise geht. Im Museum bleiben vier zerfetzte Stühle zurück,
und einen weiteren, den ein Unbekannter fortträgt, verliert
Ostap aus den Augen. Auf dem Schiff erweist sich Ippolit bei
Theaterproben als die falsche Besetzung in der richtigen
Rolle. Er und Ostap können im Lagerraum gerade noch drei
Polsterstühle sezieren, dann werden sie von Bord geworfen.
Ostap rudert in einem Boot, Ippolit schwimmt hinterher. So
gelangen sie, im Kielwasser des Theaterschiffs, nach Jalta, wo
soeben Fyodor eingetroffen ist. Er ist dem enervierten Ehe-
paar Bruns gefolgt, das sich, um dem Popen zu entgehen, ans
Schwarze Meer hat versetzen lassen. Freiwillig überlassen sie

ihm nun die Stühle, die er in einer rituellen Handlung am Meeresstrand in ihre Einzelteile zerlegt. Als er nichts findet, will er sich töten, aber das Messer kitzelt ihn zu sehr. – Ippolit und Ostap bestechen den Theaterdieb Savitsky. Der aber ist der falsche Dieb und bringt nur zwei Stühle aus dem Arsenal, den dritten, der noch da war, hat der richtige Dieb gestohlen und an einen Zirkus verkauft. Ippolit holt den Stuhl vom Hochseil, verliert ihn aber an Fyodor, der zufällig vorbeikommt und sich höflich bedankt. Er flieht auf einen kahlen Felsen, von dem er nachher nicht mehr herunterkommen kann (der Film verliert ihn dort), und knackt vor den Augen Ippolits und Ostaps den Stuhl: die Nuß ist taub. – Nach einer beschwerlichen Reise durch schöne Landschaften in allen vier Jahreszeiten erreichen Ippolit und Ostap in dem Augenblick Moskau, wo dort das Kulturhaus der Eisenbahner mit der Internationalen eröffnet wird. Bei einem kalten Büffet, das den Gierigen guttut, entdecken sie im Schachraum den Stuhl, den Ostap aus den Augen verlor. Er hat einen Ehrenplatz; dennoch nehmen immer wieder Leute ganz unverfroren auf ihm Platz. Als sie nachts ins Klubhaus einbrechen und den Stuhl ausweiden, werden sie vom Wärter überrascht. Er erzählt ihnen, daß das Haus, in dem sie sich mit dem letzten aller Stühle befinden, aus dem Erlös der Juwelen erbaut wurde, die sich im

The Twelve Chairs

Polster fanden. Es ist endlich der richtige, inzwischen aber falsche Stuhl, oder der richtige Stuhl zur falschen Zeit, mit dessen Lehne in der Hand Ippolit und Ostap fliehen können, als die Polizei eintrifft. Das Pferd, das zufällig vor dem Fenster parkt, durch das sie springen, knickt unter dem Gewicht der Fliehenden in den Beinen ein. Es ist eine Attrappe und ebenso falsch wie der epileptische Anfall, den Ostap wieder vor Dostojewski hinlegt. Diesmal, so scheint es, gewinnt er seinen väterlichen Freund Ippolit fürs Leben.

BLAZING SADDLES beginnt, bevor der Film richtig anfängt, mit einer Selbstparodie von Frankie Laine: er singt den Titelsong, ein Pasticcio aus bekannten Westernsongs und Peitschenhieben. – Schwarze Eisenbahnarbeiter werden vom weißen Aufseher aufgefordert: »Let's have a good old nigger work song«; sie singen »I Get No Kick From Champagne« (Cole Porter) mit der Präzision einer Fred-Astaire-Nummer. Ein Sandsturm rast über die Prärie. – Rock Ridge wird überfallen und zerstört: die Leute sollen die Lust verlieren, hier zu wohnen. Hinter allem steckt der betrügerische Anwalt Hedley Lamarr (Harvey Korman), dessen Freundin die teutonische Sängerin Lili von Shtupp (Madeline Kahn) ist. Lamarr will der Eisenbahngesellschaft, wovon er sich Profit von Taggart (Slim Pikkens) verspricht, in die Hände arbeiten. Er macht den Schwarzen Bart (Cleavon Little) mit Zustimmung von Governor William J. Lepetomane (Mel Brooks), der sich für Lilis Busen interessiert, zum Sheriff von Rock Ridge, in der Hoffnung, daß die weißen Bewohner Bart schon lynchen werden. – Bart begegnet bei seiner Anreise der Band von Count Basie, die mitten in der Palmdale Desert spielt; er trägt eine Satteltasche vom exklusiven new yorker Laden Gucci und erweist sich mit wechselnden Kostümen als sehr modebewußt. Er freundet sich an mit Waco Kid (Gene Wilder), dem schnellsten Schützen im Westen, der gerade, mal wieder total betrunken, im Gefängnis von Rock Ridge beherbergt wird. Ihm erzählt er bei einem trickreichen Schachspiel von einer Begegnung mit Indianern, deren Häuptling (Mel Brooks) astreines Jiddisch spricht. – Eisenbahnarbeiter essen am Lagerfeuer Unmengen von Bohnen, was dann auch zu hören ist. – Mongo (Alex Karras), er soll schlimmer sein als Django, wird von Lamarr auf Bart angesetzt. Mongo reitet in die Stadt auf einem Ochsen, auf

Blazing Saddles

dessen Hinterbacken die Wörter Yes und No aufgemalt sind, und tötet ein Pferd mit einem Fausthieb. Die zitternden Bürger – alle in Rock Ridge heißen Johnson – bitten Bart (»Sie können Ihre Zunge besser brauchen als eine 20-Dollar-Hure«) um Hilfe. Als schwarzer Dienstbote verkleidet, bringt Bart dem Killer eine mit Dynamit präparierte Konfektschach-

Blazing Saddles

tel von der Western Union. – Hedley Lamarr, der mindestens fünf- oder sechsmal als Hedey Lamarr angesprochen wird, greift auf seine Freundin Lili zurück. Sie entwaffnet Bart, der ihr eine einfache Blume schenkt, mit den Worten: »Oh, one wed wose, how wovely!«, singt »I'm Tired (=tie-urt)« wie Marlene Dietrich »Fallen in Love Again« und fragt ins Dunkel und das Geräusch eines Reißverschlusses hinein, ob es zutreffe, was man sich vom schwarzen Sheriff und den Palmen Afrikas erzähle. Lamarr ist unzufrieden mit Lili, die sich in Bart verliebt hat; als er sie fesseln läßt, giftet sie ihn an: »Es zittern die morschen Knochen.« – Die Eisenbahner unter Führung von Taggart wollen Bart erschießen. Waco Kid, der neben Bart steht, kreuzt die Arme, pustet auf die Finger; im Gegenschnitt fliegen die Colts durch die Luft; im Gegenschnitt auf Waco Kid (auch Whisky-Jim genannt) zurück, hat der immer noch, oder wieder, die Arme gekreuzt. Bart fordert die Bürger von Rock Ridge auf, mal an John Wayne oder Randolph Scott zu denken: alle nehmen die Hüte ab. – Lamarr heuert eine Armee an. Darunter befinden sich deutsche Truppen (Stahlhelm, Knobelbecher) und der Ku Klux Klan: die Kapuzenmänner tragen auf dem Rücken die Aufschrift »Have a Nice Day«; Bart ruft ihnen zu: habt ihr nicht ne weiße Frau für mich, und sie alle rennen ihm in die Falle. Lili kümmert sich um die Deutschen; sie singt mit ihnen »Du, du liegst mir im Herzen«. – Mit Hilfe der schwarzen Eisenbahnarbeiter, die dafür mit Land entlohnt werden sollen, wird eine Attrappenstadt gebaut. Als Lamarrs Söldner und die Eisenbahnarmee dort einreiten und die Fernzündung nicht funktioniert, schießt Waco Kid über mehrere Meilen hinweg die Explosion in die Luft. Ein Teil der feindlichen Truppen erkennt, daß man in die falsche Stadt geritten ist, und kann sich retten. Der Kampf zieht sich durch Rock Ridge. Da zieht auch die Kamera auf, und man sieht, daß auch Rock Ridge, die richtige Stadt, eine falsche ist: eine Attrappenstadt, an den Rand einer modernen Großstadt gebaut sowie an ein Filmatelier. Dort probt Buddy Bizarre (Dom DeLuise) ein Männerballett und nennt die Tänzer Mädchen. In diese schwule Idylle bricht der Kampf von Rock Ridge hinein und geht auch durch die Kantine, wo Besucher in eine Tortenschlacht verwickelt werden. Lamarr entkommt in einem Taxi (»Fahren Sie mich aus diesem Film!«). – In Grauman's Chinese Theater läuft die Premiere von BLAZING

SADDLES; als Lamarr auf der Leinwand Bart erkennt, rennt er davon und Bart in die Arme; es kommt zum Showdown. – Bart und Waco Kid gehen ins Kino, um sich den Schluß des Films anzusehen. Sie sehen, wie Bart nach Ende des Films das Kino mit der Bemerkung verläßt, er werde noch überall gebraucht, wo keine Ordnung herrsche. Sie reiten fort. Als Waco Kid sich nach dem Ziel erkundigt, sagt Bart nur: Hollywood. Draußen in der Prärie wartet ein schwarzer Cadillac auf sie.

YOUNG FRANKENSTEIN ist Dr. Frederick Frankenstein (Gene Wilder), Neurologe und Gehirnchirurg in New York. Aus einer Vorlesung über Gehirnfunktionen wird er abberufen: man überreicht ihm eine eiserne Kassette, die – damit beginnt der Film – im Gewölbe eines in heftigem Regen liegenden düsteren Schlosses aus den Skelettfingern von Victor Frankenstein gerissen worden ist. In der Kassette findet sich der letzte Wille des Barons. Frederick verabschiedet sich von seiner Verlobten Elizabeth (Madeline Kahn), die er nicht anfassen darf, weil alles an ihr kaputtgehen könnte. – Ein Zug fährt in einen Bahnhof ein, man hört den »Chattanooga Choo-Choo«, und Frederick fragt den Schaffner: »Pardon me, boy, is this the Transylvania Station?« Der Boy bestätigt das: man befinde sich »on track 29«; und nach einer Weile, schon im Weggehen: ob Frederick »a shine« wünsche. Jung-Frankenstein wird schon von Igor (Marty Feldman) erwartet. Als er ihm sagt, er lege Wert darauf, daß sein Name Fron-kon-steen ausgesprochen werde, sagt Igor, sein Name werde Eye-gor gesprochen. Auf einem Ballen Heu in der Pferdekarre, mit der Igor den Wissenschaftler abholt, hat sich's die üppige Laborantin Inga (Teri Garr) bequem gemacht. Sie fragt den Junior, ob er auch im Heu rollen wolle, und singt »Roll, Roll ... Roll in the Hay«. In stürmischer Nacht erreichen sie das Schloß. Igor steigt ab und läßt zwei gewaltige schmiedeeiserne Türklopfer (knocker) gegen das Tor hämmern, das Echo hallt durchs ganze Schloß. Frederick sieht fasziniert hin, während er nebenbei der sich herabbeugenden dekollettierten Inga vom Wagen hilft; »what knockers!« sagt er bewundernd mit Blick auf das Tor, und Inga sagt, ein bißchen überrascht und schüchtern: danke. Sie werden von Frau Blücher (Cloris Leachman) in Empfang genommen; als sie ihren Namen nennt, flammt ein Bündel von Blitzen durch den Himmel. – In der Nacht ertönt aus dem Innern des Schlosses Geigenmusik (»fiddler in the cellar«). Zusammen mit Inga folgt der junge Doktor den Klängen. Inga leuchtet ihm den Weg mit einem Kerzenhalter ohne Lichter. Sie bringt ihn zu seinem Schlafzimmer; dort angekommen, fordert Frederick sie auf, jetzt die Kerze reinzustecken. – Im Labor des Großvaters findet Young Frankenstein das Buch »How I Did It« von Victor Frankenstein. Igor meint, das sei ein guter Titel; »How To«-Bücher verkauften sich alleweil gut. Frederick liest laut aus Großvaters Geheimnissen vor, mokiert sich über die altfränkische Sprache und den wissenschaftlichen Nonsens, meint »he must have been a real nut« und wälzt sich bald vor Lachen am Boden. Aber er kann der Versuchung nicht widerstehen, die ererbte Verrücktheit setzt sich allmählich durch. Als er schließlich meint, es könne funktionieren, sieht und hört man Blitz und Donner wie zur Bestätigung. – Beim Frühstück entwirft Igor die Skizze eines Mannes, den sie bauen wollen; alles an ihm soll ein bißchen größer werden als normal, alle Organe. Von der Skizze, die an einem Nagel an der Wand pendelt, blendet das Bild über zu einem Delinquenten, der in regnerischer Nacht an einem Strick baumelt. Zwei Totengräber stehen daneben, und einer von ihnen sagt (auf den entsprechenden Musikeinsatz): »He's swingin' in the rain.« Wieder blendet das Bild über: Frederick und Igor stehen, vollkommen verdreckt, knietief in einem Grab. Frederick beschwert sich über den schmutzigen Job, aber Igor meint, es könnte schlimmer sein und zum Beispiel regnen: da kracht der Donner und ein Wolkenbruch geht nieder. – Während Frederick im Labor eine Spritze aufzieht, schickt er Igor das Gehirn von Dr. H. Delbrück holen; es müsse unbedingt das Gehirn dieses größten Naturphilosophen, Internisten und Therapeuten des Jahrhunderts sein. Als Igor staunend wissen will, woran ein solches Genie denn habe sterben können, antwortet Frederick kleinlaut: Geschlechtskrankheit (VD). – Auf der halbgeöffneten Tür einer Klinik liest man die Aufschrift: »Brain Depository. After five p. m., slip brains through slot in door.« Igor findet auf einem Regal eine lange Reihe von Einmachgläsern unter Glasstürzen. Sie sind sorgfältig beschriftet: »Albertus Magnus (Physicist)«, »Cornelius Agrippa (Natural Philosopher)«, »Lawrence Tal-

bot (Hematologist)«, »Hans Delbruck (Scientist and Saint)«.
Er nimmt das Glas mit dem Gehirn von Delbrück an sich –
und läßt es entsetzt fallen, als er sich selbst beim Umdrehen in
einem Spiegel sieht. Er blickt in die Kamera und sagt mit
einem Achselzucken: »I tried.« Dann nimmt er sich, ohne
hinzusehen, das nächstbeste Gehirn und verläßt den Raum.
Auf dem Glassturz, der zurückbleibt, steht: »Do not use this
brain! Abnormal.« – Von einem von Blitzen durchzuckten
Nachthimmel senkt sich die Kamera durch die hohe, offene
Kuppel des Labors und fährt an blitzenden, funkensprühen-
den Instrumenten, Kabelleitungen, Generatoren, schwirren-
den Rädern und Chemikalien nieder, die in Reagenzgläsern
blubbern; sie arretiert dicht vor zwei gigantischen, mit Eisen
beschlagenen Schuhsohlen. Auf einem Operationstisch liegt
gefesselt ein überlebensgroßer Körper. Frederick, im weißen
Kittel, mit Operationsmaske und -handschuhen, befiehlt Igor,
den Stromkreis zu schließen. Von dem Körper auf dem Operationstisch steigt leichter Rauch auf. Jung-Frankenstein setzt
das Stethoskop an, kann aber keinen Herzschlag hören. Kalt-
blütig erklärt er seinen Assistenten, die Wissenschaft lehre,
Mißerfolge genauso zu akzeptieren wie Erfolge, voller Ruhe
und mit Würde. Dann stürzt er sich wütend auf den leblosen
Körper und stranguliert ihn: »Son of a bitch bastard – what did
you do to me?« Inga und Igor können den Doktor nur mit
Mühe dazu überreden, die Leiche nicht zu töten. – Im Dorf
findet eine Bürgerversammlung statt gegen die Wissenschaft,
die nach der Weltherrschaft strebe. Die Versammlung wird
bewacht und bald geleitet von dem einarmigen Inspektor
Kemp (Kenneth Mars), der über einer Augenklappe ein Mo-
nokel trägt. – Als sie beim Nachtessen sitzen, hören die Opera-
teure aus dem Operationssaal ein Stöhnen und Wimmern. Das
Monster (Peter Boyle) jammert unter seiner Fesselung, hebt
den Kopf und macht durch Handzeichen deutlich, daß es befreit werden möchte. Als es zu weinen anfängt, läßt Frederick
eine Betäubungsspritze vorbereiten, entfesselt das Monster,
läßt es sich aufrichten und die ersten Schritte tun. Igor zündet
sich lässig eine Zigarette an. Beim Aufflammen des Streich-
holzes tobt das Monster los und stranguliert seinen Erzeuger,
der nur mit Hilfe von Zeichensprache und nach vielen vergeb-
lichen Versuchen deutlich machen kann, daß man dem Unge-
heuer die Spritze mit dem Se-da-tiv setzen möge. Endlich ver-

steht Igor und rammt dem Monster die Spritze ins Fell. Es fällt um wie ein Baum. Frederick will von Igor wissen, ob er wirklich das Gehirn von Delbrück gebracht habe. Igor sagt: »Not exactly«; der Name sei irgendwie »Abby« gewesen, ja, er glaube, der volle Name habe »Abby Normal« gelautet. Frederick explodiert und stanguliert Igor. Doch dann fesselt er mit Igor lieber das Monster. – Die Bürger unter Führung von Kemp wollen, Fackeln voraus, das Schloß stürmen. Kemp setzt seine Armprothese als Rammbock gegen das Tor ein. – Frau Blücher, die Geliebte des toten Baron Frankenstein und Geigenspielerin, hat das Monster befreit. Es torkelt durchs Dorf und findet Einlaß bei einem blinden Eremiten (Gene Hackman), der seinen Gast freundlich bewirtet: er schüttet ihm die heiße Suppe in den Schoß, zerstößt seinen Weinkrug und bietet ihm eine Zigarre an: doch statt der Zigarre gerät der Daumen des Monsters in Glut; es bricht durch die Tür, und der Eremit bleibt mit seinem Espresso allein. – Frau Blüchers Geigenspiel lockt das Monster zum Schloß, wo es in einem Netz gefangen wird. Eine Therapie mit Liebe und Güte hat vollen Erfolg. Das Monster wird weich und gesprächig: »My name is Fron-ken-steen.« – In Bukarest führt Frankenstein seine Schöpfung einem Kongreß seriöser Wissenschaftler vor. Als er zusammen mit dem Monster zu tanzen beginnt (»Puttin' on the Ritz«), werfen die Koryphäen Kohlköpfe und Broccoli auf die Bühne. Im ausbrechenden Chaos kann das Monster gerade noch überwältigt werden. – In Transsylvanien trifft Elizabeth ein. Igor hat sie heimlich kommen lassen, Frederick hat mit Inga angebändelt. – Ein Feuer irritiert das Monster, das im Keller angekettet liegt. Es reißt sich los und bricht wieder aus. Im Land herrscht Aufruhr. Abermals ziehen Fackeln durch die Nacht gegen das Schloß, abermals angeführt vom einarmigen Inspektor Kemp. – Elizabeth macht Frederick scharf, schickt ihn aber züchtig fort: er dürfe erst nach der Hochzeit zu ihr kommen, sie sei schließlich Jungfrau; beim Küssen befiehlt sie: nicht die Zunge. Frederick geht ganz steif davon. – Das Monster holt sich Elizabeth. Als es sich über sie beugt, sieht sie genau hin und sagt: »Wow!« – und dann, nach einer Weile, staunend verzückt: siebenmal! die Sieben sei schon immer ihre Glückszahl gewesen. – Lautsprecher werden aufgestellt, das Land wird mit süßer Musik beschallt: das Monster kehrt folgsam heim und klettert die Mauer hoch, um ins

Schloß zu gelangen. Im Labor findet eine phantastische Operation auf Gegenseitigkeit statt: Frederick überträgt einen Teil seines genialen Gehirns auf das Monster; das Monster revanchiert sich mit seinen besten Qualitäten. (Wow.)

SILENT MOVIE zeigt Mel Brooks in seiner ersten Hauptrolle: er ist der Filmregisseur Mel Funn, der nach langer Abwesenheit (durch Alkoholismus) wieder auf der Szene von Hollywood erscheint und sich in den Kopf gesetzt hat, sein altes Filmstudio (Sunshine) vor dem Bankrott zu retten, will sagen vor der Übernahme durch den Gemischtwarenkonzern Engulf & Devour (deutscher Synchronname: Gierschlund & Raffke), der aus dem Studio einen Supermarkt machen will. Das Motto von Engulf & Devour heißt: »Our Fingers Are In Everything«, das von Sunshine: »Ars est pecunia«. Mel Funn rast mit seinem MG und seinen Freunden Marty Eggs (Marty Feldman), der den ganzen Film über seine altväterische Sportfahrerkappe aus Leder nicht ablegt – er trägt sie auch zum Smoking –, und Dom Bell (Dom DeLuise) auf der Suche nach Stars und Krediten durch Hollywood. Sie nehmen, höflich wie sie sind, eine schwangere Frau mit, im Hecksitz des Sportwagens, der vorne hochkippt: sie fahren auf den Hinterrädern weiter. Der Studioboß (Sid Caesar) ist entsetzt von Mel Funns Idee, einen komischen Stummfilm zu machen. Der Slapstick, sagt er, sei tot; in dem Augenblick rast er auf seinem Schreibtischsessel durchs Zimmer, zerlegt dabei einen solide gebauten Tisch in zwei Teile und landet mit dem Stuhl an der Wand. Die Freunde zwinkern sich zu. Synchron zum Flattern der Augenlider hört man die (Kino-)Kasse klingeln. Mel Funn & Co. engagieren für den Film (von dem man die Dreharbeiten nie zu sehen bekommt: sondern den Film SILENT MOVIE selbst) berühmte Hollywoodstars für kurze Gastrollen, und das Engagement ist schon der Auftritt im Film: Liza Minelli, James Caan, Burt Reynolds, Anne Bancroft, Paul Newman. Um die Bancroft zu gewinnen, müssen sie in einem Restaurant eine regelrechte Revuenummer abziehen, wobei Marty Eggs sich, was das Schielen angeht, von Anne Bancroft übertreffen lassen muß: sie kann ein Auge einzeln bewegen. Auf ihrer Federboa stehend, verlassen die Freunde mit ihr die Szene. Paul Newman, ein Bein im Gips, versucht ihnen im Rollstuhl zu entkommen; es entwickelt sich ein Verfolgungsrennen. Nur

Silent Movie

Marcel Marceau weigert sich, in einem Stummfilm mitzuma-
chen (aber: er ist dennoch drin). Als bei ihm in Paris das
Telefon klingelt, kämpft er sich in heftigstem Gegenwind vor
zum Apparat, hebt den Hörer, hört zu und sagt kurz und
bündig: »Non!« – Jedesmal wenn es Mel Funn gelungen ist,
einen neuen Star für seinen Film zu gewinnen, geraten Engulf
(Harold Gould) und Devour (Ron Carey) in Rage, dem Chef
tritt der Schaum vor den Mund. – Neues Ungemach: der Boß
von Sunshine hat einen Herzanfall. Die Freunde besuchen ihn
auf der Intensivstation und spielen mit dem Herzschlagkon-
trollgerät, an das der Boß angeschlossen ist, solange Tele-
Pingpong, bis er, ständig zwischen Leben und Tod, den Pro-
duktionsvertrag unterschreibt. (Einem Blinden, der in seiner
Not eine öffentliche Bedürfnisanstalt aufsucht und den Hund
draußen stehen läßt, wird das Tier vertauscht; er merkt es
nicht; als er mit dem Hund, der nicht der Blindenhund ist, vor
einer Ampel steht, die auf Rot schaltet, läßt sich der Hund

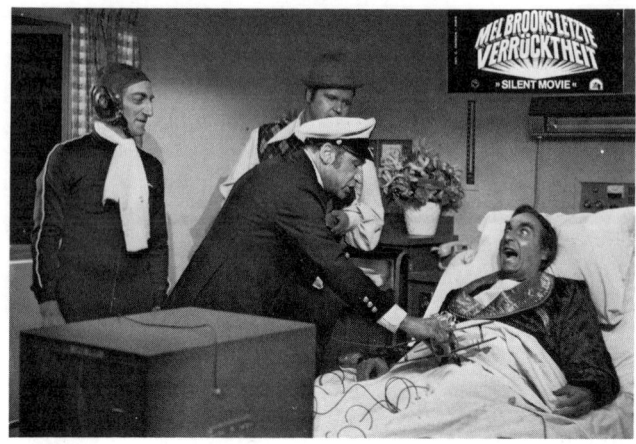

Silent Movie

durch nichts dazu bewegen, weiterzugehen: die falsche Beziehung in der richtigen Besetzung ist die falsche Besetzung in
der richtigen Beziehung.) – Engulf & Devour setzen eine Sex-
bombe auf Mel Funn an: als auch nur ein Foto von ihr dem
Aufsichtsrat gezeigt wird, hebt sich der schwere Konferenztisch. Wenn Mel Funn Vilma Kaplan (Bernadette Peters) zum
erstenmal sieht, pocht es gewaltig unter seinem Smoking hoch:
ein Riesenfrosch kommt zum Vorschein. Sie gehen verliebt
durch den Park, fahren Karussell auf einem Pferd, das, als Mel
seine Mütze auf dessen Hintern legt, seine Äpfel fallen läßt.
Im Schaufenster einer Konditorei sehen sie appetitliche Tor-
ten mit Hochzeitsfiguren: eine Assoziationsszene zeigt, wie
Mel und Vilma verzückt in Sahne versinken. Dann wird Mel
Funn von den Freunden über Vilmas wahre Identität aufge-
klärt. Postwendend greift er zu immer größeren Flaschen, und
als er im Hotel das von ihm vermutete Wandbett herunterzie-
hen will, muß er die falsche Wand erwischt haben: ein richtiges
Paar purzelt aus dem Zimmer nebenan in sein Appartment.
Doch auch Vilma war, aus der Perspektive Engulf & Devour,
die falsche Besetzung für die richtige Rolle, oder, aus der Sicht
von Mel Funn, die richtige Besetzung in der falschen Rolle;
Vilma jedenfalls bringt Rolle und Besetzung zu einer neuen
Identität. Zusammen mit Marty und Dom findet sie Mel mit
seiner Flasche bei den Clochards. 100 Tassen Kaffee genügen,

um Funn SILENT MOVIE drehen zu lassen; Schlagzeilen in Variety künden davon. Auch von der »Secret Sneak Preview Tonite«: die Zuschauer erscheinen in Massen, aber die Kopie wurde von Engulf & Devour entwendet. Vilma unterhält das Premierenpublikum mit Striptease, während die Freunde einen letzten Kampf um den Film führen: sie muß sich lange ausziehen, denn die Schlacht am Cola-Automaten, der Büchsen wie aus einem Granatwerfer gegen die Feinde katapultiert, braucht ihre Zeit. Bei dem Gerangel ist der Film von der Spule geraten und vollkommen verheddert: Marty, sich drehend wie ein Kreisel, stellt sich als Spule zur Verfügung; und noch einmal, wenn der blinde Vorführer den Film endlich in die Projektionsmaschine eingelegt hat: jetzt dreht sich Marty in der anderen Richtung – und findet bei der Gelegenheit sein Gleichgewicht wieder. Die Premiere von SILENT MOVIE ist ein rauschender Erfolg. Als das Publikum das Kino verläßt, ist die Stätte mit Popcorn übersät.[62]

HIGH ANXIETY ist dem »master of suspense Alfred Hitchcock« gewidmet. – Auf dem Flughafen von Los Angeles kommt Richard H. Thorndyke (Mel Brooks) an, Nobelpreisträger und neuer Leiter des »Psycho-Neurotic Institute for the Very, *Very* Nervous«. Er wird abgeholt vom Institutsfahrer Brophy (Ron Carey), der sich zuerst zwischen Koffertragen und Fotografieren nicht entscheiden kann und dann am Koffer (»ich hab ihn, ich hab ihn, ich hab ihn nicht«) scheitert, den Thorndyke schließlich selbst und ohne Schwierigkeiten zum Auto trägt. In einem Mercedes 600 geht es über den Highway, wo das L. A. Sinfonie-Orchester spielend an ihnen vorbeifährt. Brophy informiert Thorndyke über das mysteriöse Ende des Vorgängers Dr. Ashley. Vor der Klinik werden sie von Dr. Charles Montague (Harvey Korman) und der preußisch strengen Oberschwester Charlotte Diesel (Cloris Leachman) empfangen. Thorndyke trifft Professor Lilloman (Howard Morris), der in der Klinik lebt. In seinem Zimmer hoch über der Küste hat Thorndyke einen ersten Anfall von Höhenkoller. Während die Ärzte mit Schwester Diesel beim Essen sitzen, verändert sich das Bild aus der Totalen, die ein finsteres Haus mit dem erleuchteten Eßzimmer zeigt, zur Halbtotalen, die immer mehr auf die Essenden verengt, bis Glas splittert; alle blicken hoch, dann weitet sich das Bild wieder: eine Glas-

High Anxiety

tür vor dem Eßzimmer ist zertrümmert. – Schwester Diesel
raucht Zigarre, während Dr. Montague mit dem Taschenrech-
ner die Heilungsquote ermittelt: alle Jubeljahre einer. Nachts
dringt Stöhnen und Wimmern aus dem Zimmer der Oberschwester; in ihrem Schrank steht, wie Diesel in Leder geklei-
det, aber angekettet, Dr. Montague. – Thorndyke untersucht
den Patienten Zachary Cartwright (Ron Clark), der von Montague, ohne daß Thorndyke etwas davon merkt, mit Vampir-
zähnen in Panik versetzt wird und entsprechend pathologisch
reagiert. Eine Analyse bei Professor Lilloman endet in einem
Boxkampf. – Als Montague entdeckt, daß Thorndyke an Höhenangst leidet, verspricht er, niemandem davon zu erzählen.
Er verläßt den Raum, schließt die Tür, und draußen hört man
ihn fragen: Leute, ratet mal, wer den Höhenkoller hat. –
Thorndyke will den prominentesten Patienten, den Industriellen Arthur Brisbane (Albert J. Whitlock), selbst untersuchen.
Montague führt ihm einen Kranken vor, der sich für einen
Cocker-Spaniel hält (Charlie Callas), das Bein an Thorndykes
Hosen hebt und sich in einem Korb zum Schlafen kuschelt. –
Dr. Philip Wentworth (Dick Van Patten) kündigt eine Enthül-
lung an; er sagt, er fühle sich in einem Spinnennetz gefangen,
und an der Wand hinter ihm erscheint der Schatten seines

Fensternetzes. In seinem Auto gelingt es Wentworth nicht, das Radio abzustellen, aus dem überlaute Rock-Musik dröhnt; später findet man den toten Wentworth, der aus den Ohren blutet. – Thorndyke reist zum Psychiaterkongreß nach San Francisco. Im Hyatt House ist nur noch ein Zimmer im 17. Stock frei, das für ihn reservierte Zimmer im 2. Stock, sagt der Portier, wurde von Mr. McGuffin abbestellt. Im gläsernen Fahrstuhl, der an der Außenwand hochführt, und auf dem offenen Zugang zu seinem Zimmer erleidet Thorndyke einen heftigen Anfall. Der arbeitsscheue Hoteldiener (Barry Levinson) hat trotz mehrmaliger Mahnung vergessen, aus der Hotelhalle die Zeitung mitzubringen; Thorndyke besteht darauf. Während er unter der Dusche trällert, nähert sich ihm der Hoteldiener von hinten, reißt den Vorhang zur Seite und stößt mit einem länglichen Gegenstand mehrfach auf den schreienden und zusammenbrechenden Thorndyke ein: im Abfluß gurgelt und dreht sich das Wasser, das sich allmählich färbt: schwarz von der Druckerschwärze der zusammengerollten Zeitung. – Eine aufregende Blondine (Madeline Kahn) dringt in Thorndykes Zimmer ein, stellt sich als Victoria Brisbane vor (also des Cockers Tochter, sagt Thorndyke, der habe ihn abgeleckt) und legt es darauf an, den Psychiater zu verführen. – An

High Anxiety

137

der Wand hinter dem Rednerpult des internationalen Psychiatrie-Kongresses hängen Porträts von Freud, Rank, Adler, Jung und Brothers. Während Thorndyke die Einführungsrede hält, telefoniert ein Killer (Rudy DeLuca) und entblößt dabei ein Stahlgebiß: er bettelt darum, sie beide umbringen zu dürfen, Thorndyke und Victoria. Thorndyke erklärt den versammelten Leuchten der Psychiatrie den Unsinn vom Penisneid, der von einer männlich beherrschten Gesellschaft geprägt worden sei; es sei genauso sinnvoll, über Brustneid zu sprechen. Als ein neuer Zuhörer mit Kindern an der Hand den Saal betritt, stottert Thorndyke herum, spricht (in der deutschen Synchronfassung!) von Pillermanneid, Wuwu, Ballons, da-ganz-tief-unten-zwischen-den-Beinen, Bächlein und Häufibäufi. – In der Bar des Hotels, beim gemütlichen Teil des Kongresses, trägt Thorndyke, ganz Frank Sinatra, »High Anxiety« vor. Niemand wundert sich darüber. – In der Hotelhalle erschießt Thorndyke einen seiner Kollegen, der gerade aus dem Fahrstuhl kommt; alle starren ihn entsetzt an im Blitzlicht eines Pressefotografen, der sich die Gelegenheit nicht entgehen läßt; der Mörder kann in der allgemeinen Verwirrung entkommen und zieht sich, sobald er unbeobachtet ist, die Thorndyke/Brooks-Maske vom Gesicht: es ist der richtige Killer mit dem falschen Gesicht (und den falschen Zähnen darunter), der die (für ihn) richtige Rolle in der (für Thorndyke) falschen Besetzung spielt. – Auch der richtige Thorndyke in der falschen Rolle des Mörders kann entkommen. Im Park baut sich ein bedrohlicher Schwarm Vögel hinter ihm auf. Als er unschuldig pfeifend von dannen gehen will, folgen ihm die Tauben und koten ihn gründlich ein; eine Hütte, in die er sich rettet, hat kein Dach. – Brophy, Klinikfahrer und Amateurfotograf, tritt in Aktion. Er vergrößert im Blow-Up-Verfahren das in der Zeitung erschienene Mordfoto so lange, bis zwei Thorndykes zu erkennen sind: einer, der gerade geschossen hat und noch die Waffe in der Hand hält, und einer, der im gläsernen Fahrstuhl nach oben schwebt – doch wer ist der richtige? – Victorias Lederanzug ist genauso Gucci-gemustert wie die Lackierung ihres neuen Autos. Als Thorndyke mit ihr telefonieren will, drängt sich der Killer in die Telefonzelle und versucht ihn mit dem Telefonkabel zu erwürgen. Bei Victoria kommen Thorndykes Erstickungslaute phantastisch an, sie stöhnt verzückt zurück: es ist zwar das richtige Stöhnen, aber in der falschen Situation. Der Killer, von Thorndyke gestoßen, stolpert nach hinten und bleibt mit einer Glasscherbe im Rükken in der ehemaligen Telefonzelle zurück. – Die Liebenden schmuggeln sich durch die Flughafenkontrolle von San Francisco, verkleidet als älteres Ehepaar aus dem amerikanischen Hinterwald, tollpatschig und laut und auffällig um jeden Preis. In perfektem Jiddisch streiten sie sich – daß alle Welt nur zuhören soll – um das richtige Rezept für eine Bloody Mary, ob das richtige Rezept das mit Tomatenjuice oder das mit Paprikajuice sei. Auch einen Revolver schaffen sie, zusammen mit ihrem idiotischen Gepäck, durch die elektronische Kontrolle (»ich hab jepiept! hab ich viellaicht Rajse jewonn nach Jerusalem?«). – In Los Angeles, in der Klinik, kommt es zum letzten Gefecht. Dr. Montague und Schwester Diesel fliehen mit Arthur Brisbane als Geisel auf den Turm. Brophy versucht sich als Häscher: »ich hab ihn, ich hab ihn, ich hab ihn nicht«, und Thorndyke überwindet mit Hilfe des ihn im Schnellverfahren therapierenden Lilloman seine Höhenangst. Oberschwester Diesel fährt als Hexe auf dem Besenstiel aufs Meer hinaus, Montague stürzt durch eine verborgene Klapptür, die sich öffnet, auf die Felsen. – Victoria und Thorndyke heiraten. Vor dem Hochzeitsbett in der Halbtotalen weicht das Bild diskret zurück. Im Off geht eine Wand zu Bruch und allmählich kommen die Trümmer und die Öffnung, die in die Wand gebrochen wurde, in das sich zur Totalen öffnende Bild. Eine Stimme sagt: »Fahr weiter. Vielleicht merkt es keiner.«

5

Mel Brooks hat bisher, ganz gegen seine eigenen Befürchtungen und die seiner Geldgeber, noch keinen Flop gemacht. THE PRODUCERS und, noch weniger erfolgreich als der Erstling, THE TWELVE CHAIRS haben, für 941 000[63] beziehungsweise 1,4 Millionen Dollar[64] produziert – für amerikanische Verhältnisse Low-Budget-Projekte –, immerhin die Produktionskosten eingespielt, wenn auch nicht auf Anhieb. Seit dem Sensationserfolg der späteren Filme werden auch die beiden ersten allenthalben wieder aufgeführt – allerdings nicht in der von Variety[65] veröffentlichten Liste der All-Time Rental Champs. Bis zum Mai 1979 haben die vier letzten Filme folgende Umsätze[66] erzielt:

BLAZING SADDLES	U: Februar 1974	37,2 Mio
YOUNG FRANKENSTEIN	U: Dezember 1974	34,6 Mio
SILENT MOVIE	U: Oktober 1976	21,0 Mio
HIGH ANXIETY	U: Dezember 1977	17,0 Mio

Eine vorsichtige Hochrechnung, in der die Umsätze an der bisherigen Dauer der Verfügbarkeit der Filme gemessen sind, läßt die Vermutung zu, daß alle vier etwa gleichmäßig einträglich waren. Es sind Einnahmen, wie sie von Filmkomödien in den letzten Jahrzehnten nicht verbucht werden konnten (Ausnahme: *National Lampoon's Animal House.* R: John Landis. 1978; erzielte in rund einem Jahr über 52 Millionen Dollar), sie übertreffen bei weitem das beste kommerzielle Ergebnis von Jerry Lewis (*The Nutty Professor.* 1973. 4 Millionen Dollar) und werden auch von den Filmen Woody Allens erst seit *Manhattan* erreicht[67]; dessen davor wirtschaftlich erfolgreichster Film war *Annie Hall,* der ein halbes Jahr VOR HIGH ANXIETY startete (April 1977) und im Mai 1979 beim Box Office mit 18 Millionen Dollar zu Buche stand[68]. Die besondere Ironie des Filmgeschäfts will, daß die parodistischen Traktate des Mel Brooks beträchtlich mehr Geld einspielten als die von ihnen satirisch traktierten Vorlagen: BLAZING SADDLES übertrifft alle Western, YOUNG FRANKENSTEIN jeden anderen Frankenstein-Film, SILENT MOVIE ist der erfolgreichste Stummfilm aller Zeiten und HIGH ANXIETY der kommerziell beste Hitchcock, den es je gab (*Psycho* von 1960 folgt mit Abstand und 11,2 Millionen). Die Kopie verkauft sich besser als das Original, das offene, freche Plagiat besser als das von ihm Plagiierte.

Im Gegensatz zu Woody Allen (und früher Jerry Lewis) hat Mel Brooks noch keinen Film gedreht, der vollkommen original oder autobiografisch geprägt gewesen wäre. Auch THE PRODUCERS bildet keine Ausnahme. Hitler-Satiren amerikanischer Komiker und Entertainer gab es in den fünfziger Jahren allenthalben, Lenny Bruce zum Beispiel nannte eine Nummer seines Schallplattenalbums *(The Sick Humor of Lenny Bruce)*: »Hitler and the MCA«, und »they had been doing Hitler jokes for years on the Caesar show«[69]. Spätestens jedoch mit der Busby Berkeley-Parodie des sich auf der Bühne formierenden und aus der Vogelperspektive gefilmten Hakenkreuzes erfolgt der Einbruch (oder, aus kommerzieller Sicht: der Durchbruch), der für alle weiteren Filme konstituierend wird: Brooks etabliert sich (wie auf dem Gebiet des Thrillers Brian De Palma) als Epigone mit der Spezialität, kein jemals auch nur halbwegs reüssierendes Genre aus der parodistisch-satirischen Nachahmung zu lassen.

Wie einst beim Fernsehen, beim Radio und bei der Platte bewegt er sich auf der Höhe der Zeit: das amerikanische Kino in der zweiten Hälfte der siebziger Jahre ist – und die Vertreter des New Hollywood sind davon nicht ausgenommen – die Reproduktion von schon Reproduziertem, ist Reduplikationskino der Genres. Das geht von *The Day of the Locust* (R: John Schlesinger. 1974) über *Inserts* (R: John Byrum. 1975) bis zu *The Last Tycoon* (R: Elia Kazan. 1975) und zu *Nickelodeon* (R: Peter Bogdanovich. 1976), von den Spätwestern über *Buffalo Bill and the Indians* (R: Robert Altman. 1975) und *The Shootist* (R: Don Siegel. 1976) bis zu *Goin' South* (R: Jack Nicholson. 1977), von den offenen Remakes wie *King Kong* (R: John Guillermin. 1976) bis zu den versteckten mit anthologischem Charakter wie *Star Wars* (R: George Lucas. 1977) – der eine ganze Serie von SF-Filmen in Gang setzte – oder *Driver* (R: Walter Hill. 1978) und läßt *Rocky* (R: John G. Avildsen. 1976) erscheinen als »remake even though it's never been made before«[70].

In dieser Epoche des Kinokino, des Überkino, das sich selbst und seine Geschichte hemmungslos auszubeuten angetreten ist, mit Großproduktionen zumal, die sich auf das Risiko des Schocks mit Neuartigem gar nicht erst einlassen können, in einer Kinozeit also, die die Entwicklung von neuen filmsprachlichen Zeichen und Emotionen nicht erkennen läßt – in einer solchen Spätzeitepoche einer sich auch durchaus glänzend und üppig entfaltenden Dekadenz sind die Bedingungen für barocke Vollender oder Zerstörer der Genres besonders günstig. Mel Brooks ist das eine ebensogut wie das andere. Seine Filme verbessern von Mal zu Mal den technischen, sprachlichen und auch dramaturgischen Standard, aber noch kein Film von ihm hat den Ausbruch aus den Standards versucht. Es ist kein Zufall, daß BLAZING SADDLES und SILENT MOVIE erst zu sich selbst ins Kino zurückkehren, auf sich selbst zurückfallen müssen, um sich zu vollenden, und daß HIGH ANXIETY dort am besten funktioniert, wo nicht nur Hitchcock (von *Psycho, The Birds, Spellbound* usw. bis *Vertigo* und

North by Northwest) portionsweise wiedergefunden wird, sondern in den körperlichen und sprachlichen Haltungen von Madeline Kahn etwa auch eine Erinnerung an Mae West. Alles, was Mel Brooks im Kino anstellt, landet unweigerlich wieder im Kino, weil es das Kino nie wirklich verlassen hat; deshalb kann auch, buchstäblich, nichts danebengehen. Alles, was dieser von fremden Bildern und Sprüchen, Tönen und Assoziationen Besessene, der sich mit Hunderten von Western vollstopfte, ehe er mit seinem Autorenteam daranging, ein erstes Skript für BLAZING SADDLES mit einer Unmasse von Einfällen, Gags, Sketches zu einem Unfilm aufzuplustern, der dann wieder auf normales Kinomaß zurückgeschnitten werden mußte – alles also, was er mit großer Kraftanstrengung von sich schleudert, kehrt wie ein Bumerang zurück (flugs im Flug vergoldet): der Kreis wird geschlossen, indem gezeigt wird, daß er ein Kreis ist.

So gehört zum filmsprachlichen Vokabularium dieses Apologeten aus Spät-Hollywood unersetzbar das Pattern der Redundanz. Wenn man die Gags seiner vor allem inhaltlich, das heißt von Stoffmassen geprägten Filme exakt analysiert und beschreibt, fällt die stereotype Häufung der optisch-akustischen Entsprechungen auf, in denen oft nichts überraschend ist als die Unverfrorenheit ihrer Banalität: kaum sagt Igor (YOUNG FRANKENSTEIN), es könnte ja alles noch schlimmer sein und regnen, da geht eine Sintflut nieder; kaum sagt der Studioboß in SILENT MOVIE, der Slapstick sei tot und vorbei, da rast er von mysteriösen Kräften getrieben auf seinem Stuhl durchs Büro; kaum spricht Wentworth (HIGH ANXIETY) davon, er fühle sich gefangen wie in einem Spinnennetz, da erscheint ein Muster seines Fensters als Netzschatten an der Wand. Ähnlich funktionieren musikalische oder Musical-Anspielungen, die im Wortsinn an-gespielt werden: Busby Berkeleys Choreografie in THE PRODUCERS, Fred Astaire und Marlene Dietrich in BLAZING SADDLES, Frank Sinatra in HIGH ANXIETY, »Singin' in the Rain«, »Chattanooga Choo-Choo«, »Puttin' on the Ritz« in YOUNG FRANKENSTEIN usw. usw. Jedesmal sieht oder hört man den Gag schon kommen, dann wird er akustisch oder optisch vollstreckt. Andererseits hat ausgerechnet Brooks die Redundanz und Reduplikation zu einem neuen komischen Mittel gemacht, nach dem uralten Vorbild des running gag: wenn Hedley Lamarr in BLAZING SADDLES zum drittenmal versehentlich als Hedey Lamarr angesprochen wird, ist nichts daran noch komisch, aber wenn der idiotische Versprecher mit tödlicher Sicherheit zum sechstenmal kommt, reißt es einen vom Stuhl. »Comedy«, sagt Brooks, »is not surprise, it's knowing. How does it work, how does it laminate? Seeing it on the horizon, expecting, unable to stop it.«[71]

In dieser These, in dieser Theorie des Komischen kann man wieder einmal das Wort comedy durch das Wort tragedy ersetzen; sie ist zugleich die bündigste Definition des hitchcockschen Suspense, dessen Wirkung auf nichts anderem beruht: schon zu wissen, was unweigerlich eintreten wird, ohne daß man das geringste daran ändern könnte. Als Theorie des Komischen gibt das Axiom Mel Brooks carte blanche für alle Machinationen von Redundanz und Reduplikation. Die einfache oder leicht veränderte Wiederholung ist schließlich das simpelste Muster der Komik. Zweimal werden in THE PRODUCERS in betrügerischer Absicht Anteile verkauft, zweimal kocht Ulla Kaffee; zweimal simuliert Ostap Bender in THE TWELVE CHAIRS einen epileptischen Anfall, zweimal sekkiert Fyodor das Ehepaar Bruns; zweimal wird in YOUNG FRANKENSTEIN das Monster durch Musik angelockt, mindestens viermal wird es durch Feuer in Panik versetzt. Der komische Effekt der Wiederholung ist nicht die Tatsache, daß sich etwas wiederholt, sondern: daß man bei der Wiederholung schon weiß, was passieren wird, auch in einer womöglich extrem veränderten Situation. Das heißt: der Zuschauer wird für den Film durch den Film selbst konditioniert – wie er durch Western für BLAZING SADDLES, durch Hitchcock für HIGH ANXIETY konditioniert worden ist. Zweimal ruft Brophy: »Ich hab ihn, ich hab ihn, ich hab ihn nicht« und meint beim erstenmal einen Koffer, beim zweitenmal einen Menschen, bei dem man – das ist der komische und zerstörerische Effekt in einem – den Koffer unausweichlich assoziieren muß. Und wenn am Ende von HIGH ANXIETY die Kamera vor dem Hochzeitsbett von Thorndyke und Victoria zurückweicht, weiß man schon, sobald es kracht im Off, daß sie irgendwo durchbrechen wird: nur ist es diesmal nicht Glas, sondern eine Mauer aus Ziegelsteinen. Zur Genauigkeit dieses Doppelgags gehört die Abstimmung zwischen unrealistischem Travelling und realem Material, denn das Komische muß nicht nur unwahrscheinlich, sondern gleichzeitig auch wahrscheinlich sein: der erste Durchbruch (beim Essen der Ärzte mit Schwester Diesel) passierte bei einem Travelling vorwärts – durch Glas; eine Mauer hätte die Kamera »sehen« müssen (daß sie auch hinten sehen kann, wird von ihr nicht erwartet). Glas zu durchbrechen, ist im übrigen wahrscheinlicher als eine Ziegelwand zu durchstoßen: das ist die komische Steigerung innerhalb der Wiederholung, die im übrigen die richtige Reihenfolge einhält: auf das Reinspiel folgt auch hier das Rausspiel.

In den Filmen von Mel Brooks spiegelt sich das Kinokino der Epoche sozusagen mikroskopisch. Deshalb ist er nicht etwa ein zufälliger Vertreter des Überkino, sondern zählt, immer auf der Höhe der Zeit, zu seinen Schöpfern. Die Kleinform der Wiederholung, in der sich im selben Film (Kino) erfüllt, was ich in ebendemselben Film (Kino) schon gelernt habe, findet bei Brooks außer der makrokosmischen Erscheinung der Parodie anderer Filme anderer oder ganzer Genres inzwischen auch eine Entsprechung in einer internen Großform: die Reduplikation erstreckt sich über mehr als nur einen Film. Was das Orchester von Count Basie in BLAZING SADDLES demonstriert (das richtige Orchester in der falschen Situation: in der Wüste), demonstriert in HIGH ANXIETY das Los Angeles Symphony Orchestra (die richtige Musik am falschen Platz: im Bus). Bei Gucci eingekauft hat nicht nur Bart (BLAZING SADDLES): eine richtige Satteltasche in der falschen Zeit, sondern auch Victoria (HIGH ANXIETY): ein richtiges Dekor am falschen Platz, die Gucci-gemusterte Lackierung ihres Autos; was dort ein Anachronismus ist, wäre hier als Analokalismus zu umschreiben. Wie Lili, gegen Bart eingesetzt, sich in ihn verliebt und zu ihm überwechselt (BLAZING SADDLES), so wird auch Vilma, die Mel Funn lahmlegen sollte, seine Freundin und Frau (SILENT MOVIE). Schwule Männerballette tanzen in THE PRODUCERS wie in BLAZING SADDLES. In solchen Wiederholungen nur Mangel an Phantasie zu diagnostizieren, wäre selbst Mangel an Phantasie. Die Wiederholungen und ihre Varianten sind Bausteine zu einem eigenen Kosmos des déjà-vu des Kinos aus dem déjà-vu des Kinos. Sie sind gewiß auch Zeichen von Inzest und Kannibalismus, die Tynan[72] im Film aus Hollywood am Werke sieht; sie sind aber auch die Grundstrukturen, von denen das Kinokino lebt: von sich selbst.

Mel Brooks ist kein genuiner Erfinder neuer Ausdrucksmöglichkeiten und Formen, und wo er es beinahe hätte werden

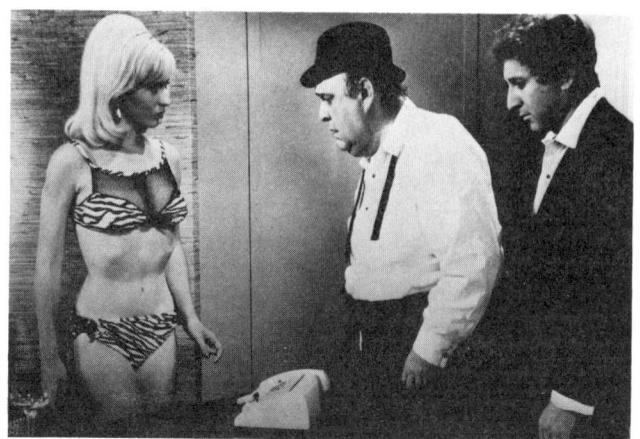

The Producers

können, hat er, allzu klug, darauf verzichtet: etwa als BLAZING SADDLES wirklich aus allen Fugen geriet mit einem Skript von 412 Seiten[73], das dann auf etwa ein Viertel reduziert werden mußte. Als er den größeren Rest aufgab (und die Gründe sind durchaus ehrenhaft), blieb eben nur ein halbherziges Viertel davon, »that this would be a surrealistic epic: it was time to

Silent Movie

take two eyes, the way Picasso had done it, and put them on one side of the nose«[74]. Brooks ist kein Erfinder, sondern ein Adaptierer und Vollstrecker, ein kongenialer Vollstrecker der medialen Muster und Strukturen der Zeit. Aber er macht aus dieser komischen Not, so es eine für ihn ist, eine komische Tugend, immer noch dem Musterfall der Nummernshow und des Endlosinterviews unterworfen. Das, was seine Filme an Handlung enthalten, als erzähltes Kontinuum mit einer Entwicklung von hier nach da, erscheint oft nur als Vorwand für die Projektion einer neuen Sammlung von Einfällen, als Faden, an dem die oft fragwürdigen Perlen aufgereiht sind. Eindeutig visualisiert ist das zum Beispiel in der Autofahrt, die in SILENT MOVIE Mel, Marty und Dom durch Hollywood unternehmen: wie sie an den Gags vorbeifahren, die sich am Straßenrand rechts und links ereignen, so verfahren die Filme von Mel Brooks oft insgesamt.

Das alles müßte auseinanderfallen in seine Teile, verfügte Brooks nicht über die Sensibilität eines sorgfältigen Timings. Es besteht vor allem in der Geschicklichkeit, eine Einstellung, eine Szene rechtzeitig wegzuschneiden. Selbst fadenscheinige Gags, gerade sie, werden nur kurz angetippt. Man hat sie kaum registriert, da werden sie schon von neuen Aktionen und Signalen abgelöst, mit dem Ergebnis, daß man erst gar keine Gelegenheit hat, richtig festzustellen, wie dünn sie sind. Nie hat man den Eindruck, daß hier jemand mit seinem Pfunde wuchert: das Pfund ist ihm keinen Penny wert, und so mag man ihm glauben, daß er pure Kostbarkeiten verschleudert. Wenn man genau hinsieht, stimmt es sogar, und die Sachen werden kostbar eben dadurch, daß sie verschleudert werden. Der Regisseur des SILENT MOVIE, Mel Funn, lanciert seine Starengagements in die Zeitungen, wo sie Schlagzeilen machen. Dreimal sieht man, wie solche Zeitungen in Paketen von einem Lieferwagen am Kiosk eher abgeworfen als abgeladen werden, und es ist jedesmal ein Zielwurf auf den Zeitungsverkäufer, der unter dem Geschoß zusammenbricht, schließlich auch seine ganze Bude. Nur für wenige Sekunden kommt dabei eher beiläufig und zufällig die jeweilige Titelseite der Zeitungen ins Bild, die Schlagzeile mit der Sensationsmeldung etwa, daß nun auch Paul Newman für SILENT MOVIE gewonnen worden sei. Weiter unten auf der Zeitungsseite aber findet sich – findet man, wenn man sich auf das brookssche Tempo einge-

stellt und seinen Rhythmus übernommen hat – jeweils eine
zweite wichtige Meldung: sie berichtet von dem Zeitungs-
paketattentat, dessen Zeuge man soeben erst geworden ist. So
holt die Wirklichkeit das Drehbuch ein, so schnell inszeniert
Mel Brooks, so foppt er seine eigene Stärke, das Timing, und
den Ehrgeiz Hollywoods, immer schon die Filme von morgen
gedreht zu haben, und seien es Filme von gestern.

6

Auch das nämlich ist Mel Brooks: immer noch Melvin Kaminsky mit dem Haß auf die Vergänglichkeit, mit dem Haß
auf die Zeit, die es zu übertölpeln gilt. Diese Wut, auf keinen
Fall der ewige Verlierer zu bleiben, sondern als Sieger durchs
Ziel zu gehen, diese sowohl sehr amerikanische als auch exi-
stentielle Wut ist es auch, die Brooks, so ähnlich er zuweilen
einem langweiligen, um Spritzigkeit bemühten Routinier sehen mag, zu seiner Unverkennbarkeit führt, der er – dem
nichts ferner liegt als Naivität und »Unschuld« des Handelns
und filmsprachlicher Äußerung – nicht zu entkommen vermag. Er, der wie kaum ein anderer das Komische als zerstörerische Kraft erkannt hat und auch nutzt, indem er mit seiner
verbissenen Fröhlichkeit berserkerhaft die Genres von Hollywood zertrümmert, als habe man ihm zwölf Stühle geschenkt
und in einem davon ist ein Schatz verborgen – er hat dem Kino
die Kraft der Geschmacklosigkeiten zurückgewonnen. Das
Furzen in BLAZING SADDLES ist nur ein Signal unter anderen,
das frivole Tele-Pingpong-Spiel mit dem Herzschrittmacher
des Studiochefs in SILENT MOVIE ein weiteres, die Witze auf
Kosten von Schwulen und Transvestiten (THE PRODUCERS,
BLAZING SADDLES, SILENT MOVIE: meist muß Dom DeLuise dafür herhalten) oder von Frauen (Cloris Leachman als Frau
Blücher, vor der die Pferde scheuen, in YOUNG FRANKENSTEIN,
als Hexenschwester Diesel in HIGH ANXIETY) oder von geistig
Retardierten (Mongo (!) in BLAZING SADDLES) –: das alles sind
Ungeheuerlichkeiten, die sich der Undergroundfilm erlauben
mag, die Hollywood aber immer höchst bedenklich gewesen
sind: nur nichts gegen Minderheiten! Warner Brothers ver-
hielten sich durchaus im Kontext der industriellen Konven-
tion, mit dem Produkt eine möglichst große Allgemeinheit zu
erreichen, und der von der Industrie mitgesetzten und geför-
derten allgemeinen Normen, als sie aus dem Drehbuch von

High Anxiety

BLAZING SADDLES die Fürze eliminieren wollten. Doch Brooks und sein Drehbuchteam spielten va banque: entweder der Film mit Haut und Haar und was dazugehört oder gar nichts.[75] Es mag ein Durchbruch gewesen sein für die Rehabilitierung der Vulgarität in einem ehedem proletarischen Medium, das sich vom wirklichen Geschmack der Massen durch die Setzung bürgerlicher Konventionen entfernt hat.

Der Straßenjunge Melvin Kaminsky und mit ihm Mel Brooks, »the forever kid«[76], für den »growing up was an event to be avoided at all cost«[77], weil er seine ganze Kraft aus der Not und Angst des Geprügelten zieht, der in seiner Sprachfähigkeit eine Gegenwaffe gefunden hat –: sie beide, der *eine* Kaminsky/Brooks hat schließlich in der Vulgarität die schärfste Munition gefunden, mit der er seine Waffe laden und sie abschießen kann. Wieder spielt Zerstörung dabei eine große, die vielleicht dominante Rolle, Zerstörung der beengenden und lügenhaften Konventionen des guten Geschmacks, eines Vorurteils, mit dem der Proletarier und Immigrant in der zweiten Generation domestiziert werden soll. Schlechter Geschmack zeigt nicht nur die Kehrseite dem guten Geschmack, sondern auch des guten Geschmacks: seine Absurdität etwa, an Brutalität, Entmündigung, Diskriminierung, Ausbeutung, Unterdrückung nicht Anstoß zu nehmen. In der Diskussion um die Fürze in BLAZING SADDLES ist das noch am deutlichsten von

148

High Anxiety

Peter Schjeldahl anerkannt worden, als er schrieb, es sei durchaus in Ordnung, daß einige Leute an dem Film Anstoß nehmen, denn wenn sie nicht Anstoß nähmen, sei mit Sicherheit etwas nicht in Ordnung. Brooks sei »America's current patron saint of ›going too far‹, a maniac yak-artist in the checkered tradition of burlesque, the Marx Brothers and Mad Magazine«[78].

Die Vulgarität des Mel Brooks, in der das System Kaminsky endlich voll zur Wirkung gelangt, hat freilich auch eine andere Seite. Sie ist geprägt von Ambiguität, weil sie nicht nur offenbart, sondern in der Offenbarung auch verbirgt, und weil die Aggression auch hier Ängste überdeckt, Ängste auch, die sich in jeder Zote verraten. Die Filme von Brooks sind gespickt davon, akustisch und optisch: mit dem Erstickungswimmern Thorndykes (HIGH ANXIETY), das von Victoria als Anmache genommen wird, ebenso wie mit dem schweren Konferenztisch, um den die Aufsichtsratsherren in SILENT MOVIE sitzen und den ihre sexuelle Emotion angesichts eines Fotos von Vilma Kaplan mühelos zu heben imstande ist, und mit dem Sahneberg, in den die Verzückten, Mel und Vilma, versinken: zur Zote gehört die überdimensionierte, prahlerische Vergrößerung der Lustobjekte und -produkte ebenso wie die Überdimensionierung der Lustwerkzeuge: das Organ des Monsters in YOUNG FRANKENSTEIN. Die Angst, von der die Zote gleichzeitig

kündet, wird evident in der Ablenkung zentraler Bedürfnisse auf Sekundäres, auf anale Bezirke (Fäkalienwitze) oder auf die »knockers« – auch sie vergrößert –, die nicht nur an Inga (YOUNG FRANKENSTEIN) herausgestellt werden, sondern auch an Ulla (THE PRODUCERS) und Vilma (SILENT MOVIE) sowie an allen Frauen, die Madeline Kahn wahrhaftig verkörpert (»funny hills«), von der Lili (BLAZING SADDLES) über die Elizabeth (YOUNG FRANKENSTEIN) bis zur Victoria (HIGH ANXIETY).

Brooks hat YOUNG FRANKENSTEIN einen Film über »womb envy« (Gebärmutterneid)[79] genannt: es ist in der Tat, unter dem Firnis der Horrorparodie, ein von starken sexuellen Impulsen gesteuerter, ja beinahe ein sexistischer Film. Er bringt nach Ansicht von John Simon »to the surface things latent in the genre that have not dared to become conscious: the intense sexuality masquarading as horror«[80]. Die Maskerade wird im zerstörerischen und aufklärerischen Zugriff der Komik der Vulgarität nicht nur in den verbalen und optischen Offenkundigkeiten aufgedeckt (das lüsterne Verweigerungsspiel Elizabeths mit Frederick, ihr Lustspiel mit dem Monster), sondern mit Zeichen und Signalen, die sich als Etyms erweisen. Pferde, die hochgehen, Zigarren und Daumen, die groß ins Bild kommen, die rammende Armprothese von Inspektor Kemp, die große runde Öffnung der Kuppel des Labors zum Himmel hin, die Kerze, die Inga endlich reinstecken soll, die vielen Strangulationen –: das alles läßt sich ebenso etymistisch entschlüsseln wie auf den ersten Blick nur rein technisch-dramaturgisch begründete und Filmhistorie zitierende Parameter der visuellen Realisation: die vielen Irisblenden, die vielen Überblendungen und Auflösungen, Kamerabewegungen, Travellings in die Vertikale, von oben nach unten, von unten nach oben, die das Klima eines optischen Dauerorgasmus schaffen. Andere Zitate filmhistorisch-notorischer Konventionen, der Gegenschuß etwa, von einer Liebesszene, auf ein verloderndes Feuer im Kamin, wirken in diesem erhitzten Kontext wie der Hohn, den sie verdienen. Hier ist Mel Brooks, ist Brooks/Kaminsky, »a sophisticated man, although he does everything he can to obscure this fact«[81], Zerstörer und Erneuerer zugleich, ein Augenöffner.

Blazing Saddles / Young Frankenstein / High Anxiety

Madeline Kahn, Lili-Elizabeth-Victoria, weiß von ihren ersten Erfahrungen mit dem Regisseur Mel Brooks bei den Dreharbeiten zu BLAZING SADDLES zu berichten: »He treats me like an uncle – a dirty uncle. He's always hugging me, making dirty little remarks, but nice.«[82] Es ist dieselbe Madeline Kahn, mit der ihm zum erstenmal eine Befreiung aus Klischee und Befangenheit gelingt: Victoria Brisbane in HIGH ANXIETY ist selbstbewußt und bekennerisch wie keine andere der meist als Lustobjekte traktierten Frauengestalten der brooksschen Filme. Victoria ist eindeutig: sie will den Psychiater. Obwohl gerade sie ganz gewiß keinen nötig hat.

1 In YOUNG FRANKENSTEIN Aufschrift auf Glassturz im Brain Depository.
2 Häufige Redewendung von Mel Brooks, Abschiedsformel in Gesprächen und Briefen. s. Bill Adler und Jeffrey Feinman: Mel Brooks, The Irreverent Funnyman. Chicago 1976. S. 189; Kenneth Tynan: Frolics and Detours of a Short Hebrew Man. in: The New Yorker, 30. 10. 1978, S. 60.
3 Adler/Feinman, a. a. O., S. 7; lt. Tynan, a. a. O., S. 65, starb Maximilian Kaminsky an einer Nierenkrankheit (kidney disease).
4 Brad Darrach: Playboy Interview, Mel Brooks. in: Playboy, Februar 1975.
5 Adler/Feinman, a. a. O., S. 7: »Who was Papa?«
6 Brooks im Interview mit Christa Maerker: »Mein Vater wurde in Danzig geboren, als Deutscher.« s. S. 155 – Eine dritte Version liefert Tynan, a. a. O., S. 60: »His father, Maximilian Kaminsky, came from Danzig, and his mother, née Kate Brookman, from Kiev.« – Die Neigung, Interviewern je nach Angemessenheit (oder auch der Nationalität der Fragenden) wechselnde Auskunft über die Herkunft zu geben, teilt Brooks mit vielen Ostjuden, auch deutschen resp. österreichischen Schriftstellern jüdischer Provenienz, z. B. Joseph Roth: auch die Biografie wird zum Gegenstand der Fiktion.
7 Zum Amerika-Syndrom osteuropäischer Juden zumal um die Jahrhundertwende und in den ersten Jahrzehnten des 20. Jahrhunderts vergl. Franz Kafka, Joseph Roth u. a.
8 Adler/Feinman, a. a. O., S. 108 f.
9 Tynan, a. a. O., S. 65
10 »The loss of his father is still a source of pain to him«: Adler/Feinman, a. a. O., S. 181
11 Ebd., S. 80
12 Tynan, a. a. O., S. 114
13 »He had written the ›Springtime for Hitler‹ song«: Adler/Feinman, a. a. O., S. 92. – s. a. Schallplatte: Mel Brooks' Greatest Hits. Asylum Records, Warner Communications, 5E-501
14 Adler/Feinman, a. a. O., S. 155
15 Tynan, a. a. O., S. 101
16 aus der Ehe mit Florence Baum. Aus der zweiten Ehe mit Anne Bancroft stammt ein weiteres Kind: Maximilian.

17 Tynan, a. a. O., S. 91

18 Brooks, zit. nach Tynan, a. a. O., S. 79 ff.

19 Ebd., S. 77

20 The Professor of Desire. New York 1977. deutsch: Professor der Begierde. München 1978

21 Adler/Feinman, a. a. O., S. 18; Tynan, a. a. O., S. 77

22 Ebd., S. 77

23 Originalton Brooks. Ebd., S. 88

24 Adler/Feinman, a. a. O., S. 31

25 »There were fourteen or fifteen occasions when I seriously thougt of killing myself«: Brooks zu Tynan, a. a. O., S. 49

26 Adler/Feinman, a. a. O., S. 76

27 »He's sometimes my mother hen, and sometimes even my brother, but most of the time he's my father«: Wilder zu Tynan, a. a. O., S. 65. Tynan berichtet (ebd.) auch von einer Fotografie, die er in Wilders Büro bei der Fox gesehen hat; sie zeigt Wilder zusammen mit Brooks und trägt dessen Widmung: »To my son Gene, with love. Daddy Mel.«

28 Ebd., S. 109

29 im Interview, ebd., S. 123

30 Anne Bancroft im Interview. Ebd., S. 106

31 »Underneath the comedy in YOUNG FRANKENSTEIN, the doctor is undertaking the quest to defeat death – to challenge God«: Brooks, zit. nach Adler/Feinman, a. a. O., S. 140

32 im Interview mit Tynan, a. a. O., S. 88

33 Ebd., S. 73

34 Ebd., S. 50

35 Adler/Feinman, a. a. O., S. 33

36 Lucille Kallen, zit. nach Tynan, a. a. O., S. 88

37 Adler/Feinman, a. a. O., S. 31

38 Ebd., S. 47

39 Tynan, a. a. O., S. 108

40 Brooks. Ebd., S. 68

41 Ebd., S. 108

42 Adler/Feinman, a. a. O., S. 46

43 Brooks. Ebd., S. 71

44 Tynan, a. a. O., S. 88; Adler/Feinman, a. a. O., S. 31

45 Tynan, a. a. O., zitiert Joseph Heller (Catch-22): »He has a tremendous reverence for novelists and for literature in general, because it involves something more than gag writing. In his serious moments, I don't think he regards movies as an art. For Mel, the real art is literature« (S. 105) und Alan Schwartz, Brooks' Anwalt, der auch Heller, Peter Shaffer, Tom Stoppard vertritt: »... if he's with playwrights or novelists, he feels he has to prove that he's a serious literary person« (S. 107).

46 Brooks. Ebd., S. 108

47 Ebd., S. 116

48 Tynan spricht von »Brooks's mesmeric power of vocal improvisation«, a. a. O., S. 106

49 Adler/Feinman, a. a. O., S. 101

50 Tynan, a. a. O., S. 125

51 s. Anm. 48

52 Brooks. Ebd., S. 106

53 lt. Reiner, ebd., S. 49

54 s. Interview, S. 171 f.

55 a. a. O., S. 74

56 Reiner. Ebd., S. 91

57 Adler/Feinman, a. a. O., S. 68 ff.

58 Ebd., S. 51

59 Tynan, a. a. O., S. 107: »Time has not softened Henry's reciprocal animosity toward Brooks.«

60 Ebd., S. 96

61 zit. nach Tynan, a. a. O., S. 94

62 Der Film enthält eine Szene nicht mehr, deren Produktion sehr teuer war, die aber bei verschiedenen Sneak Previews ohne den von Brooks erwarteten Erfolg blieb; er selbst verzichtete auf sie, schweren Herzens und enttäuscht, wie aus seiner Schilderung der Szene im Interview mit Tynan (a. a. O., S. 126) hervorgeht: »It was called ›Lobsters in New York‹, and it starts with a restaurant sign that reads ›Chez Lobster‹. Inside, a huge lobster in maître d's tuxedo is greeting two very welldressed lobsters in evening dress and leading them to a table. Already, we thought this was hysterical. Then a waiter lobster in a white jacket shows them a menu that says ›Flown in Fresh from New York‹. They get up and follow the waiter lobster to an enormous tank, where a lot of little human beings in bathing suits are swimming nervously around. The diner lobsters point to a tasty-looking middle-aged man. The waiter's claw reaches into the tank. It picks up the man, who is going bananas, and that was the end of the scene. We loved it; we thought it was sensational. Every time we saw it, there was not enough Kleenex to stuff into our mouths.«

63 Ebd., S. 114

64 Adler/Feinman, a. a. O., S. 94

65 Vol. 295, No. 1 (9. 5. 1979)

66 Die Umsatzzahlen (auch die Vergleichszahlen bei anderen Filmen) beziehen sich allein auf die USA.

67 U: April 1979. Umsatz in den USA bis Januar 1980: 18 Millionen Dollar (Angabe des Verleihs).

68 Andere Vergleichszahlen der Woody Allen-Filme (Variety, a. a. O.): Everything You Always Wanted … (U: August 1972): 8,1 Mio; Sleeper (U: Dezember 1973): 8 Mio; Love and Death (U: Juni 1975): 7 Mio; Interiors (U: August 1978): 4 Mio.

69 Will Jordan, zit. nach Adler/Feinman, a. a. O., S. 77

70 Barry Levinson, zit. nach Tynan, a. a. O., S. 128

71 zit. nach Adler/Feinman, a. a. O., S. 159

72 Tynan, a. a. O., S. 128

73 Adler/Feinman, a. a. O., S. 100

74 Brooks, zit. nach Tynan, a. a. O., S. 120

75 Ebd.

76 Adler/Feinman, a. a. O., S. 189

77 Ebd., S. 35

78 in: The New York Times, 17. 3. 1974

79 zit. nach Adler/Feinman, a. a. O., S. 142

80 in: The New York Times, 29. 6. 1975

81 Adler/Feinman, a. a. O., S. 111

82 Ebd.

Mel Brooks / Interview

Von Christa Maerker

Ich würde gern mit den Kaminskys anfangen.

Ich habe meinen Namen aus zwei Gründen gewählt: Brooks –
mir gefiel der Stamm aus Brooklyn. Ich bin dort aufgewachsen. Und der Mädchenname meiner Großmutter war Bruckmann ... Das haben sie, als sie nach Amerika kamen, in
Brookman geändert. Sie gingen direkt nach Brooklyn. Kaminsky, wie noch mein Vater hieß, war ein gekaufter Name.
Ich weiß nicht, wie sie wirklich hießen. Lazar oder Lazarus.
Mein Vater wurde in Danzig geboren, als Deutscher. Als ich
zur Armee kam, erlebte ich Torturen, weil sie immer sagten,
ich sei ein Deutscher ... Ich sagte immer: »Seid doch nicht
lächerlich, ich bin Jude, ich mache keine Sabotage.« Das war
sehr schwierig. Mein Vater kam als junger Mann nach
Amerika.

*Von Brooklyn bis Manhattan ist es ein sehr, sehr weiter Weg.
Aber Sie haben ihn geschafft. Was mußten Sie machen, um da
herauszukommen?*

Ich mußte mich sichtbar machen. Wir waren viele, die da aus
den Slums herauskommen wollten. Wie machte ich mich sichtbar? Die anderen Jungen waren größer und bessere Ballspieler, also mußte ich meinen Verstand benutzen. Ich wußte
nicht, daß ich damit soweit kommen würde im Leben. Ich
wollte ja nur mit den Jungs in Brooklyn auf einer Ebene stehen. Ich wußte nicht, daß man damit gleich bis zum Mond
kommen konnte. Ich wußte nicht, daß Kopf wichtiger als Kraft
war. Ich schärfte meinen Verstand und nutzte meine Möglichkeiten, komisch, lustig, witzig zu sein. Sie konnten mich zwar
verprügeln, aber ich konnte sie mit meinem Witz zu hysterisch
lachenden Bündeln reduzieren. Das war meine große Waffe.
Sogar heute kann ich, wenn ich anderer Meinung bin – sagen
wir auf politischem Gebiet –, mit Humor meinen Gegner zerstören. Mit Kritik oder politischer Rhetorik kann man nicht
zerstören, damit würde man sich auf ein dummes Niveau bege-

ben. Auf das Staatsmann-Niveau. Aber mit Witz und Geist kann man zerstören.

Wie kam das Show-Geschäft dazu, nachdem es Ihnen gelungen war, die Jungs in Brooklyn zu besiegen oder zu besänftigen. War das die Zeit des Radios?

Ich weiß nicht, was es war: ein Auftrag in meinen Genen, witzig zu sein, oder der gesellschaftliche Rhythmus der Zeit. Ich hatte Applaus und Aufmerksamkeit bekommen, jetzt brauchte ich das. Ich blieb also witzig und damit attraktiv. Ich blieb verrückt, weil ich damit meinen Zeitgenossen etwas voraus hatte. Ich genieße den Jubel der Menge, ihren Applaus, diese akustische Umarmung. Diese Form von Anerkennung ist phantastisch. Wenn ich einen Film gemacht habe, schleiche ich mich oft ins Kino: ich bin begeistert, wenn sie lachen. Manchmal bin ich gleichzeitig auch peinlich berührt und begeistert. Zum Beispiel in BLAZING SADDLES. Die Szene mit den Bohnen. Wenn das Furzen losgeht, bin ich beschämt. Aber das ist ja eine reine Wahrheit.

Sie schrieben viel fürs Fernsehen, dann gab es plötzlich eine Platte mit Carl Reiner und Ihnen. Sie spielten den 2000 Jahre alten Mann. Das war doch der erste große Durchbruch.

Nach *Your Show of Shows,* einer der großen amerikanischen Fernsehshows, für die ich Texte schrieb, feierten wir einmal eine Party. Carl Reiner hatte ein Tonband. Das war 1958 oder 59. Er wollte das Gerät ausprobieren. Plötzlich, ohne Vorwarnung – wir spielten oft Sachen aus dem Stegreif –, sagte er zu mir: »Sir, ich habe gehört, daß Sie bei der Kreuzigung von Jesus Christus anwesend waren. Können Sie mir etwas erzählen?« Ich antwortete ihm sofort mit einem jüdischen Akzent: »Ja, das war ein schrecklicher Tag. Sie wissen, wie gern ich Reispudding esse. Ich konnte nicht einmal diesen Reispudding essen, weil wir so traurig waren. Es war ein schrecklicher Morgen.« Er fragte: »Wie alt sind Sie, Sir? Sie leben immer noch, und Sie waren schon damals dabei.« Und ich sagte: »Ich bin 2000 Jahre alt.« In diesem Augenblick wurde ich der 2000 Jahre alte Mann. Er fuhr fort mich auszufragen: »Kannten Sie Christus?« – »Ja, er kam in den Laden. Er hat nie etwas gekauft, aber ich erlaubte ihm, da herumzulungern, gab ihm Wasser. Netter Junge. Dünn.« Ich machte Witze über alles, was geschehen ist, über Napoleon, über den Hunnen Attila, über jede historische Figur der 2000 Jahre. So entstand diese Figur. Zuerst machten wir das auf Parties. 1961, wir hatten es bereits drei Jahre drauf, kam der Komiker Steve Allen, der eine wichtige Fernsehshow hatte, und fragte, weshalb wir keine Schallplatte daraus machten. Wir sagten, er solle nicht so blöd sein. Und dann: »Wir probieren es, wenn wir die Bänder verbrennen dürfen, falls es schlecht wird.« – »Ja, wenn es euch nicht gefällt«, versprachen sie. Wir nahmen auf, es gefiel uns. Die Platte kam 1961 heraus und war sofort ein Erfolg. Wir verkauften über zwei Millionen Platten. Nicht der Verkauf machte mich froh, sondern die Tatsache, daß die Platte sovielen Leuten gefiel. Carl Reiner und ich hätten leicht weitermachen können, hätten ein Team werden können, das Schallplatten macht und Figuren entwickelt, die meist mit dem 2000 Jahre alten Mann arbeiten. Aber wir meinten, daß das nicht unbedingt das war, was wir mit unseren Leben anfangen wollten. Wir hatten mehr zu sagen, als wir in dieser Form sagen konnten, wo sich zwei Leute interviewen und unterhalten. Ich wollte unbedingt Regie und das Schreiben eines Films ausprobieren. Ein paar Jahre später machte ich das dann auch: THE PRODUCERS mit Zero Mostel und Gene Wilder.

Das klingt zu einfach: »Ich schrieb und inszenierte einen Film.« Was alles mußte geschehen, damit das möglich war?

Während ich die Platten mit Carl Reiner machte, schrieb ich Fernsehshows, um leben zu können: für Victor Borge, Andy Williams usw. Ich hatte damals Probleme mit der Zahlung von Alimenten – ich habe sie immer bezahlt, ich habe sie nie ausgelassen, selbst wenn ich dafür Sachen machen mußte, die nicht unbedingt künstlerisch bedeutsam waren. Ich fing einen Roman an. Er hieß »Die Geschichte von Leo Bloom«. Das war später die Figur, die Gene Wilder spielt. Aber es gab zuwenig Erzählung, zuviel Dialog. Vielleicht war es ein Stück. Ich schrieb es also als Stück weiter. Aber es gab zuviele Szenen. Kein Produzent konnte ein Stück mit so vielen Szenen produzieren. Ich konnte sie nicht reduzieren, ich mochte das Abenteuer von Bialystock und Bloom so sehr, dieser beiden wundervollen Produzenten. Also dachte ich: vielleicht ist es ein Film. Ich liebe Film. Ich sagte mir, daß es möglich sein müßte, einen guten, witzigen Film zu machen. Es gab mal das

Goldene Zeitalter der Komödie in Amerika. Aber zu dieser Zeit gab es keine guten Komödien mehr. Es gab die Doris-Day-Rock-Hudson-›Komödien‹. Nach Chaplin und Laurel und Hardy und W. C. Fields und den Marx-Brothers und Abbott und Castello reduzierten sie es also auf diese albernen Filmkomödien. Ich beschloß für mich allein, das Goldene Zeitalter der Komödie zurückzubringen. Ich versuchte es. Ein bißchen ist es ja gelungen, mir, Woody Allen und ein paar anderen. Der erste Film war THE PRODUCERS, und der war sehr erfolgreich. Danach kam THE TWELVE CHAIRS, der war nicht so erfolgreich. Aber es war ein sehr schöner Film ... Dann war BLAZING SADDLES ein großer Hit, und danach mußte ich mich nie mehr sorgen. Seit 1974, als er herauskam, bis jetzt gab es keine Probleme mehr, Geld für einen Film zusammenzubringen. Ich kann jetzt Geld von jedem Studio bekommen.

Beim erstenmal, bei THE PRODUCERS, *war es da leicht, Geld zu finden?*

Es war 1965, als ich das Stück THE PRODUCERS geschrieben habe. Mein Name war bekannt, weil ich für die Sid-Caesar-Show schrieb. Ich legte das Stück allen Studios vor, und alle Studios sagten nein. Dann traf ich einen Mann namens Barry Levinson. Nicht der Schriftsteller. Er ist Agent, und er nahm mich mit zu einem seiner Kunden, der eine Dokumentation über Eleanor Roosevelt gemacht hatte und dafür mit einem Oscar ausgezeichnet worden war. Dieser Mann hieß Sidney Glazier. Er war ein Mann, der Geld beschaffen konnte. Er beschaffte Geld zur Bekämpfung von Krebs, er beschaffte Geld für einen Eleanor-Roosevelt-Memorial-Fund, und er träumte davon, Filmproduzent zu werden. Mein Traum war, Drehbuchautor zu sein. Und vielleicht auch Regisseur. Denn nachdem ich das Buch geschrieben hatte, wußte ich, daß niemand fähig sein würde, bei diesem Film Regie zu führen. Zu kompliziert. Und die Studios hatten also nein gesagt, und ein Studio fragte, ob ich es nicht in »Springtime for Mussolini« umändern könne. Die Italiener seien doch viel komischer. Andere schlugen vor, den Film zu drehen, aber ohne mich als Regisseur. »Wir möchten einen echten Regisseur nehmen.« Schließlich also Sidney Glazier. Er kannte eine Company, die Universal Marine Corporation. Der Film sollte ungefähr eine Million Dollar kosten. Wenn ich fünfhunderttausend Dollar von denen bekommen konnte, würde Joe Levine, Ambassy-Pictures, mir die andere Hälfte geben. Er kann mich gut leiden. Glazier fährt also nach Florida zur Universal Marine Corporation und ruft mich an und sagt: »Sie müssen herkommen und den Film erzählen.« – »Können die denn das Drehbuch nicht lesen?« – »Nein. Sie müssen kommen und ihnen den Film so erzählen, wie Sie ihn mir erzählt haben.« Als ich ihm den Film erzählt hatte, trank er gerade Kaffee, und der Kaffee schoß ihm in die Nase, und er hustete und fiel auf den Fußboden vor Lachen. Ich fuhr also hin. Ich begann aus dem Buch vorzulesen, warf es dann weg, erzählte die ganze Geschichte, den Traum, den ich im Kopf hatte. Sidney trank wieder Kaffee, außerdem aßen sie Krabbencocktail. Als ich erzählte, wie Bialystock eine der alten Damen liebt, flog der Krabbencocktail nur so aus ihren Mündern. Als ich erzählte, wie sie »Prisoners of Love« singen, waren sie beim Nachtisch. Und wieder schoß ihnen der Kaffee in die Nase. Gegen Ende des Treffens beschlossen sie, mir eine halbe Million zu geben. Ich nahm das Geld und traf mich mit Joseph E. Levine und Sidney Glazier. »Du kannst für Sid Glazier schreiben, aber einen Film selbst drehen? Das ist eine große Investition. Wir zahlen eine halbe Million, um den Film zu drehen. Aber Kopien und Werbung kosten ja auch noch ein bis zwei Millionen. Das ist zuviel verlangt.« Er sagte noch viel Blablabla. Und ich fragte ihn: »Joe, kennst du jemanden, der Harpo Marx imitieren kann?« Er sagte nein. Ich sagte: »Sieh her«, und ich imitierte Harpo Marx. Und ich sagte: »Kennst du jemanden, der einen besseren Humphrey Bogart drauf hat?« Und ich sprach wie Bogart. Und fragte dann: »Kennst du jemanden, der so meschugge und verrückt durch ein Restaurant rennen würde?« Und ich stand auf und fing an, wie ein Verrückter umherzulaufen, warf mit Salatblättern um mich, schockierte die Leute, warf mit Butter und Brötchen. Der Besitzer des Restaurants kannte mich und mußte lachen. Und Joe sagte: »Na gut, du bist wohl verrückt genug, es zu schaffen. Versprichst du mir einen guten Film?« Wir gaben uns die Hände – der Vertrag war geschlossen. Er gab mir eine halbe Million, ich fing an zu drehen. Und selbst wenn THE PRODUCERS kein so immenser Erfolg war, in den Großstädten ist er sehr gut gelaufen, mit guten Reaktionen – er läuft ja heute noch. Mein Ruf wurde dadurch untermauert. Ich konnte den nächsten Film machen ...

War der Oscar für das Drehbuch von THE PRODUCERS *wichtig für Sie, hat sich damit etwas verändert?*

Der hat weder geholfen noch gestört. Für Leute, die vom Filmemachen leben, ist der Oscar nicht sehr bedeutungsvoll. Er ist nicht entscheidend dafür, ob ein Film ein Erfolg oder ein Mißerfolg wird. Aber man behauptet, er löse einen bösen Zauber aus. Vor allem, wenn man als Schauspieler mit ihm ausgezeichnet wird, sollen – so das Gerücht – die nächsten zwei, drei Jahre schlimm werden. Ich weiß nicht, ich habe ihn noch nie für Schauspiel gewonnen. Darauf warte ich jetzt.

Wie würden Sie Ihren Humor definieren? Wir nennen ihn zögernd ›jüdischen Humor‹. Wenn das richtig ist, wo wären die Wurzeln?

Das ist schwer zu sagen. Richtig, es ist jüdischer Humor, den ich von der Straße habe. Der Rhythmus und diese merkwürdigen Ängste stammen von den Ängsten der jüdischen Leute. Aber es ist amerikanischer Humor, New-York-Humor. Dieser Schmelztiegel New York: die Iren, die Deutschen, die Polen, die Juden, die Italiener, sie sind es, die diese ganz besondere Mischung bewirken. Das ist Großstadt-Humor aus Amerika. Mein Humor. Der jüdische Humor ist Schtetl-Humor, provinziell. Von Scholem Alejchem. Niedliche kleine Geschichten über die Nuancen menschlicher Verhaltensweisen. Das ist nicht mein Humor. Ich bin viel deutscher, viel surrealistischer, expressionistischer, ich bin der Max Reinhardt und der Fritz Lang der Komödie. Ich reduziere Dinge auf ihre abstrakte, ewige Wahrheit. Das ist Großstadt-, berliner Humor, Samuel Beckett, also Dublin, Arme-Leute-Humor aus den Großstädten. Der Schtetl-Humor ist viel zu niedlich, zu klein. Der besteht viel mehr aus Parabeln und Epigrammen. Ist nicht hart, schlägt nicht zu. Mein Humor wäre unerträglich für diese Leute. Viel zu kraß, zu vulgär, zu verrückt, zu surrealistisch. Sie brauchen einen ruhigeren, eher bäuerlichen Humor. Es ist schwer, diese Art dynamischen, verrückten Humor zu analysieren. Er ist amorph und verschwommen. Wenn man etwas analysiert, nutzt man die einzelnen Zutaten. So kommt man zum Hintergrund. Aber das geht hier nicht. Hier ist mehr ›Gestalt‹, der Humor ist dynamischer. Hat mit dem zu tun, was passiert. Mit der Fähigkeit, mit einem Konzept umzugehen.

Das hieße eigentlich, daß er nur vorübergehend wirken kann, aktuell. Aber das stimmt ja nicht. Meist sind das doch klassische Situationen.

Der Prozeß hat Ewigkeitswert. Humor übersteht alles, wenn er mit den ewigen Variationen menschlicher Verhaltensweisen verknüpft ist. Auch wenn er sehr modern wirkt, er ist mit diesem Verhalten verbunden ... Ich behandle doch immer menschliches Urverhalten, wie Gier, die Sehnsucht nach Liebe, die Sehnsucht nach Aufmerksamkeit, nach Geld, nach dem Überleben, nach Seelenstärkung, nach Bewunderung. Dieses Verhalten ist immer in meinen Filmen enthalten, unentwirrbar. Und meine Charaktere sind nicht so einseitig, daß sich nicht eine Menge Leute damit identifizieren könnten. Mit ihren eigenen Sehnsüchten und Nöten. Ich sage den Kritikern hier in Amerika: bitte untersucht meine Filme als Teil eines Ganzen und nicht als separate Einheiten. Ich bin aus meiner blauen Periode in den Surrealismus gegangen, und ich möchte, daß ihr die Spuren verfolgt, damit ihr versteht, wo ich herkomme. Was ich zu sagen habe. Wie sich meine Techniken verändert haben. Wie mein Zugang zu einem neuen Thema aussieht. Und ich will nicht, daß die Kritiker sagen: hier ist der nächste Film.

Worauf beziehen Sie Ihren Humor?

Ich kann alles über jeden sagen. Ich kann jeden Schwarzen, jeden Juden, einfach jeden auslachen. Meine Filme sind ja ziemlich vulgär. Ich habe in manchen Ländern echte Probleme mit der Zensur. Französische Zensur, englische Zensur, italienische Zensur ...

Wie kümmern Sie sich überhaupt um Ihre Filme im Ausland?

Ich gehe in jedes Land und bettle: ich mache doch bloß Spaß. Ich sage ihnen: ich genieße doch nur die menschlichen Schwächen. Ich genieße die ewige Wahrheit über menschliche Verhaltensweisen. Ich sage doch nur, wie wir sind. Ich erzähle die Wahrheit doch bloß auf eine komische Art. Ich bettle und bitte – und meistens lassen sie es durchgehen.

Kümmern Sie sich um die Synchronisation selbst?

Ich habe in jedem Land ein Team von Spezialisten, die mich verstehen. In Deutschland sind sie wunderbar. HIGH ANXIETY war hervorragend in Deutschland. Vor allem Cloris Leachman. Wer immer ihre Stimme gesprochen hat, sie war glänzend. Ich überprüfe die Synchronisationen. Als Hitchcock den Film sah, fiel er vom Stuhl, als die Szene kam, in der die Kamera einfach durch die Scheibe geht. Sie mußten ihn aufheben und in seinen Stuhl zurücksetzen. Er konnte einfach nicht glauben, was er gesehen hatte. Er sagte anschließend zu mir: »Sie machen da etwas Unglaubliches.« Später stellten wir dann fest, daß es eine logische Entwicklung der Wahrheit ist.

Wer, außer Hitchcock, hat Sie beeinflußt, wen bewundern Sie?

Die Marx-Brothers. Sie lehrten mich, daß man wahrhaftig und gleichzeitig surrealistisch sein kann. Daß man ehrlich und gleichzeitig abstrakt sein kann. Daß man verrückt sein und dennoch treu bei der Geschichte bleiben kann. Die Marx-Brothers lehrten mich mehr als irgend jemand sonst. Daß man durchaus eine eher straffe Handlung haben kann, eine einfache Erzählung, aber daß man sich ganz absurd benehmen kann. Wahnsinnig. Aber dieses Benehmen muß sich auf menschliches Benehmen beziehen, kann extremer als menschliches Verhalten sein, viel extremer. Aber die Geschichte muß kompakt sein. *A Night at the Opera* ist das beste Beispiel einer sehr kompakten Geschichte und der wahnsinnigen Verhaltensweisen der Marx-Brothers. So ist es auch mit THE PRODUCERS, mit THE TWELVE CHAIRS, mit BLAZING SADDLES – immer habe ich eine einfache, fortlaufende, pointierte Handlung. Doch zurück zu Ihrer Frage: ich schätze Jean Gabin und Emil Jannings. Das sind zwei wichtige Vorbilder. In Deutschland gab es einen Schauspieler, den ich sehr schätze – ich weiß nicht, was er heute macht – und den ich in *Das Narrenschiff* und *Der Hauptmann von Köpenick* gesehen habe: Heinz Rühmann. Er ist sensationell. Rühmann und Alberto Sordi sind meine beiden europäischen Lieblingsschauspieler.

Das wird Herr Rühmann gern hören ... Wir nennen die Marx-Brothers anarchistisch ...

Das sind sie auch. Und das bin auch ich. In allen meinen Filmen. Jeder Film, den ich mache, ist eine Bedrohung fürs

Dreharbeiten Young Frankenstein

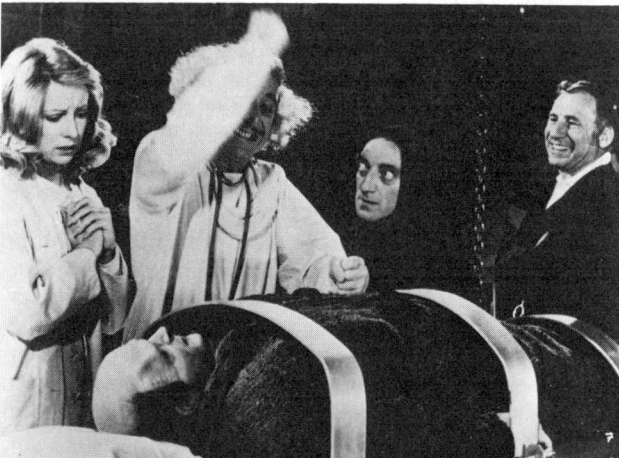

Establishment. Bedroht die konservativen Institutionen. Am meisten aber den Kommunismus. Denn das ist Dogma. Ich bedrohe alle Dogmen. Ob die der Kirche oder die der kommunistischen Partei. Ich bin hinter allen her.

Sie haben mit Jerry Lewis zusammen gearbeitet.

Ich habe einmal an einem Film für ihn geschrieben, ja. Ich habe ihn sehr gern, wir sind wunderbar miteinander ausgekommen. Aber ich brauchte mehr Raum – ich schrieb mit ihm den Film *The Ladies Man*, über einen Jungen, der in einem Mädcheninternat arbeitet. Der Film mit dem unglaublichen Set, der Set war das beste an dem ganzen Film. Bedauerlicherweise. Jerry ist ein Genie. Niemand kann so spielen und Grimassen schneiden wie er. Er erinnert mich an Fernandel und Jacques Tati. Physisch ein Genie.

Was macht er heute?

Amerika hörte auf, seine Filme zu kaufen. Aber jetzt kommt er zurück, arbeitet an seiner Renaissance mit einem neuen Film. Und wir alle beten, daß er Erfolg hat.

Sie haben auch einmal Murnau als Vorbild genannt.

Murnau! Das ist ein großartiger Expressionist ... Ich habe eine Reihe seiner Filme gesehen, bevor ich YOUNG FRANKENSTEIN drehte. Die Art, wie er Szenen ausleuchtet und die Kamera aufstellt, wie er die Szene selbst dramatisiert – das alles ist großartig. Fritz Lang ist ein anderes Vorbild. Und als Bühnenregisseur Max Reinhardt. Er hat auf mich einen großen Einfluß ausgeübt, weil er Brecht beeinflußt hat und Brecht wiederum mich.

Können Sie über andere lachen?

Harry Ritz von den Ritz-Brothers. Über ihn kann ich in jeder Minute am Tag lachen. Ich liebe ihn. Kann ich über andere lachen? Dom DeLuise läßt mich auflachen, wenn er einfach nur ins Zimmer kommt. Wenn er sich ernsthaft gibt, liege ich am Boden. Ich kann ihn nicht ertragen, er macht mich verrückt. Marty Feldman. Ich brauche ihm nur ins Gesicht zu sehen, und es ist aus mit mir ... Charlie Callas, er war der Hund in HIGH ANXIETY – er ist verrückt und macht mich verrückt. Es gibt viele Leute, über die ich lachen kann.

Ist es nicht anstrengend, wenn immer erwartet wird, daß Sie komisch sind?

Für mich? Nein. Ich bin immer komisch. Meistens jedenfalls.

Fühlen Sie sich nicht wie von Idioten umgeben? Wann immer Sie guten Morgen sagen, fangen sie an zu grinsen.

Nein, man wählt sich die Leute aus, mit denen man umgehen will. Nur seine Kinder kann man sich nicht aussuchen. Und bestimmte Verwandte auch nicht. Aber man kann sich seine Frau aussuchen. Ich arbeitete mit meiner Frau Anne Bancroft in SILENT MOVIE, und sie arbeitete mit ihren Augen wie Marty Feldman. Ich schwöre bei Gott, es ist kein Trick. Sie kann es in slow motion. Sie hat großartige Augenmuskeln. Sie kann alles mit ihren Augen machen. Marty Feldman wäre fast ohnmächtig geworden, so überrascht war er. Feldmans Augen gehen nach außen, nicht nach innen. Wenn ich nicht mit ihm sprechen will, dann laufe ich nicht etwa davon. Ich stelle mich ganz dicht vor sein Gesicht, so nah wie möglich an seine Nase. Dann kann er mich nicht mehr sehen. So arbeite ich mit Marty Feldman.

Wenn Sie ein Thema ausdenken, woher beziehen Sie dann das Material und die Emphase, mit der Sie es vermitteln? Liebe, Haß, Verachtung, Bewunderung, Abscheu?

Man braucht Leidenschaft. Wut ist eine viel bessere Leidenschaft als Liebe. Wut läßt viel stärker schreiben, viel markanter, direkter als Liebe. Liebe ist auch nötig. Liebe hält alles zusammen, füllt die Brüche, hält die Steine der Leidenschaft zusammen. Also braucht man Liebe. Aber Wut ist die Urkraft, die man braucht. Man muß über etwas wütend sein.

Aber wie kann man bei dieser Wut komisch sein? Wenn »Busby« Brooks sein Ballett zu einem Hakenkreuz formiert, ist das ja sehr komisch.

Ja, das ist doch leicht. Es war ein Vergnügen. Ich dachte über die unmöglichsten Sachen nach, die man von oben sehen konnte, vor allem, wenn sie singen »Springtime for Hitler«. Es gibt doch nichts besseres als ein Hakenkreuz.

Fürchteten Sie nicht, daß man Ihnen schlechten Geschmack vorwerfen würde?

Die Juden drehten durch. Sie hätten sie in New York sehen sollen. Sie zerrissen ihre Programme und warfen Sachen in die Luft, sie riefen: »Wie können Sie es wagen«, und sie schrien, aber ich lachte. Ich fand es toll.

Gibt es für Sie eine Grenze für den Humor?

Es gibt keine Grenze für menschliches Denken, also gibt es keine Grenze für Humor. Humor modifiziert menschliches Denken.

Aber es gibt in Ihren Filmen Stellen, auf die man mit Unbehagen reagieren kann: die Szene in SILENT MOVIE, *in der ein Blindenhund mit einem normalen Hund vertauscht wird.*

Sie empfanden Unbehagen, aber 81,5 Prozent des Publikums sprangen aus den Sitzen. Sie lachten wie die Idioten. Wir können die Blinden nicht ausnehmen, sie leiden wie die Sehenden. Wir können niemanden auslassen. Geht es um Komödien, dann kriegt jeder etwas ab. Wenn wir Wasser übers Publikum schütten, dann werden alle naß.

Aber die Blinden können das nicht sehen.

Das ist schade. Aber sehen Sie, was ich für die Tauben gemacht habe mit SILENT MOVIE. Zum erstenmal nach vierzig Jahren konnten die Taubstummen der ganzen Welt einen Film sehen.

Worin sehen Sie ihren größten Antrieb, die Kraft, sich immer wieder auf Komödien zu konzentrieren? Andere Regisseure haben oft die Genres gewechselt.

Ich bin wie ein guter Ballspieler. Ich bin wie ein guter second-base-man. Wenn ein Ball geschlagen wird und mit hundert Meilen pro Stunde auf mich zukommt, dann weiß ich, daß ich einer der wenigen bin, die diesen Ball auffangen und ihn first-class herauswerfen können. Warum also sollte ich nicht second-base spielen? Ich bin dafür geschaffen, Komödien zu machen. Ich gehöre zu den wenigen Leuten in der Welt, die mit Angst, Trauer, Unglück, Pech umgehen können. Ich kann die Trauer vertreiben, ich kann Wut vertreiben, ich kann Angst vertreiben, ich kann Unglück manchmal in Freude verwandeln. Das ist eine gute Sache, eine lohnende Sache. Ich bin dafür gemacht, für mich ist das etwas Natürliches. So wie eine Ziege in die Luft springt, ein Fisch schwimmt ...

Aber kann man das alles durchschauen, wenn man nicht selbst Opfer dieser tiefen Emotionen ist? Kennen Sie also selbst Angst, Trauer?

Jeder Mensch, der intelligent ist und wahrnehmen kann, sensibel ist, ist von Myriaden dieser Gefühle besessen. Unser Mut ist direkt mit unserer Fähigkeit verbunden, weiterzumachen trotz dieser Emotionen, trotz dieser Einbrüche in unser System. Obwohl wir davon überfallen werden, gehen wir nach vorn. Mit Freude, Stärke, bis wir wieder die Oberhand gewinnen. Das ist das Maß unserer Heldenhaftigkeit und unseres Mutes: wieweit können wir trotz unserer Trauer oder unseres Unglücks kommen? Das Leben ist nicht leicht, und es wird nicht leichter. Je älter ich werde, desto schwieriger wird es. Also muß ich mehr und mehr Freude vermitteln, um auszugleichen.

Würde jemand, der Sie besser kennt, in Ihren Filmen Autobiografisches erkennen?

Das wäre brillant versteckt, darin bin ich sehr gut. Im Mut des Schwarzen in BLAZING SADDLES könnte man meinen Mut als kleiner Junge in einer arischen Schule wiederfinden. Ja. Das sind Parabeln, Metaphern. Nur: für mich ist es leicht, sie zu verfremden, so daß man nicht erkennt, daß es hier um mein Leben geht. Ich kann mich ja nur auf meine Erfahrungen und meine Gefühle berufen. Deshalb ist als Antwort ein Ja notwendig. Alles stammt von mir, ist aber sorgfältig verfremdet, um meine Leute oder sogar mich selbst nicht zu beschämen. Manchmal passiert es auch unbewußt, und erst später entdecke ich es im Film und sage: Oh, mein Gott, ich weiß, wo ich das her habe. Das ist doch von meiner Tante Sarah, als die mich damals so in Verlegenheit gebracht hat. Das da ist von meinem Freund Eugene. – Manchmal wird mir erst später klar, daß ich unbewußt etwas benutzt habe.

Wenn Sie Ihre Filme ansehen: gibt es einen, von dem Sie sagen würden, er sei Ihnen der nächste?

Ich weiß nicht. Ich glaube, ich bin der Leo Bloom aus THE PRODUCERS. Das ist mir am nächsten. Diese Sehnsucht nach

Ruhm, nach Magie, nach dem Geheimnis der Kunst, dem Glamour des Show-Geschäfts. Ich will nicht Gehaltsempfänger sein, nicht in einer Fabrik arbeiten, nicht nur samstags zwischen 24 und 2 Uhr früh Sex haben, ich will ein freieres, selbstbestimmtes, reicheres Leben leben können. Und nicht ein Opfer des Lebens werden.

Was ist wichtig für eine Komödie? Wie sollte sie strukturiert sein? Was ist grundsätzlich wichtig, welche Details sind wesentlich?

Nichts anderes als beim Drama. Nichts, bis auf mehr Schwung, mehr Wut in bezug auf die humoristischen Aspekte des Lebens. Aber die Handlung muß genauso straff sein, die Beziehungen ebenso logisch, die Bedürfnisse und Wünsche der Helden, die wir verfolgen, genauso klar und verständlich. So daß unsere Sympathie für sie und unser Vertrauen nie erschüttert werden. Was kommt dann? Ich konstruiere die Personen – wie die Marx-Brothers – origineller, einmaliger und manchmal absurd. Und ich verbinde sie mit einer ganz starken Handlung. Da ist Komödie also nicht anders als Drama, nur etwas schwerer zu realisieren. Kritiker werden niemals verstehen, daß es schwieriger ist. Sie glauben, es sei leichtherzig gemacht, frivol. Aber es ist sehr schwer, gute Komödien zu finden. Es gibt viele Dramen über all die Irrtümer des Lebens, von Shakespeare bis heute – aber Komödien?

Die Zeit hat eine große Bedeutung, wie kommen Sie damit zurecht?

Das ist eines der schwierigsten Dinge, die wir lernen müssen. Für jede Kunstform. Man muß Zeit richtig kondensieren. Wir raffen die Zeit, aber wir müssen den Zeitlauf beachten. Das ist schwierig. Wenn man manchmal die Zeit rafft, wenn man das Leben eines Menschen in zwei Stunden porträtiert, 82 Jahre in zwei Stunden, dann verteilt man die Schwerpunkte falsch. In diesen achtzig Jahren sind sie nicht falsch, aber in den zwei Stunden. Man muß in der Kunst ein ursprüngliches, außerordentliches, logisches Gefühl in Relation zur Zeit einhalten, das mit der gesamten Zeit zusammenhängt, die man erfassen will. Die Zeit ist eines der gefährlichsten Kriterien, mit denen man umgeht. Besonders in einem Film, der glaubwürdig und logisch sein soll. In der Malerei ist Zeit wichtig. Ein Bild wie

»Café bei Nacht« destilliert die Zeit für immer. Van Goghs Sterne. Wir sagen: ja, das ist eine logische Entwicklung unserer Hoffnungen und Träume und dessen, was wir sehen. In manchen Nächten sehen sie doch wirklich so aus. Wie aus einem unserer Träume. Und die Sterne stehen in einem guten Verhältnis zueinander und zu uns. Sie sind logisch miteinander verbunden. Diese krumme Zypresse, die er malte, als er verrückt wurde, ist eine logische Erweiterung. So biegen sie sich im Wind, auch wenn es absurd aussieht, es ist eine Erweiterung. Ereignisse müssen zeitlich richtig ablaufen. Wenn etwas passiert, und wie es in Relation zum Ereignis davor passiert – das sind kritische Augenblicke. Da muß man die richtigen Zeitfolgen haben.

Das richtige Timing entscheidet sich oft erst beim Schnitt. Schneiden Sie ihre Filme selbst?

Als ich meinen ersten Film machte, saß ich daneben und bewachte jedes Feld. Ich schnitt mit und hatte schreckliche Auseinandersetzungen mit dem Cutter. Ich hatte harte Kämpfe mit John Howard bei BLAZING SADDLES. Aber als wir anfingen, uns zu verstehen, begriff er, daß auch der Schnitt mir gehörte und nicht ihm, daß der Regisseur den Schnitt als eine Form des Umschreibens benutzt. Der Regisseur ist der Autor des Films, egal wer das Buch geschrieben hat, am Ende ist der Regisseur der Autor, weil er investiert ... So ist er also auch der Cutter – und ein Cutter kann ein Freund sein, ein guter Mann, ein Assistent, aber er muß das Timing des Regisseurs akzeptieren. Ein Regisseur, der seinen Film einem Cutter überläßt und nicht selbst schneidet, ist kein Regisseur. Er ist ein Idiot. In den dreißiger Jahren haben sie es gewöhnlich so gemacht, weil sie einfache Filme machten. Heute sind Filme komplizierter, man kann das nicht in den Händen eines Cutters lassen. Der Regisseur ist der einzige, der eine Sache dahin zurückbringen kann, wo sie im Drehbuch stand.

Sie arbeiten vor allem für eine Nation, die durch dürftigen Fernsehhumor konditioniert wurde. Wie groß ist Ihre Hoffnung, von den Leuten verstanden zu werden?

Das ist gut für mich, denn ich bin zu gefährlich, zu verrückt für das Fernsehen. Zu mutig. Meine Philosophie ist zu groß – ich blase jetzt ganz schön in mein eigenes Horn, ich will mal wieder ein bißchen bescheidener werden –: meine Konzeption ist zu intellektuell für das Fernsehen. Und die Massen müssen mich einholen, ich kann nicht auf sie zugehen. Pech, wenn sie mich nicht einholen. Aber bisher haben's ja ausreichend viele geschafft. Aber mindestens ein Drittel meiner Gesamteinnahmen kommt nicht aus den Vereinigten Staaten, sondern aus dem Rest der Welt. Ich rechne mit der Intelligenz der Europäer, die lesen. Und die verstehen, was eine gute Komödie ausmacht. Bei SILENT MOVIE – das ist ja hauptsächlich eine visuelle Komödie, die auf einem intellektuellen, philosophischen Konzept beruht – habe ich fast die Hälfte der gesamten Einnahmen aus dem Ausland bekommen. Das ist überraschend. Die anderen waren reif dafür. Die Amerikaner nicht ganz so. Die Europäer – wow! Die wurden ganz verrückt. Amerika war okay, aber das Geschäft in Europa war schockierend gut. YOUNG FRANKENSTEIN hat in der Bundesrepublik mehr eingespielt als in ganz Lateinamerika. Ein Land! In Lateinamerika kommen 16 Millionen Dollar zusammen, wenn es sich um *Star Wars* handelt. Das verstehen sie.

Wie arbeiten Sie, wie entwickeln Sie ein Thema?

Ich habe eine Idee, dann recherchiere ich, lese, stelle Fragen. Als ich meinen Western drehte, habe ich vorher eine Million Western gesehen, habe Western-Bücher gelesen, alle John-Wayne-Filme gesehen, jeden Randolph-Scott-Film, der je gemacht wurde. Ich habe mir die Motive angesehen, in denen diese Filme gedreht wurden, ich habe mich mit Hunderten von Regie-Assistenten unterhalten, die mit den Leuten gearbeitet hatten. BLAZING SADDLES ist eine Ehe zwischen Kino und Western. Ich habe sechs Monate lang gearbeitet, dann setzten wir uns hin und schrieben, schrieben, schrieben und hatten Berge von Informationen.

Fällt es Ihnen leichter oder erscheint es Ihnen sicherer, mit einem Film auch gleichzeitig ein Genre zu attackieren?

Manchmal ist es sicherer. Und manchmal beschränkt es zu sehr. Es kommt auch auf das Genre an. Manchmal kann man gar kein Genre benutzen.

Wie arbeiten Sie weiter. Sie haben ein Buch beendet, manchmal mit Co-Autoren ...

Manchmal mit, manchmal ohne. THE PRODUCERS, THE TWELVE
CHAIRS und »History of the World – Part I« schreibe ich mit
niemandem als mir. »History . . .« ist mein nächster Film. Er
fängt an, als die Erde sich gerade abkühlt. Die ersten Menschen sind Höhlenmenschen, halb Affen, halb Menschen. Das
erste, wobei man sie beobachten kann: sie masturbieren. Ich
friere das Filmfeld ein und sage: unsere Vorväter. Von denen
stammen wir ab. Von diesen jerks, diesen jerk-offs. Ich zeige
zwanzig Minuten lang die Höhlenmenschen und woher wir
unsere Moral haben, die Müllhalde unserer Existenz. Wie die
Verhältnisse untereinander sind. Weshalb Männer nicht unbedingt mit Männern ins Bett gehen. Weshalb wir Kinder
brauchten. Ich zeige den ersten Kritiker, der auf eine Höhlen-
zeichnung pinkelt, weil sie ihm nicht gefällt. Er bepißt das
ganze Bild – ich erzähle einfach die ganze Wahrheit. Und
diese Höhlenmenschen sind sehr primitiv. Vorher habe ich viel
gelesen. Hier sind die Bücher: *Album of Prehistoric Men, The
Early Man, The Last Two Million Years* – lauter Grundsätzli-
ches. Oder hier: weiter hinten im Film gibt es eine Nummer,
die ich die »spanische Inquisition« nenne. Mit Busby-Berke-
ley-Effekt. Mit Juden, die auf Räder geschnallt sind. Im
schlechtesten Geschmack der Welt. Und ich werde Torque-
mada spielen, den großen spanischen Inquisitor. Das wird eine
wundervolle, fröhliche kleine Nummer. Glücklich und froh,
mit Tanz und Gesang: die Inquisition. Eine weitere Sache also,
die Humor aufregend macht, ist die Verbindung unterschiedli-
cher Formen. Man nimmt etwas Unvorstellbares, verlagert es
in eine ganz einfache, attraktive Umgebung – und wir drehen
durch. Das ist ein Teil meiner Arbeit. Ich habe dafür auch
wieder eine Reihe Filme gesehen. Dann werde ich ein paar
kurze, philosophische Stückchen einbauen: Moses und die
Zehn Gebote. Und ich werde zeigen, daß da vielleicht fünfzehn Gebote waren und er fünf auf seinen Fuß hat fallen lassen, so daß sie zerbrochen sind. Also blieben ihm nur noch
zehn. Dann zeige ich Buddha und seine Philosophie. Buddha
bezog seine ganze Philosophie aus chinesischen fortune-cook-
ies. Er zerbricht sie hinter seinem Rücken und liest dann den
Zettel aus dem Keks vor. Ich werde ziemlich viel über unsere
Götter erzählen und zeigen, woher das Denken kommt. Pha-
rao aus Ägypten. Und übrigens: die erste Pyramide. Das war
einmal ein wunderbares, großes Haus. Aber es brach zusam-

men, es gab Konstruktionsfehler, es stürzte also zusammen und blieb als Pyramide liegen. Weil ihnen das Design gefiel, behielten sie die Form bei. Ich gehe weiter und weiter, bis ich zum Römischen Reich komme. Wenn ich das erreicht habe, verharre ich dort für fünfundzwanzig Minuten und erzähle eine enorme Geschichte mit Personen. Rom ist eine wundervolle Umgebung für Sex-Orgien, für verrückte, komische Philosophen, fürs Annageln von Leuten, nur weil sie Christen waren. Wunderbare Vorbilder menschlicher Verhaltensweisen. Richtig? Danach wieder ein bißchen Philosophie, dann eben die spanische Inquisition. »History of the World – Part I« hört mit den Menschenrechten auf: mit der französischen Revolution, die ein sehr wichtiger Teil der Geschichte ist. Ich zeige, weshalb es keine Könige mehr gibt, weshalb Macht Recht war und in bestimmten industriellen Teilen der Welt noch immer ist, obwohl andere damit aufgehört haben. Damit ist der erste Teil zuende. Und dann »History of the World – Part II«. Im zweiten Teil habe ich Einstein und Freud, die Vaudeville-Sachen singen. Dann zeige ich die Krönung des polnischen Papstes. Ich gehe hinter die Kulissen, man sieht ein kleines bißchen schwarzen Rauch und alle warten auf den weißen Rauch aus dem Vatikan. Und hinter den Kulissen sieht man die gemeinsten Faustkämpfe, sieht, wie sie ihre Hüte herunterreißen, sich mit Füßen stoßen, sich umbringen, verbunden werden, blaue Augen haben, sich boxen und beißen – und schließlich ziehen sie sich wieder richtig an, pudern sich die blauen Flecken, kommen heraus und verkünden den polnischen Papst. Es war eben gar nicht so leicht. Ich werde die Wahrheit erzählen: die großen Kämpfe im Vatikan. »Einen Pollacken – seid Ihr verrückt geworden?« Boom. Bang. Die Flüche. Vor allem die Italiener fluchen und prügeln. Glauben Sie nicht, daß es so war? Die haben doch nicht einfach gesagt: »Ah, oh, tante grazie. Fein, ein polnischer Papst – das ist entzückend.« Man weiß doch, daß sie geschrien haben: »Seid Ihr verrückt geworden?« Es mußte doch große Kämpfe geben, wenn zum erstenmal nach vierhundert Jahren ein Pole zum Papst gewählt wird. Wenn ich diesen Film nach Italien bringe, kann es sein, daß ich diese Sequenz auslassen muß. Vielleicht kommt die Zensur und erlaubt es nicht. Aber ich muß die Wahrheit sagen, oder meine Version. Die Mel-Brooks-Version der Wahrheit. Eigentlich kränke ich doch niemanden. Ich will mich nicht entschuldigen. Ich versuche, die Sachen voller Fairneß zu sagen, voller Liebe. In einer Arbeit steckt viel Wärme ...

In THE TWELVE CHAIRS *hatten Sie sehr viele Funktionen. Sie waren Produzent, Regisseur, Kameramann, Darsteller und Verleiher. Wollten Sie alles in der Hand behalten? Oder gab es finanzielle Gründe?*

Nein, das ist meine Art der Selbstverteidigung. Und Notwendigkeit. Eigentlich habe ich nur das Schreiben gern. Aber wenn man für ein so kompliziertes Medium schreibt, wie Film es ist, wird jemand schließlich Regie führen. Dabei hinterläßt er überall Fingerabdrücke. Irgend jemand wird in dem Film spielen, also spielt man lieber gleich eine Rolle selbst, um den Film zu schützen. Jemand wird ihn produzieren – Fehler machen. Also produziert man lieber selbst. Jemand wird ihn verleihen. Also konsultiert man ihn über seine Pläne. Irgend jemand würde ihn sofort ins Fernsehen bringen, es sei denn, man verhindert das. Und irgend jemand zerschneidet ihn zu Schnipseln fürs Fernsehen, nimmt alles heraus, was er für beleidigend hält. Deshalb also mache ich soviel wie möglich selbst. Aus Selbstschutz. Vor Jahren gab es einen tollen Begriff – ich könnte heulen, wenn ich daran denke: Handarbeit. Meine Filme sollen Handarbeit sein. Jede Kleinigkeit, jede große Sache will ich selbst machen. Wenn ich ein Plakat eines meiner Filme sehe und eine Ecke hochsteht, hole ich Leim und Tesafilm und klebe sie wieder an. Ich überprüfe bei den Premieren die Projektion, um sicher zu gehen, daß die Birne ganz ist und die Schärfe stimmt. Handarbeit.

Gehört dazu, daß Sie immer wieder mit denselben Leuten zusammenarbeiten? Wie wählen Sie zum Beispiel Ihre Schauspieler aus?

Ich halte mich gern an die Leute, die ich kenne. Ich gebe ihnen das Drehbuch, sie lesen es, sie verstehen es, sie machen es. Deshalb schätze ich Madeline Kahn, deshalb bin ich vernarrt in Gene Wilder, Marty Feldman, Dom DeLuise, Harvey Corman, Cloris Leachman. Diese Leute verstehen ihr Geschäft. Sie sind wach, außerordentlich intelligent, aufmerksam.

Es scheint, daß Sie sich ein ständiges Team zusammengestellt haben. Gruskoff und Michael Hertzberg tauchen immer wieder als ihre Produzenten auf. Das ist sicher eine beruhigende Situation.

Hertzberg ist großartig. Jetzt habe ich Stewart Cornfeld. Jonathan Sanger. Ich habe jetzt eine Company, die Filme macht. Ich will jungen Filmemachern helfen. Die Company soll »Firsts« heißen. Weil es immer irgend jemanden gibt, der seinen ersten großen Job macht. Ein Drehbuch, eine Rolle oder eine Regie. Die Company macht ihren ersten Film: »The Elephant Man«, und ich habe einen Regisseur, der noch Anfänger ist. Es gibt einen Drehbuchautor, der sein erstes Buch ablieferte und einen Produzenten, der zum erstenmal produziert. Alles Anfänger. Und ich beobachte sie. Der Regisseur heißt David Lynch. Der hat schon einen Film gemacht, der wahrhaftig wie Reinhardt ist, echter deutscher Expressionismus: *Eraserhead*. Das ist ein Kult-Film geworden, schwarz-weiß und angsteinjagend und großartig ... Der ist ein Genie.

Macht Anne Bancroft ihren ersten Film auch für Ihre Company?

Ja. Sie führt Regie und hat ihr erstes Buch geschrieben ... Das ist ihr Versuch, ihre Talente und ihr Denken zu erweitern. Sie will nicht nur einfach Schauspielerin sein. Sie kennt so viele wundervolle Geschichten. Und ich habe ihr Mut gemacht, uns alle teilnehmen zu lassen an diesen Geschichten. Sie war ihr ganzes Leben mit Film verbunden. Seit sie zwanzig Jahre alt war, lümmelt sie sich an Drehorten herum. Seit zwanzig Jahren macht sie Filme, sie kennt doch die ganzen Vorgänge. Laß sie ran, sie ist eine natürliche Regisseurin. Sie macht einen Film über einen krankhaften Fressack. Nur Dom DeLuise kann diesen Fatso spielen. Und nur Liebe kann ihn retten.

Wie sehen Sie Ihre Situation in Hollywood, wie ist Ihre Beziehung zu anderen Filmemachern hier, zu den Studios?

Wir kommen alle gut miteinander aus. Ich bin Mitglied des »Director's Council«, und ich versuche, andere Filmemacher zu unterstützen, wenn sie Probleme haben. Ich glaube, Hollywood ist immer noch *die* Filmmetropole der Welt. Vielleicht nicht mehr in fünfzig Jahren. Aber vor fünfzig Jahren war es das, und heute ist es das immer noch. Sie können ruhig Filme in New York drehen, sie können Filme in London drehen –

aber sie werden niemals die tollen Sachen produzieren, die wir in Hollywood machen. Wir haben die Kunst und die Technik. Und wir haben die Leute dafür. Wir respektieren uns gegenseitig – alle Gilden und jedes Handwerk. Und wir wissen, daß es um Zusammenarbeit geht und um gemeinsame Anstrengung. Deshalb lebt Hollywood.

Irritieren Sie nicht die bombastischen Multi-Millionen-Dollar-Filme?

Nein, das Geld ist doch da. Sie wissen – zum Beispiel bei *Superman* –, daß sie es wieder einspielen werden. *Star Wars II* wird sein Geld wieder einspielen. Nein, das ist vollkommen in Ordnung. Selbst Francis Ford Coppola wird sein Geld für *Apocalypse Now* zurückbekommen. Aber was mir nicht gefällt: ich kann nicht leiden, daß Konzerne die Filmgesellschaften besitzen. Ich bin bei der 20th Century Fox, weil die Fox unabhängig ist. Das Studio gehört sich selbst. Ich kann nicht

175

leiden, daß Paramount von Gulf and Western besessen wird, daß der Transamerica, einer Versicherungsgesellschaft, United Artists gehört, daß Warner Brothers der Warner Communications gehört, ich kann nicht leiden, daß MGM einem Hotelkonzern in Las Vegas gehört. Das stört mich. Es gibt nur noch zwei unabhängige Companies. Columbia Pictures und 20th Century Fox.

Wie kann man diese Unabhängigkeit erhalten?

Ich weiß es nicht. Es quält mich jeden Tag, wenn ich daran denke. Und ich kann nicht leiden, daß sie Filme machen, die sie dann Leuten überlassen, die nichts davon verstehen. Ich finde, die Regierung sollte die Studios von den hohen Steuern befreien, damit sie das Geld wieder in Filme stecken können. So wie sie es in England machen. Oder in Schweden. Hier nehmen sie das Geld und stecken es in Eisen oder Kohle oder Autos oder Spielbanken. Das ist falsch, es kann den Tod der Filmindustrie bedeuten. Film kann nicht Teil von irgend etwas sein, er muß frei bleiben.

Ihre ersten beiden Filme haben kein richtiges Happy End. Alle danach enden in Umarmungen, Aufbrüchen in Sonnenuntergänge, Glück. THE PRODUCERS *endet im Gefängnis,* THE TWELVE CHAIRS *hinterläßt Ippolyt und Ostap als Bettler.*

Aber das ist nicht unhappy. Das sind glückliche Situationen: obwohl Bialystock und Bloom ins Gefängnis kommen, sind sie frei. Solange die Gedanken frei sind, ist man ein glücklicher Mensch. Der zweite Film endet mit einer ganz starken Liebesbeziehung. Wenn Ostap auf Ippolyt herunterblickt, sagt er: »Komm, Alter, laß uns Freunde sein. Laß uns zusammenbleiben.« Das ist ein herzerwärmendes, optimistisches Ende. Wenn der Sheriff in BLAZING SADDLES die Stadt verläßt, weil er nicht länger gebraucht wird, braucht der dennoch Liebe. Also nimmt er den alten Cowboy und zieht mit ihm davon: in einem Cadillac ... Das ist wieder die ganz logische Erweiterung von Film und Western. Ich habe in meinem Kopf diese Ehe geschlossen und sie dann auf die Leinwand übersetzt. In YOUNG FRANKENSTEIN wechseln die Paare. Unglücklicherweise verliert Gene Wilder ein bißchen sein logisches, philosophisches Bewußtsein als Arzt, aber er wird durch bessere sexuelle Ausstattung entschädigt. Das Monster tauscht sich mit ihm aus – Gene

Wilder gibt ihm ein bißchen von seinem großartigen Hirn, und das Monster gibt ihm dafür ein bißchen von sich. Das ist fair ... SILENT MOVIE hat ein ganz verrücktes Ende. Jeder liebt den Film, Ballons steigen auf, die Leute strömen aus dem Kino. Verrückt – das ist eine Satire auf ein Happy End. Und in HIGH ANXIETY haben wir einen typischen Hitchcock-Schluß. Er sorgt immer dafür, daß es einem gut geht. Nie entläßt er einen mit unbefriedigenden Gefühlen. Er bleibt einem nichts schuldig ...

Ist Woody Allen eine Herausforderung für Sie oder Konkurrenz?

Ich schätze ihn sehr. Ich glaube, unsere Lebenskonzeptionen sind nicht vergleichbar. Ich suche nach einem Schlüssel, einer Erklärung menschlicher Verhaltensweisen. Ich bin an vielen Leuten interessiert, die alle miteinander zu tun haben, wie sie Einfluß haben und so. Wie sie Länder, die Welt beeinflussen. Ich interessiere mich für die Gesellschaft, für Kapitalismus, Sozialismus, Kommunismus, Arbeit, Management, Industrie, Bauern, Könige. Woody Allen interessiert sich für das Private, die Entwicklung eines Individuums. Da ist er ganz wunderbar. Woody benutzt ein Mikroskop und untersucht das Wunder, das uns funktionieren läßt. Als wären wir alle Uhren, die ticken. Und er erklärt manchmal, wie und warum wir ticken. Ich dagegen benutze ein Teleskop, ich suche nach größeren, weiteren Welten. Ich suche nach der Ausdehnung menschlicher Verhaltensweisen. Nicht nach dem Warum. Das akzeptiere ich. Entweder es ist ein Unfall oder es ist Gott, ich weiß nicht, was es ist. Aber ich akzeptiere es und untersuche es erst gar nicht. Aber ich will wissen: wohin kann ich es nehmen, was kann ich damit anfangen? Darin unterscheiden wir uns, wir sind Gegensätze. Ich liebe seine Filme. Ich habe großes Vergnügen, manchmal lache ich, bis mir der Bauch wehtut. Er ist sehr witzig und sehr begabt.

Können Sie sich vorstellen, daß Sie einmal einen ähnlichen Film machen wie Interiors, *also einen ganz ernsten Film?*

Kann sein, aber ich glaube nicht, daß ich das dann in einem Film mache. Ich glaube, wenn ich einmal so kompliziert werden würde, würde ich das lieber auf einer Off-Broadway-Bühne machen. Noch möchte ich beim Surrealismus bleiben.

Ich kann doch gar nicht genug sagen. Ich konnte noch nie alles sagen. Ich muß die Zeit immer beschummeln, weil ich soviel sagen möchte. Aus diesem Grund ziehe ich doch plötzlich in der Mitte einer Western-Straße auf und lasse fünfzig Schwule tanzen. Für mich muß es groß sein.

Würden Sie sich dann nicht in New York viel wohler fühlen? Passen Sie hierher nach Los Angeles?

Das Telefon hat die Geographie überflüssig gemacht. Alles, was ich zu erledigen habe, kann ich mit dem Telefon erledigen. Nur auf eines muß ich verzichten: in New York spazieren zu gehen. Wenn ich in New York laufe, ist meine Nase voll von Auspuffgasen, meine Augen sind voller Müll, aber mein Hirn ist so klar wie der Himmel. Wenn ich in Beverly Hills laufe, dann ist alles um mich herum steril, sauber. Und mein Hirn ist mit Watte verstopft. Ich kann über nichts nachdenken. Also habe ich mein Büro in ein New York verwandelt. Ich habe meine Plakate, meine Fotos, ich habe mein Klavier, und ich kann mir vorstellen, ich sei in New York. Und sonst reise ich viel, ich gehe sehr oft nach New York zurück, ich lebe in beiden Städten.

Kennen Sie neue deutsche Filme?

Fassbinder und Herzog sind Kennern ein Begriff, Festivalbesuchern, Schriftstellern, Kritikern. Aber die Leute, die in *Saturday Night Fever* und *Grease* gehen, sehen sich nicht *Nosferatu* an. Sie haben niemals von diesen Regisseuren gehört. Truffaut ist gerade ein bißchen bekannt geworden. Den Leuten, die viel ins Kino gehen. Herzog habe ich sehr gern. Ich kenne ihn, er hat ja hier für die 20th Century Fox *Nosferatu* gemacht. Der Produzent von YOUNG FRANKENSTEIN, Michael Gruskoff, hat auch Werners Filme produziert. Wissen Sie, daß Werner hier in Amerika einen Schuh gegessen hat? Einen Schuh. Er hatte eine Wette abgeschlossen, daß er seine Schuhe essen würde. Er kochte seine Schuhe und aß sie. Ich habe ihn gefragt, ob ihm schlecht geworden sei, aber er sagte: »Nein. Ich habe ein gutes Verdauungssystem.«

Das Interview mit Mel Brooks wurde am 15. und 19. Juni 1979 in Los Angeles geführt. Übersetzung: Christa Maerker.

Daten

Von Hans Helmut Prinzler

1. Woody Allen

Biografie

Woody Allen
eigentlich: Allen Stewart Konigsberg
geboren am 1. Dezember 1935 in Flatbush (New York City)
Vater: Martin Konigsberg
Mutter: Nettie, geb. Cherrie

Allen Stewart Konigsberg ist das erste Kind seiner Eltern. Als er acht Jahre alt ist, wird seine Schwester Letty geboren. Sein Vater verdient den Lebensunterhalt mit Gelegenheitsarbeiten als Kellner, Chauffeur und Graveur, seine Mutter ist Buchhalterin in einem Blumengeschäft in Manhattan. In seiner Jugend interessiert sich Allen vor allem für Sport, aber auch fürs Theater. Nach der Grundschule besucht er die Midwood High School. Noch vor dem Schulabschluß verdingt er sich als Schreiber von Werbesprüchen für eine Publicrelation-Firma. Er verdient 25 Dollar die Woche.

Mit 16 legt er sich den Künstlernamen Woody Allen zu, beginnt ein Studium an der New York University (ein Semester lang: Spanisch, Englisch, Film), erhält von seiner PR-Firma bereits 40 Dollar die Woche. 1953 verliert er den Job, als sich einige prominente Kunden von der Agentur im Streit trennen. Gleichzeitig erhält er ein Angebot von der Fernsehgesellschaft NBC, für 150 Dollar die Woche in ihr »Writer's Development Program« einzusteigen. Als jüngster im Team geht er 18jährig nach Hollywood und arbeitet für die vom Popularitätsschwund bedrohte Show »Colgate Comedy Hour«. Sein Chef ist der Autor Danny Simon, der ihn auch kurzfristig im Autorenteam von Sid Caesars »Your Show of Shows« unterbringt; dort arbeitet er einige Monate mit Mel Brooks zusammen.

1956 geht Woody Allen nach New York zurück, beschäftigt sich mit Philosophie und schreibt Texte u. a. für Kay Ballard, Carol Channing, Stubby Kaye und Ed Sullivan. 1958 kommt er bei den Agenten Jack Rollins und Charles H. Joffe unter Vertrag. Seine Unzufriedenheit mit den Darstellern, für die er Texte schreibt, bringt ihn dazu, es selbst als Performer zu versuchen. Vor kleinem Publikum, oft im Anschluß an das normale Programm, tritt Woody Allen ab 1961 in Nightclubs auf und bildet sich »heimlich« zum Schauspieler aus. Die Agenten Rollins und Joffe sind seine wichtigsten Kritiker; sie fördern seinen Ehrgeiz, für den er allerdings materiell bezahlt: sein Verdienst als Autor sinkt bis auf 75 Dollar die Woche, weil er kaum noch Zeit zum Schreiben hat.

1964 hat Woody Allen im New Yorker Nightclub »Blue Angel« einen großen Erfolg. Unter den Zuschauern befinden sich Shirley MacLaine und der Filmproduzent Charles K. Feldman, der ihm das Angebot macht, einen vorliegenden Stoff zu einem Drehbuch zu verarbeiten. Rollins und Joffe gelingt es, ihn nicht nur als Autor, sondern auch als Darsteller zu vermitteln; er schreibt das Drehbuch zu WHAT'S NEW PUSSYCAT?, das Clive Donner im Herbst 1964 in Paris und Umgebung mit Peter Sellers, Peter O'Toole, Romy Schneider, Capucine und Woody Allen verfilmt. Mit dem Film, der ein großer Publikumserfolg wird, ist er allerdings nicht zufrieden. Bevor er sich von dem Produzenten Feldman trennt, spielt er für ihn noch eine Rolle in der James-Bond-Parodie CASINO ROYALE, die 1966 von fünf Regisseuren, unter ihnen John Huston, inszeniert wird. Ebenfalls 1966 verwandelt er einen japanischen Agentenfilm durch zusätzliche Aufnahmen und eine eigenwillige Synchronisation in eine Parodie: aus *Kizino Kizi* wird WHAT'S UP TIGER LILY?

Seit 1965 ist Woody Allen auch als Autor wieder aktiv – er schreibt mehrere Jahre lang Texte für den *New Yorker*, den *Playboy, Evergreen* und *The New Republic,* die später in zwei Büchern gesammelt erscheinen. 1966 wird sein erstes Theaterstück am Broadway uraufgeführt: *Don't Drink the Water* mit Kay Medford, Lou Jacobi und Tony Roberts in den Hauptrollen (das Stück wird 1969 von Howard Morris verfilmt). Sein zweites Theaterstück, *Play It Again, Sam,* kommt 1969 am Broadway heraus – mit Woody Allen, Diane Keaton und Tony Roberts – und wird in dieser Besetzung 1971 von Herbert Ross verfilmt.

1969 inszeniert Woody Allen seinen ersten eigenen Film, TAKE THE MONEY AND RUN, den er – wie auch den nächsten Film, BANANAS – zusammen mit Mickey Rose schreibt. Bis auf THE FRONT (1976, Drehbuch: Walter Bernstein, Regie: Martin Ritt) ist Woody Allen bei seinen sechs Filmen von 1972 bis 1979 Autor, Regisseur und Hauptdarsteller (mit Ausnahme von INTERIORS) in einer Person; am Drehbuch ist gelegentlich der mit ihm befreundete Marshall Brickman beteiligt, die Produktionen werden von Rollins und Joffe betreut. Für Drehbuch, Regie und Darstellung von ANNIE HALL (Der Stadtneurotiker) erhält er 1978 je einen Oscar – einen vierten, bekommt seine Partnerin Diane Keaton als beste Hauptdarstellerin. An der Preisverleihung in Hollywood nimmt er nicht teil.

Parallel zur Filmarbeit ist Woody Allen gelegentlich für das Fernsehen beschäftigt. 1968 verantwortet er ein TV-Special mit Billy Graham, Candice Bergen und The Fifth Dimension, 1970 eine entsprechende Sendung mit Liza Minnelli. Eine politische Satire für Public Broadcasting Service 1971, »The Woody Allen Comedy Special«, umgetitelt in »The Politics of Woody Allen«, wird schließlich wegen zu scharfer Angriffe auf die Nixon-Administration nicht gesendet. Für das Theater schreibt er 1973/74 drei Einakter: *Sex, Death* und *God,* die aber bisher nicht aufgeführt worden sind. Außerdem hat er bisher drei Schallplatten herausgebracht. In einem New Yorker Nightclub spielt er regelmäßig in einer kleinen Band Klarinette.

Von 1955 bis 1960 war Woody Allen mit der damaligen Studentin Harlene Rosen verheiratet (bei der Trauung war er 19, sie 16). Von 1966 bis 1969 war er mit der Schauspielerin Louise Lasser verheiratet. – Woody Allen lebt in New York.

Filmografie

Die Filmografie enthält die einschlägigen Daten zu Filmen von und mit Woody Allen als Regisseur, Autor und Darsteller. Für die Zusammenstellung der Angaben des künstlerischen Stabes, der Darsteller (einschließlich Rollen) und der Produktion wurden vor allem folgende Quellen benutzt: die englische Zeitschrift Monthly Film Bulletin, die Handbücher der Katholischen Filmkritik, der Verleihkatalog 1977/78 von Film-Echo/Filmwoche, die für die Bibliografie ausgewertete Literatur und Kopien der Filme.

Abkürzungen: R = Regie (wird nur genannt, wenn Allen nicht Regie geführt hat), B = Buch, K = Kamera, Sch = Schnitt, T = Ton, M = Musik, ProDes = Production Design, Ba = Bauten, A = Ausstattung, Ko = Kostüme, SpE = Special Effects, Ra = Regieassistenz, D = Darsteller, P = Produktionsgesellschaft, Pd = Produzent, Pl = Produktionsleitung, F = Format, OL = Originallänge, ft = Foot (1 ft = 30,48 cm), DL = Länge der deutschen Kinofassung, U = Uraufführung, DE = Kinoerstaufführung in der Bundesrepublik (Verleihstart), TV = Fernsehausstrahlungen in der Bundesrepublik, V = Verleih in der Bundesrepublik. – Die Jahreszahlen vor dem Titel geben das Produktionsdatum an.

1964/65   WHAT'S NEW PUSSYCAT?. Was gibt's Neues, Pussy?. – R: Clive Donner. – B: Woody Allen. – K: Jean Badal. – Sch: Fergus McDonell. – T: William-Robert Sivel, Antoine Petitjean, Dino Di Campo. – M: Bert Bacharach; Liedertexte: Hal David; Songs: »What's New Pussycat?« gesungen von Tom Jones, »Here I Am« gesungen von Dionne Warwick, »Little Red Book« gespielt von Manfred Mann, gesungen von Paul Jones; Arrangements und musikalische Leitung: Charles Blackwell. – Ba: Jacques Saulnier. – A: Charles Merangel. – Ko: Gladys de Seganzac; Kostüme von Paula Prentiss: Fonssagrives-Tiel. – SpE: M. MacDonald. – Titelentwurf: Richard Williams. – Choreographie: Jean Guelis. – Ra: Enrico Isacco. – D: Peter Sellers (Dr. Fritz Fassbinder, Psychiater/dt.: Dr. Nikita Popovitch), Peter O'Toole (Michael James), Romy Schneider (Carol Werner), Capucine (Renée Lefèbvre), Paula Prentiss (Liz), Ursula Andress (Rita), Woody Allen (Victor Shakapopolis), Edra Gale (Anna Popovitch), Katrin Schaake (Jacqueline), Jess Hahn (Mr. Werner), Eleonor Hirt (Mrs. Werner), Nicole Karen (Tempest O'Brien), Jean Paredes (Marcel), Howard Vernon (Arzt), Michel Subor (Philippe), Jacques Balutin (Etienne), Sabine Sun (Krankenschwester), Jacqueline Fogt (Charlotte), Daniel Emilfork (Tankwart). – P: Charles K. Feldman Production / Famous Artists Productions. – Pd: Charles K. Feldman, Richard Sylbert. – F: 35 mm, Farbe (Technicolor). – OL: 108 min. – DL: 2.963 m = 108 min. – U: Juni 1965. – DE: 8. 10. 1965. – V: United Artists (35 mm).

1966 CASINO ROYALE. Casino Royale. – R: John Huston, Ken Hughes, Val Guest, Robert Parrish, Joseph McGrath. – B: Wolf Mankowitz, John Law, Michael Sayers (und – uncredited – Billy Wilder, Ben Hecht, John Huston, Val Guest, Joseph Heller, Terry Southern), nach Motiven des Romans *Casino Royale* von Ian Fleming (1953). – K: Jack Hildyard, John Wilcox, Nicolas Roeg. – Sch: Bill Lenny. – M: Burt Bacharach. – ProDes: Michael Stringer. – Ba: John Howell, Ivor Beddoes, Lionel Couch. – A: Terence Morgan. – Ra: Roy Baird. – D: David Niven (Sir James Bond), Peter Sellers (Evelyn Tremble, 007), Ursula Andress (Vesper Lynd, 007), Orson Welles (Le Chiffre), Joanna Pettet (Mata Bond), Daliah Lavi (The Detainer, 007), Woody Allen (Jimmy Bond/Dr. Noah), Terence Cooper (Cooper, 007), Barbara Bouchet (Moneypenny), Deborah Kerr (Lady Fiona/Agent Mimi), William Holden (Ransome), Charles Boyer (Le Grand), John Huston (McTarry/M), Kurt Kasznar (Smernov), George Raft (er selbst), Jean-Paul Belmondo (französischer Legionär), Peter O'Toole (Schotte), Jacqueline Bisset (Miss Goodthighs), Stirling Moss (Autofahrer). – P: Famous Artists. – Pd: Charles K. Feldman, Jerry Bresler, John Dark. – F: 35 mm, Farbe (Technicolor), Panavision. – OL: 131 min. – DL: 3445 m = 129 min. – U: April 1967. – DE: 21. 12. 1967. – V: Warner-Columbia (35 mm).

1966 WHAT'S UP TIGER LILY?. – (R: Senkichi Taniguchi). – B: Woody Allen, Frank Buxton, Len Maxwell, Louise Lasser, Mickey Rose, Julie Bennett, Bryna Wilson, unter Verwendung von Material des japanischen Films *Kizino Kizi* (Autor: Hideo Ando). – K: Kazuo

Yamada; der Kameramann der in Amerika gedrehten Teile ist ungenannt. – Sch: Richard Krown. – M: The Lovin' Spoonful. – D: Tatsuta Mihashi (Phil Moskowitz), Miyi Hana (Terri Yaki), Eiko Wakabayashi (Suki Yaki), Tadao Nakamaru (Sheperd Wong), Susumu Kurobe (Wing Fat), Woody Allen (er selbst), The Lovin' Spoonful (sie selbst), China Lee (sie selbst). – P: Benedict (in Japan: Toho). – Pd: Henry G. Saperstein, Reuben Bercovitch. – F: 35 mm, Farbe, Scope. – OL: 79 min. – U: Oktober 1966. – In der BRD nie gezeigt. Der 1964 in Japan gedrehte Film: *Kizino Kizi* hatte hier ebenfalls keinen Verleih.

1969 TAKE THE MONEY AND RUN. Woody – der Unglücksrabe. – B: Woody Allen, Mickey Rose. – K: Lester Shorr. – Sch: James T. Heckert, Paul Jordan, Ron Kalish; Beratung: Ralph Rosenblum. – T: Bud Alper, Richard Vorisek. – M: Marvin Hamlisch; Überwachung: Felix Giglio; Musikalische Leitung und Orchestrierung: Kermit Levinsky. – Ba: Fred Harpman. – A: Marvin March.- Ko: Erick M. Hiemvik.- SpE: A. D. Flowers. - Ra: Louis A. Stroller, Walter Hill. – D: Woody Allen (Virgil Starkwell), Janet Margolin (Louise), Marcel Hillaire (Fritz), Jacquelyn Hyde (Miss Blair), Lonny Chapman (Jake), Jan Merlin (Al), James Anderson (Wächter der Kettensträflinge), Howard Storm (Fred), Micil Murphy (Frank), Minnow Moskowitz (Joe Agneta), Nate Jacobson (Richter), Grace Bauer (Frau im Landhaus), Ethel Sokolow (Mutter Starkwell), Henry Leff (Vater Starkwell), Don Frazier (Psychiater), Mike O'Dowd (Michael Sullivan); Erzähler: Jackson Beck. – P.: Palomar Pictures International. – Pd: Charles H. Joffe, Jack Grossberg. – Pl: Sidney Glazier. – F: 35 mm, Farbe (Technicolor). – OL: 7650 ft = 85 min. – DL: 2329 m = 85 min. – U: August 1969. – DE: 7. 2. 1975. – TV: 7. 7. 1978 (ARD). – V: 20th Century-Fox (35 mm), atlas film + av (16 mm).

1970/71 BANANAS. Bananas. – B: Woody Allen, Mickey Rose. – K: Andrew M. Costikyan. – Sch: Ralph Rosenblum, Ron Kalish. – T: Nathan Boxer, James J. Sabat, Al Grimaglia. – M: Marvin Hamlisch; Überwachung: Felix Giglio; Orchestrierung: Ralph Burns; Songs: »Quiero la noche« Text und Musik von Marvin Hamlisch, gesungen von The Yomo Toro Trio, »Cause I Believe in Loving« Musik von Marvin Hamlisch, Text von Howard Liebling, gesungen von Jake Holmes. – ProDes: Ed Wittstein. – A: Herbert F. Mulligan. – Ko: Gene Coffin. – SpE: Don B. Courtney. – Titelentwurf: Norman Gorbaty. – Ra: Fred T. Gallo, Susan Behr; Assistent für Woody Allen: Howard Storm. – D: Woody Allen (Fielding Mellish), Louise Lasser (Nancy), Carlos Montalban (General Vargas), Natividad Abascal (Yolanda), Jacobo Morales (Esposito), Miguel Suarez (Luis), David Ortiz (Sanchez), Rene Enriquez (Diaz), Jack Axelrod (Arroyo), Howard Cosell (er selbst), Roger Grimsby (er selbst), Don Dunphy (er selbst), Charlotte Rae (Mrs. Mellish), Stanley Ackerman (Dr. Mellish), Dan Frazer (Priester), Martha Greenhouse (Dr. Feigen), Axel Anderson (gefolterter Mann), Tigre Perez (Perez), Baron De Beer (britischer Botschafter), Arthur Hughes (Richter), John Braden (Kläger), Ted Chapman (Polizist), Dorothi Fox (J. Edgar Hoover), Dagne Crane (Sharon), Ed Barth (Paul), Nicholas Saunders (Douglas), Conrad Bain (Semple), Eulogio Peraza (Dolmetscher), Norman Evans (Senator), Robert O'Connell (erster FBI-Mann), Robert Dudley (zweiter FBI-Mann), Marilyn Hengst (Norma), Ed Crowley/Beeson Carroll (FBI-Sicherheitskräfte), Allen Garfield (Mann am Kreuz), Princess Fatosh (Schlangenfrau), Dick Callinan (Mann in der Zigarettenwerbung). – P: Rollins and Joffe Productions. – Pd: Jack Grossberg, Ralph Rosenblum. – Pl: Charles H. Joffe. – F: 35 mm, Farbe (DeLuxe). – OL: 7335 ft = 81 min. – DL: 2233 m = 81 min. – U: Mai 1971. – DE: 30. 8. 1974. – V: United Artists (35 mm), atlas film + av (16 mm).

1971 PLAY IT AGAIN, SAM. Mach's noch einmal, Sam. – R: Herbert Ross. – B: Woody Allen, nach seinem Theaterstück (produced in the New York Stage by David Merrick). – K: Owen Roizman. – Sch: Marion Rothman. – T: Richard Pietschmann, David Dockendorf. – M: Billy Goldenberg; »Blues for Alan Felix« von Oscar Peterson, »As Time Goes By« von Herman Hupfeld, gesungen von Dooley Wilson, Musik aus *Casablanca* von Max Steiner. – ProDes: Ed Wittstein. – A: Doug Von Koss. – Ko: Anna Hill Johnstone. – Ra: William Gerrity. – D: Woody Allen (Allan Felix), Diane Keaton (Linda), Tony Roberts (Dick), Jerry Lacy (Bogart), Susan Anspach (Nancy Felix), Jennifer Salt (Sharon), Joy Bang (Julie), Viva (Jennifer), Suzanne Zenor (Mädchen in der Discothek), Diana Davila (Mädchen im Museum), Mari Feltcher (Sharon in der Fantasie), Michael Greene, Ted Markland. – P: APJAC für Paramount, in Verbindung mit Rollins and Joffe Productions. – Pd: Arthur P. Jacobs, Frank Capra jr. – Pl: Charles Joffe; Überwachung: Roger M. Rothstein. – F: 35 mm, Farbe (Technicolor), Panavision. – OL: 7740 ft = 86 min. – DL: 2337 m = 85 min. – U: April 1972. – DE: 19. 4. 1973. – TV: 28. 10. 1977 (ARD). – V: CIC (35 mm und 16 mm).

1972 EVERYTHING YOU ALWAYS WANTED TO KNOW ABOUT SEX* *BUT WERE AFRAID TO ASK. Was Sie schon immer über Sex wissen wollten* *aber bisher nicht zu fragen wagten. – B: Woody Allen, nach dem Buch von Dr. David Reuben. – K: David M. Walsh. – Sch: James T. Heckert, Eric Albertson. – T: Al Grimaglia, John Strauss, Jack Solomon. – M: Mundell Lowe (auch musikalische Leitung), Lied »Let's Misbehave« von Cole Porter. – ProDes: Dale Hennesy. – A: Marvin March. – Titelentwurf: Norman Gorbaty.

– Ra: Fred T. Gallo, Terry M. Carr. – D: Woody Allen (Victor/Fabri-
zio/Hofnarr/Sperma), John Carradine (Dr. Bernardo), Lou Jacobi
(Sam), Louise Lasser (Gina), Anthony Quayle (König), Tony Randall
(Operator), Lynn Redgrave (Königin), Burt Reynolds (Switchboard),
Gene Wilder (Dr. Ross), Elaine Giftos (Anne Ross), Jack Barry (er
selbst), Erin Fleming (das Mädchen), Toni Holt (er selbst), Robert
Q. Lewis (er selbst), Heather MacRae (Helen), Sidney Miller (Ge-
orge), Pamela Mason (sie selbst), Regis Philbin (er selbst), Stanley
Adams (Magenkontrolle), Oscar Beregi (Gehirnkontrolle), Titos
Vandis (Milos), Alan Caillou (Vater des Hofnarren), Dort Clark (Sheriff), Geoffrey Holder (Zauberer), Jay Robinson (Priester), Ref Sanchez (Igor), Don Chuy/Tom Mack (Football-Spieler), Baruch Lumet
(Rabbi Baumel), Robert Walden (Sperma), H. E. West (Bernard
Jaffe). – P: Jack Rollins-Charles H. Joffe and Brodsky/Gould Production. – Pd: Charles H. Joffe, Jack Grossberg. – Pl: Jack Brodsky. – F:
35 mm, Farbe (Technicolor). – OL: 7 830 ft = 87 min. – DL: 2 404 m
= 88 min. – U: August 1972. – DE: 31. 1. 1973. – V: United Artists
(35 mm), atlas film + av (16 mm).

1973 SLEEPER. Der Schläfer. – B: Woody Allen, Marshall Brick-
man. – K: David M. Walsh. – Sch: Ralph Rosenblum. – T: Jack Solo-
mon, Jess Soraci, Norman Kasow, Al Grimaglia. – M: Woody Allen,
mit The Preservation Hall Jazz Band und The New Orleans Funeral
Ragtime Orchestra; Musikalische Leitung: Felix Giglio. – Ba: Dianne
Wager. – ProDes: Dale Hennesy. – A: Gary Moreno. – Ko: Joel
Schumacher. – SpE: A. D. Flowers. – Titelentwurf: Norman Gorbaty.
– Ra: Fred T. Gallo, Henry J. Lange jr. – D: Woody Allen (Miles
Monroe), Diane Keaton (Luna Schlosser), John Beck (Erno Windt),
Mary Gregory (Dr. Melik), Don Keefer (Dr. Tryon), Don McLiam
(Dr. Agon), Bartlett Robinson (Dr. Orva), Chris Forbes (Rainer
Krebs), Marya Small (Dr. Nero), Peter Hobbs (Dr. Dean), Susan
Miller (Ellen Pogrebin), Lou Picetti (M. C.), Brian Avery (Herald
Cohen), Spencer Milligan (Jeb), Spencer Ross (Sears Swiggles). – P:
Jack Rollins and Charles H. Joffe Productions. – Pd: Jack Grossberg,
Marshall Brickman, Ralph Rosenblum. – Pl: Charles H. Joffe. – F:
35 mm, Farbe (DeLuxe). – OL: 7 912 ft = 88 min. – DL: 2 407 m =
87 min. – U: Dez. 1973. – DE: 25. 4. 74. – V: United Artists (35 mm).

1974 LOVE AND DEATH. Die letzte Nacht des Boris Gru-
schenko. – B: Woody Allen. – K: Ghislain Cloquet. – Sch: Ralph
Rosenblum, Ron Kalish. – T: Daniel Brisseau, Dan Sable, Al Grima-
glia. – M: Serge Prokofieff, Ausschnitt aus der *Zauberflöte* von W. A.
Mozart; musikalische Überwachung: Felix Giglio. – Ba: Willy Holt. –
A: Claude Reytinas. – Ko: Gladys de Segonzac. – SpE: Kit West. –
Ra: Paul Feyder, Bernard Cohn. – D: Woody Allen (Boris Gru-

schenko), Diane Keaton (Sonja Wolonska), Georges Adel (der alte Nehamkin), Frank Adu (Unteroffizier), Edmond Ardisson (Priester), Feodor Atkine (Michail), Albert Augier (Kellner), Yves Barsaq (Rimski), Lloyd Battista (Don Francisco), Jack Berard (General Lecoq), Eva Bertrand (Frau im Hygienekurs), George Birt (Doktor), Yves Brainville (André), Gérard Buhr (Diener), Brian Coburn (Dimitri), Henry Coutet (Minskow), Henry Czarniak (Iwan), Despo Diamantidou (Mutter), Sandor Eles (zweiter Soldat), Luce Faboile (Großmutter), Florian (Onkel Nikolai), Jacqueline Fogt (Ludmilla), Sol L. Frieder (Woskowitch), Olga Georges-Picot (Gräfin Alexandrowna), Harold Gould (Anton), Harry Hankin (Onkel Sascha), Jessica Harper (Natascha), Tony Jay (Wladimir Maximowitsch), Tutte Lemkow (Pierre), Jack Leoir (Krapotkin), Leib Lensky (Pater André), Ann Lonnberg (Olga), Roger Lumont (erster Bäcker), Alfred Lutter III (der junge Boris), Ed Marcus (Raskow), Jacques Maury (Sekundant), Patricia Crown/Narcissa McKinley (Jubelmädchen), Aubrey Morris (vierter Soldat), Denise Person (spanische Gräfin), Beth Porter (Anna), Alan Rossett (Wächter), Shimen Ruskin (Borslow), Persival Russel (Berdikow), Chris Sanders (Joseph), Zvee Scooler (Vater), C. A. R. Smith (Nikolai), Fred Smith (Soldat), Bernard Taylor (dritter Soldat), Clement-Thierry (Jacques), Alan Tilvern (Sergeant), James Tolkan (Napoleon), Helene Vallier (Madame Wolfe), Howard Vernon (General Leveque), Glenn Williams (erster Soldat), Jacob Witkin (Schuschkin). – P: Jack Rollins and Charles H. Joffe Productions. – Pd: Charles H. Joffe, Fred T. Gallo. – Pl: Martin Poll. – F: 35 mm, Farbe (DeLuxe). – OL: 7615 ft = 85 min. – DL: 2322 m = 85 min. – U: Juni 1975. – DE: 27. 6. 1975, Berlinale; Verleihstart: 28. 8. 1975. – V: United Artists (35 mm).

1975/76   THE FRONT. Der Strohmann. – R: Martin Ritt. – B: Walter Bernstein. – K: Michael Chapman. – Sch: Sidney Levin. – T: James Sabat, Jim Stewart, Tom Beckert, Walter Goss, Wayne Artman, John H. Newman. – M: Dave Grusin; Songs: »Young at Heart« von Carolyn Leigh und Johnny Richards, gesungen von Frank Sinatra, »Anything for a Laugh« und »Come on Daisy« von Carrie Hoffman und Ira Gassman. – Ba: Charles Bailey. – A: Robert Drumheller. – Ko: Ruth Morley. – Ra: Peter Scoppa, Ralph Singleton. – D: Woody Allen (Howard Prince), Zero Mostel (Hecky Brown), Herschel Bernardi (Phil Sussman), Michael Murphy (Alfred Miller), Andrea Marcovicci (Florence Barrett), Remak (Hennessey), Marvin Lichterman (Myer Prince), Lloyd Gough (Delaney), David Margulies (Phelps), Joshua Shelley (Sam), Norman Rose (Howard Anwalt), Charles Kimbrough (Ausschußvorsitzender), M. Josef Sommer (Ankläger im Ausschuß), Danny Aiello (Danny LaGattuta), Georgann Johnson (Fernsehinterviewer), Scott McKay (Hampton), David Clark (Hubert Jackson), Julie Garfield (Margo). – P: Persky-Bright/Devon. Eine Martin Ritt-Jack Rollins-Charles H. Joffe Produktion. – Pd: Martin Ritt, Robert Greenhut. – Pl: Charles H. Joffe. – F: 35 mm, Farbe (Metrocolor), Panavision. – OL: 8513 ft = 95 min. – DL: 2589 m = 95 min. – U: Sept. 1976. – DE: 21. 1. 77. – V: Warner-Columbia (35 mm).

1976 ANNIE HALL. Der Stadtneurotiker. – B: Woody Allen, Marshall Brickman. – K: Gordon Willis. – Sch: Ralph Rosenblum, Wendy Greene Bricmont. – T: James Sabat, Jack Higgins, Dan Sable. – M: »Seems Like Old Times« von Carmen Lombardo und John Jacob Loeb, »It Had to Be You« von Isham Jones und Gus Kahn, gesungen von Diane Keaton, »A Hard Way to Go« von Tim Weisberg, »Christmas Medley« gesungen vom Do-Re-Mi Children's Chorus, »Sleepy Lagoon« von Jack Lawrence und Eric Coates, gesungen von Tommy Dorsey. – Ba: Mel Bourne. – A: Robert Drumheller, Justin Scoppa jr., Barbara Krieger. – Ko: Ruth Morley. – Animationssequenz: Chris Ishii. – Ra: Fred T. Gallo, Fred Blankfein; Assistentin von Woody Allen: Patricia Crown. – D: Woody Allen (Alvy Singer), Diane Keaton (Annie Hall), Tony Roberts (Rob), Carol Kane (Allison), Paul Simon (Tony Lacey), Shelley Duval (Pam), Janet Margolin (Robin), Colleen Dewhurst (Mutter Hall), Christopher Walken (Duane Hall) Donald Symington (Vater Hall), Helen Ludlam (Grammy Hall), Mordecai Lawner (Alvys Vater), Joan Newman (Alvys Mutter), Jonathan Munk (Alvy mit 9 Jahren), Ruth Volmer (Alvys Tante), Martin Rosenblatt (Alvys Onkel), Hy Ansel (Joey Nicols), Raskel Novikov (Tante Tessie), Russel Norton (Mann in der Schlange am Kino), Marshall MacLuhan/Dick Cavett (sie selbst), Christine Jones (Dorrie), Mary Boylan (Miss Reed), Wendy Girard (Janet), John Doumanian (Coke-Narr), Lee Calahan (Kartenverkäuferin). – P: Jack Rollins and Charles H. Joffe Productions. – Pd: Charles H. Joffe, Fred T. Gallo. – Pl: Robert Greenhut. – F: 35 mm, Farbe (DeLuxe). – OL: 8372 ft = 93 min. – DL: 2546 m = 93 min. – U: April 1977. – DE: 10. 6. 1977. – V: United Artists (35 mm).

1978 INTERIORS. Innenleben. – B: Woody Allen. – K: Gordon Willis. – Sch: Ralph Rosenblum. – T: Nat Boxer, Jack Higgens, Bernie Hejdenberg. – M: »Keeping Out of Mischief Now« von Thomas »Fats« Waller und Andy Razaf, gesungen von Tommy Dorsey, »Wolverine Blues« von John Spikes, Benjamin Spikes, Ferdinand »Jelly Roll« Morton, gespielt von The World's Greatest Jazz Band. – Pro-Des: Mel Bourne. – A: Daniel Robert, Mario Mazzola. – Ko: Joel Schumacher. – Ra: Martin Berman, Henry Mlott. – Koordinationen: Barbara De Fina, Carl Zucker, Kristi Kea. – D: Kristin Griffith (Flyn), Nancy Collins (Flyn als Kind), Marybeth Hurt (Joey), Missy Hope (Joey als Kind), Richard Jordan (Frederick), Diane Keaton (Renata), Kerry Duffy (Renata als Kind), E. G. Marshall (Arthur), Roger Morden (Arthur als junger Mann), Geraldine Page (Eve), Penny Gaston (Eve als junge Frau), Maureen Stapleton (Pearl), Henderson Forsythe (Richter Bartel), Sam Waterson (Mike). – P: Jack Rollins and Charles H. Joffe Productions. – Pd: Charles H. Joffe, Jack Rollins. – Pl: Robert Greenhut, John Nicolella. – F: 35 mm, Farbe (Technicolor), Breitwand 1 : 1,66. – OL: 8 234 ft = 91 min. – DL: 2 504 m = 91 min. – U: August 1978. – DE: 21. 12. 1978. – V: United Artists (35 mm).

1978/79 MANHATTAN. Manhattan. – B: Woody Allen, Marshall Brickman. – K: Gordon Willis. – Sch: Susan E. Morse. – T: James Sabat, Jack Higgins, Dan Sable. – M: »Rhapsody in Blue« (Piano-Solist: Paul Jacobs), »Love Is Sweeping the Country«, »Land of the Gay Caballero«, »Sweet and Low Down«, »I've Got a Crush on You«, »Do-Do-Do«, »S'Wonderful«, »Oh, Lady Be Good«, »Strike Up the Band«, »Embraceable You« von George Gershwin, gespielt v. New York Philharmonic Orchestra unter Leitung v. Zubin Mehta, »Someone to Watch Over Me«, »He Loves and She Loves«, »But Not for Me« v. George Gershwin, gespielt v. Buffalo Philharmonic Orchestra unter Leitung v. Michael Tilson Thomas, arrangiert v. Don Rose; Musikalische Adaptationen und Arrangements: Tom Pierson. – ProDes: Mel Bourne. – A: Robert Drumheller, Justin Scoppa jr., Morris Weinmann. – Ko: Albert Wolsky; für Woody Allen: Ralph Lauren. – Ra: Fred Blankfein, Joan Spiegel Feinstein. – D: Woody Allen (Isaac Davis), Diane Keaton (Mary Wilke), Michael Murphy (Yale), Mariel Hemingway (Tracy), Meryl Streep (Jill), Anne Byrne (Emily), Karen Ludwig (Connie), Michael O'Donoghue (Dennis), Victor Truro/Tisa Farrow/Helen Hanft (Partygäste), Bella Abzug (Ehrengast), Gary Weis (Fernsehregisseur), Kenny Vance (Fernsehproduzent), Charles Levin (erster Fernsehschauspieler), Karen Allen (zweite Fernsehschauspielerin), David Rasche (dritter Fernsehschauspieler), Damion Sheller (Willie Davis), Wallace Shawn (Jeremiah), Mark Linn Baker (Shakespeare-Schauspieler), Fraces Conroy (Shakespeare-Schauspielerin), Bill Anthony (erster Porsche-Besitzer), John Doumanian (zweiter Porsche-Besitzer), Ray Serra (Kellner in der Pizzeria). – P: Jack Rollins and Charles H. Joffe Productions. – Pd: Charles H. Joffe. – Pl: Robert Greenhut, Martin Danzig. – F: 35 mm, schwarzweiß Panavision. – OL: 8.658 ft = 96 min. – DL: 2.625 m = 96 min. – U: April 1979. – DE: 31. 8. 1979. – V: United Artists (35 mm).

Bibliografie

Die Bibliografie enthält Angaben zu den beiden bisher veröffentlichten Büchern von Woody Allen und zu verschiedenen Texten über ihn, insbesondere Aufsätzen und Interviews in internationalen Zeitungen und Zeitschriften; außerdem werden Materialien und Kritiken zu einzelnen Filmen nachgewiesen. Die bibliografischen Angaben sind zunächst in drei Sprachbereiche eingeteilt: englisch, französisch, deutsch. Innerhalb der Sprachen wurden die Texte chronologisch nach dem Erscheinungsdatum geordnet.

Quellen: Mel Schuster: Motion Picture Directors: A Bibliography of Magazine and Periodical Articles, 1900-1972. Metuchen, N. J.: Scarecrow Press 1973. – Mel Schuster: Motion Picture Performers: A Bibliography of Magazine and Periodical Articles. Supplement No. 1 (1970-1974). Metuchen, N. J.: Scarecrow Press 1976. – Karen Jones/ FIAF: International Index to Film Periodicals 1972ff. New York/ London 1973ff. – Stephen E. Bowles: Index to Critical Film Reviews in British and American Film Periodicals. New York: Burt Franklin & Co. 1974. – John C. and Lana Gerlach: The Critical Index. A Bibliography of Articles on Film in English, 1946-1973. New York, London: Teachers College 1974.

Hilfeleistungen: Bibliothek der Deutschen Film- und Fernsehakademie Berlin (DFFB), British Film Institute (London), Manfred Delling (Privatarchiv). – Die genannten Bücher, Zeitungs- und Zeitschriftenartikel sind zum großen Teil im Original oder in Fotokopie in der Bibliothek der DFFB vorhanden und können dort eingesehen werden.

Bücher von Woody Allen

Getting Even. New York: Random House 1971. 280 S.; franz.: Pour en finir une bonne fois pour toutes avec la culture. Paris: Solar Editeur 1973; deutsch: Wie du dir, so ich mir. Aus dem Amerikanischen von Benjamin Schwarz. München: Rogner & Bernhard 1978. 173 S.; als Taschenbuch: rororo Bd. 4574. – Without Feathers. New York: Random House 1975. 211 S.; franz.: Dieu, Shakespeare et Moi. Paris: Solar Editeur 1975. 272 S.; deutsch: Ohne Leit kein Freud. Aus dem Amerikanischen von Benjamin Schwarz. München: Rogner & Bernhard 1979. 240 S.

Die beiden Bücher enthalten in erster Linie Texte, die Allen für The New Yorker, The New Republic, Playboy und The New York Times geschrieben hat.

Über Woody Allen

Bücher
Eric Lax: On Being Funny. Woody Allen and Comedy. New York: Charterhouse 1975. 243 S.; in England: Woody Allen and His Comedy. London: Elm Tree Books 1976. 242 S. – Bill Adler and Jeffrey

Feinman: Woody Allen. Clown Prince of American Humor. New York City: Pinnacle Books 1975. 178 S. Michel Lebrun: Woody Allen. Paris: Editions PAC 1979. 232 S. – In Italien erschien: Giannalberto Bendazzi: Woody Allen. Firenze: La Nuova Italia 1976. 128 S. Il Castoro Cinema Bd. 26.

Aufsätze/Artikel/Buchkapitel

o. V.: Woody Allen: Rabbit Running. In: Time, Vol. 100, Nr. 1, 3. 7. 1972 (Cover-Story). – Bernard Weiner: The Wooden Acting of Woody Allen. in: Take One, Vol. 3, Nr. 7, Dezember 1972. – Robert Mundy: Woody Allen (1)/Stephen Mamber: Woody Allen (2). in: Cinema (Beverly Hills), Vol. 7, Nr. 3, Winter 1972-73. – Harry Wasserman: Woody Allen: Stumbling Through the Looking Glass. in: The Velvet Light Trap, Nr. 7, Winter 1972-73. – Richard Schickel: The Basic Woody Allen Joke. In: The New York Times Magazine v. 7. 1. 1973. – Penelope Gilliatt: Unholy Fools. Wits, Comics, Disturbers of the Peace: Film & Theatre. London: Secker & Warburg 1973. S. 35-44: Woody Allen. – Andrew Sarris: Films in Focus: Picking the Funny Bone. in: Village Voice v. 14. 3. 1974. – Leonard Maltin: Take Woody Allen – Please!. in: Film Comment, Vol. 10, Nr. 2, März-April 1974. – Gregg Way: Woody Allen – together again for the first time. in: Movietone News, Nr. 51, August 1976. – Stuart Rosenthal: Woody Allen. in: Peter Cowie (Hrsg.): International Filmguide 1977. London: the Tantivy Press; South Brunswick & New York: A. S. Barnes & Co. 1976, S. 29–36. – Stuart Byron and Elisabeth Weis (Hrsg.): Movie Comedy. New York: Grossman 1977. S. 123-137: Beiträge über Woody Allen v. Joseph Gelmis, Roger Greenspun, Gary Arnold, Molly Haskell, Joy Gould Boyum, Andrew Sarris. – Richard Schickel: Woody Allen Comes of Age. in: Time, Vol. 113, Nr. 18, 30. 4. 1979 (Cover-Story). – Michael Dempsey: The Autobiography of Woody Allen. in: Film Comment, Vol. 15, Nr. 3, Mai-Juni 1979. – Ralph Rosenblum and Robert Karen: When the Shooting Stops ... the Cutting Begins. A Film Editor's Story. New York: The Viking Press 1979. (enthält mehrere Kapitel über die Zusammenarbeit von Rosenblum und Woody Allen.) – Natalie Gittelson: The Naturing of Woody Allen. in: The New York Times Magazine v. 22. 4. 1979. – James Monaco: American Film Now. The People, The Power, The Money, The Movies. New York: Oxford University Press 1979. S. 239–248: Woody Allen. – Gerald Mast: The Comic Mind. Comedy and the Movies. 2. Auflage. Chicago and London: The University of Chicago Press 1979, S. 312–319 (in der 1. Auflage, 1973, wird Allen nur kurz erwähnt).

Denis Offroy: Les nouveaux burlesques. Woody Allen, Mel Brooks. in: Cinématographe, Nr. 14, August-September 1975. – Miquel Fernandez, Carlos Garcia Brusco: Woody Allen. in: Jeune Cinéma,

Nr. 120, Juli-August 1979 (zuerst span. in: Fulls de cinema, März 1979). – Gilles Cèbe, Bernard Cohn, Ghislain Cloquet, Petrice le Ridant: Woody Allen: Portrait de l'acteur en cinéaste. in: Ecran (Paris), Nr. 83, 15. 9. 1979 (Artikel und Interviews).
Alfred Nemeczek: Ein Kleiner bläst sich auf. in: Stern v. 18. 4. 1974, Nr. 17. – Hans C. Blumenberg: Mickrig, spinnert, linkisch. Woody Allen und die neue Filmkomiker-Garde. in: Die Zeit v. 3. 5. 1974. – Georg Seeßlen: Kaputte Mythologie: Woody Allen. in: G. S.: Klassiker der Filmkomik. München: Roloff und Seeßlen 1976, S. 91-93. – Günter Knorr: Woody und der Club. in: F (Ulm), Nr. 8, Dezember 1978 (mit Filmografie). – Wolfgang Limmer: Woody am Wendepunkt. in: Der Spiegel v. 11. 12. 1978, Nr. 50. – H. G. Pflaum: Von Brooklyn nach Nirgendwo. Woody Allen und seine Filme. in: Süddeutsche Zeitung v. 11.–12. 8. 1979. – o. V.: Film: Der Intellektuelle als Komiker; Peter Zadek: Woody unser Clown oder Sieg der Schwäche. in: Der Spiegel v. 3. 9. 1979, Nr. 36. – Klaus Kreimeier: Einsamer Eiferer in absurder Welt. in: Spuren (Köln), Oktober 1979, Nr. 5.

Interviews

o. V.: Interview: Woody Allen. in: Playboy (amerik.), Mai 1967. – Larry Wilde: The Great Comedians Talk About Comedy. New York: The Citadel Press 1968 (Paperback-Edition Secaucus, New Jersey 1973). S. 14-32 Woody Allen. – Stephen Mamber and Robert Mundy: Woody Allen Interview. in: Cinema (Beverly Hills), Vol. 7, Nr. 3, Winter 1972-73. – Penelope Gilliatt: Guilty, with an explanation. in: The New Yorker v. 4. 2. 1974. – Leonard Probst: Off Camera. Leveling about themselves. New York: Stein and Day 1975. S. 246-264: Woody Allen. – G. Flatley: Woody Allen: »I have no yen to play Hamlet«. in: The New York Times v. 3. 10. 1975. – V. Gornick: Face it, Woody Allen, you're not a schlep anymore. in: Village Voice v. 5. 1. 1976. – K. Kelley: A Conversation with the real Woody Allen (or someone just like him). in: Rolling Stone v. 1. 7. 1976, Nr. 216. – Bernard Drew: Woody Allen is feeling better. in: American Film, Vol. 2, Nr. 7, Mai 1977. – M. Karman: Comedy Directors: Interview with Woody Allen. in: Millimeter, Vol. 5, Nr. 9, Oktober 1977. – Frank Rich: An Interview with Woody. in: Time, Vol. 113, Nr. 18, 30. 4. 1979.
Jackie Raynal: Rencontre avec Woody Allen. in: Cahiers du Cinéma, Nr. 286, März 1978. – Robert Benayoun: Deux entretiens avec Woody Allen. in: Positif, Nr. 222, September 1979.
Alexander von Wechmar: »Ich möchte, daß sie über meine Filme lachen«. in: Film-Korrespondenz v. 8. 2. 1978, Nr. 2. – Jürgen Kritz: Woody Allen: Seit 50 Jahren hält der amerikanische Film den Mythos am Leben, daß gleich um die Ecke das Glück auf dich wartet. in: Filmfaust, Nr. 15, Oktober 1979.

Über Diane Keaton
James Monaco: Looking for Diane Keaton. in: Take One, Vol. 5, Nr. 12, November 1977.

Über das Buch »Wie du dir, so ich mir«
Jörg von Uthmann in: FAZ v. 10. 11. 1978. – N. Wendevogel (d. i. Heinz Ohff) in: Der Tagesspiegel v. 12. 11. 1978. – Wolfram Knorr in: Weltwoche (Zürich) v. 17. 1. 1979. – Thomas Rotschild in: Frankfurter Rundschau v. 3. 2. 1979. – Sven Hansen in: Die Welt v. 17. 2. 1979.

Comic
Wir sehen Dich gerne leiden, Woody. Gezeichnet von Stu Hample. Stuttgart: Ehapa 1979, ehapa taschenbuch Bd. 30. (Aus dem Amerikanischen übersetzt v. Paul Jeppsen).

Zu einzelnen Filmen

TAKE THE MONEY AND RUN. Woody – der Unglücksrabe
Kritiken: Vincent Canby in: The New York Times v. 19. und 24. 8. 1969. – Michael Shedlin in: Film Quarterly, Vol. 23, Nr. 2, Winter 1969-70. – o. V. in: Monthly Film Bulletin, Nr. 443, Dezember 1970. – Richard Davis in: Films and Filming, Vol. 17, Nr. 4, Januar 1971.
M. G. (Michel Grisolia) in: Cinéma (Paris), Nr. 168, Juli 1972. – Max Tessier in: Ecran (Paris), Nr. 9, November 1972.
mw. (Martin Walder) in: Neue Zürcher Zeitung v. 30. 10. 1974. – A. F. S. (Arnd F. Schirmer) in: Der Tagesspiegel v. 9. 2. 1975. – Wolfgang Limmer in: Süddeutsche Zeitung v. 11. 2. 1975. – Hans C. Blumenberg in: Kölner Stadt-Anzeiger v. 15.-16. 2. 1975. – Günther Pflaum in: Film-Dienst v. 4. 3. 1975 (FD-Nr. 19205). – fis (Hanns Fischer) in: Frankfurter Rundschau v. 15. 3. 1975. – Hellmuth Haffner in: Deutsches Allgemeines Sonntagsblatt v. 16. 3. 1975. – Kurt-Uwe Nastvogel in: Jugend Film Fernsehen 1975, Nr. 2 (Juni).

BANANAS. Bananas
Kritiken: Vincent Canby in: The New York Times v. 29. 4. 1971. – Richard Combs in: Monthly Film Bulletin, Nr. 453, Oktober 1971. – David McGillivray in: Films and Filming, Vol. 18, Nr. 2, November 1971. – David Denby in: The Atlantic [1971], nachgedr. in: D. D. (Hrsg.): Film 71/72. New York: Simon and Schuster 1972, S. 234-236. – Roger Greenspun [1971], nachgedr. in: Stuart Byron and Elisabeth Weis (Hrsg.): Movie Comedy. New York: Grossman 1977, S. 125-126.

Tristan Renaud in: Les Lettres Françaises v. 17. 5. 1972. – M. A. (Mireille Amiel) in: Cinéma, Nr. 167, Juni 1972. – F. V. (Frederic Vitoux) in: Positif, Nr. 143, Oktober 1972. – Max Tessier in: Ecran, Nr. 9, Nobember 1972.
Koc (Gertrud Koch) in: Frankfurter Rundschau v. 3. 9. 1974. – Edgar Wettstein in: Film-Dienst v. 3. 9. 1974 (FD-Nr. 18951). – Eckhart Schmidt in: Süddeutsche Zeitung v. 4. 9. 1974. – Wilfried Wiegand in: FAZ v. 5. 9. 1974. – A. F. S. (Arnd F. Schirmer) in: Der Tagesspiegel v. 26. 10. 1974. – Bodo Fründt in: Kölner Stadt-Anzeiger v. 8.-9. 3. 1975.

PLAY IT AGAIN, SAM. Machs noch einmal, Sam (R: Herbert Ross)
Bilderbuch: Richard J. Anobile (Hrsg.): Woody Allen's Play It Again, Sam. New York: Grosset & Dunlap 1977, 192 S. (Bildband mit über 1000 Fotos, Dialogen und einem Interview mit dem Regisseur Herbert Ross).
Kritiken: Vincent Canby in: The New York Times v. 5. 5. 1972. – Arthur Knight in: Saturday Review v. 13. 5. 1972; nachgedr. in: David Denby (Hrsg.): Film 72/73. Indianapolis and New York: The Bobbs-Merrill Comp. 1973, S. 164-165. – Jay Cocks in: Time v. 15. 5. 1972. – Richard Schickel in: Life v. 19. 5. 1972. – David McGillivray in: Monthly Film Bulletin, Nr. 464, September 1972. – Robert G. Michels in: Film Quarterly, Vol. 26, Nr. 2, Winter 1972-73. – Peter Buckley in: Films and Filming, Vol. 19, Nr. 5, Februar 1973.
Vera Craener in: Der Tagesspiegel v. 3. 9. 1972. – Hans Sahl in: Die Welt v. 9. 10. 1972. – o. V. in: Konkret v. 19. 4. 1973, Nr. 17. – Eckhart Schmidt in: Süddeutsche Zeitung v. 19.-20. 4. 1973. – Hans C. Blumenberg in: Die Zeit v. 27. 4. 1973 und in: Kölner Stadt-Anzeiger v. 5. 6. 1973. – G. P. (Günther Pflaum) in: Film-Dienst v. 15. 5. 1973 (FD-Nr. 18303). – o. V. in: Der Spiegel v. 21. 5. 1973, Nr. 21. – B. J. (Brigitte Jeremias) in: FAZ v. 2. 6. 1973. – H. K. J. (Hans-Klaus Jungheinrich) in: Frankfurter Rundschau v. 2. 6. 1973. – Robert Rademann in: Der Tagesspiegel v. 25. 8. 1973. – Peter Buchka in: Süddeutsche Zeitung v. 23. 5. 1979.

EVERYTHING YOU ALWAYS WANTED TO KNOW ABOUT SEX ... Was Sie schon immer über Sex wissen wollten ...
Kritiken: Vincent Canby in: The New York Times v. 7. 8. 1972. – Penelope Gilliatt in: The New Yorker v. 19. 8. 1972; nachgedr. in: David Denby (Hrsg.): Film 72/73, Indianapolis and New York: The Bobbs-Merrill Comp. 1973, S. 158-161 (dort auch Nachdruck der Kritik v. Charles Champlin aus: Los Angeles Times v. 16. 8. 1972). – J. C. (Jay Cocks) in: Time v. 21. 8. 1972. – Richard Schickel in: Life v. 1. 9. 1972. – Stuart Rosenthal in: Focus on Film, Nr. 12, Winter 1972. – Nigel Andrews in: Monthly Film Bulletin, Nr. 468, Januar 1973. –

Alexander Stuart in: Films and Filming, Vol. 19, Nr. 8, Mai 1973.–
Richard Combs in: Sight and Sound, Vol. 42, Nr. 3, Sommer 1973.
Jacques Siclier in: Le Monde v. 5. 6. 1973. – G. B. (Guy Braucourt)
in: Ecran, Nr. 17, Juli-August 1973. – Michel Grisolia in: Cinéma,
Nr. 179, Juli-August 1973. – Daniel Sauvaget in: La Revue du
Cinéma/Image et Son, Nr. 276-277, Oktober 1973.
Eckhart Schmidt in: Süddeutsche Zeitung v. 12. 2. 1973. – KL in:
Konkret v. 15. 2. 1973, Nr. 8. – G. P. (Günther Pflaum) in: Film-
Dienst v. 11. 12. 1973 (FD-Nr. 18 617). – Hartmut Engmann in: Köl-
ner Stadt-Anzeiger v. 15.-16. 12. 1973. – V. B. (Volker Baer) in: Ta-
gesspiegel v. 10. 2. 1974. – Niklaus Loretz in: Zoom-Filmberater v.
8. 1. 1975, Nr. 1.

SLEEPER. Der Schläfer
Interview: Judith Trotsky in: Filmmakers' Newsletter, Vol. 7, Nr. 9-
10, Sommer 1974.
Kritiken: Vincent Canby in: The York Times v. 18. 12. 1973 und
23. 12. 1973. – Pauline Kael in: The New Yorker v. 31. 12. 1973;
nachgedr. in: Jay Cocks and David Denby (Hrsg.): Film 73/74. India-
napolis and New York: The Bobbs-Merrill Comp. 1974, S. 246-249
(dort auch, S. 246-249, Nachdruck der Kritik v. Molly Haskell aus:
Village Voice v. 3. 1. 1974). – Richard Schickel in: Time v. 7. 1. 1974.
– John Landau in: Rolling Stone v. 17. 1. 1974, Nr. 152. – Stanley
Kauffmann in: The New Republic v. 2. 2. 1974. – John Simon in:
Esquire, März 1974. – D. Golden in: Jump Cut, Nr. 1, Mai-Juni 1974.
– Richard Combs in: Monthly Film Bulletin, Nr. 485, Juni 1974. –
Tony Rayns in: Sight and Sound, Vol. 43, Nr. 3, Sommer 1974.
Jean de Baroncelli in: Le Monde v. 9. 6. 1974. – M. T. (Max Tessier)
in: Ecran, Nr. 27, Juli 1974. – Gerard Frot-Coutaz in: Cinéma,
Nr. 189, Juli-August 1974. – C. B. (Charles Bechtold) in: Cinémato-
graphe, Nr. 9, August-September 1974. – M. C. (Michel Ciment) in:
Positif, Nr. 161, September 1974. – D. S. (Daniel Sauvaget) in: La
Revue du Cinéma/Image et Son, Nr. 287, September 1974. – Jacques
Lajeunesse in: La Revue du Cinéma/Image et Son, Nr. 288-289, Ok-
tober 1974.
Hanns Fischer in: Frankfurter Rundschau v. 30. 4. 1974. – Hans
C. Blumenberg in: Die Zeit v. 3. 5. 1974. – Hellmuth Karasek in: Der
Spiegel v. 6. 5. 1974, Nr. 19. – Klaus Hebecker in: Die Welt v.
7. 5. 1974. – Wilfried Wiegand in: FAZ v. 10. 5. 1974. – -er in: Film-
Dienst v. 28. 5. 1974 (FD-Nr. 18 832). – Eckhart Schmidt in: Süd-
deutsche Zeitung v. 8.-9. 6. 1974. – Hellmuth Haffner in: Deutsches
Allgemeines Sonntagsblatt v. 21. 6. 1974. – Bodo Fründt in: Kölner
Stadt-Anzeiger v. 13.-14. 7. 1974. – rn. in: Neue Zürcher Zeitung v.
9. 12. 1975. – Thomas Pfister in: Zoom-Filmberater v. 8. 1. 1975,
Nr. 1.

LOVE AND DEATH. Die letzte Nacht des Boris Gruschenko
Kritiken: Vincent Canby in: The New York Times v. 11. 1. 1975 und
22. 6. 1975. – Andrew Sarris in: Village Voice v. 16. 6. 1975. – Penelope Gilliatt in: The New Yorker v. 16. 6. 1975. – Paul D. Zimmerman in: Newsweek v. 23. 6. 1975. – John Simon in: The New York
Times v. 29. 6. 1975. – Stefan Kanfer in: Time v. 30. 6. 1975. – Stanley Kauffmann in: The New Republic v. 5. 7. 1975. – Roger Green-
spun in: Penthouse, Oktober 1975. – Geoff Brown in: Monthly Film
Bulletin, Nr. 502, November 1975. – Gordon Gow in: Films and Filming, Vol. 22, Nr. 3, Dezember 1975.
Jacques Siclier in: Le Monde v. 12. 9. 1975. – Michel Grisolia in:
Cinéma, Nr. 201-202, September–Oktober 1975. – Moniunue Portal
in: Jeune Cinéma, Nr. 89, September-Oktober 1975.– Max Tessier in:
Ecran, Nr. 40, 15. 10. 1975. – Robert Benayoun in: Positif, Nr. 175,
November 1975. – Alain Garel in: La Revue du Cinéma/Image et
Son, Nr. 309, Oktober 1976.
Arnd F. Schirmer in: Der Tagesspiegel v. 2. 7. 1975. – Wilfried Wie-
gand in: FAZ v. 2. 7. 1975. – Fritz Rumler in: Der Spiegel v.
7. 7. 1975, Nr. 28. – Hans C. Blumenberg in: Kölner Stadt-Anzeiger
v. 6.-7. 9. 1975 und in: Die Zeit v. 12. 9. 1975. – Wolfgang Limmer in:
Süddeutsche Zeitung v. 12. 9. 1975. – H. G. P. (Hans Günther
Pflaum) in: Film-Dienst v. 16. 9. 1975 (FD-Nr. 19467). – Michael
Hangartner in: Zoom-Filmberater v. 21. 7. 1976, Nr. 14. – liv. in:
Neue Zürcher Zeitung v. 25. 8. 1976.

THE FRONT. Der Strohmann (R: Martin Ritt)
Material: Henri Behar in: La Revue du Cinéma/Image et Son,
Nr. 315, März 1977 (zum geschichtlichen Hintergrund des Films und
Interview mit Martin Ritt).
Kritiken: Vincent Canby in: The New York Times v. 1. 10. 1976. –
Richard Schickel in: Time v. 11. 10. 1976. – Peter Biskind in: Ciné-
aste, Vol. 7, Nr. 4, Winter 1976-77. – Geoff Brown in: Sight and
Sound, Vol. 46, Nr. 1, Winter 1976-77. – Richard Combs in: Monthly
Film Bulletin, Nr. 515, Dezember 1976. – Stuart Rosenthal in: Focus
on Film, Nr. 26, Winter 1976. – Alexander Stewart in: Films and
Filming, Vol. 23, Nr. 5, Februar 1977. – Michael Rosenthal in: Jump
Cut, Nr. 14, März 1977 (Nachdruck aus: Common Sense, November
1976, mit Leserbrief und Antwort v. Rosenthal). – Norman Marko-
witz in: Jump Cut, Nr. 15, 1977.
Jacques Siclier in: Le Monde v. 30. 1. 1977. – M. C. (Michel Ciment)
in: Positif, Nr. 190, Februar 1977. – Max Tessier in: Ecran, Nr. 55,
15. 2. 1977. – Hénri Behar in: La Revue du Cinéma/Image et Son,
Nr. 315, März 1977. – Claude Bervit in: Jeune Cinéma, Nr. 101, März
1977. – Dominique Rabourdin in: Cinéma, Nr. 219, März 1977. –
Stéphane Sorel in: Téléciné, Nr. 216, März 1977. – Pascal Kane in:

Cahiers du Cinéma, Nr. 275, April 1977. – Joel Zuker in: Positif, Nr. 194, Juni 1977.
Wolfgang Schivelbusch in: Frankfurter Rundschau v. 26. 10. 1976. – Robert von Berg in: Süddeutsche Zeitung v. 10. 11. 1976. – Arnd F. Schirmer in: Der Tagesspiegel v. 21. 1. 1977. – Wilhelm Roth in: Spandauer Volksblatt v. 23. 1. 1977. – -ft (Friedrich Luft) in: Die Welt v. 24. 1. 1977. – o. V. in: Der Spiegel v. 24. 1. 1977, Nr. 5 – Helmut W. Banz in: Kölner Stadt-Anzeiger v. 28. 1. 1977. – rrh (Rolf-Rüdiger Hamacher) in: Film-Dienst v. 1. 2. 1977 (FD-Nr. 20.131). – H. G. Pflaum in: Süddeutsche Zeitung v. 14. 2. 1977. – Sven Hansen in: Die Welt v. 16. 2. 1977. – Karsten Witte in: Frankfurter Rundschau v. 18. 2. 1977. – Wilfried Wiegand in: FAZ v. 19. 2. 1977. – Peter W. Jansen in: Kirche und Film, Februar 1977. – Werner vom Busch in: Filmbeobachter v. 1. 3. 1977, Nr. 5. – wg. (Gerhart Waeger) in: Neue Zürcher Zeitung v. 5. 5. 1977. – Franz Ulrich in: Zoom-Filmberater v. 4. 5. 1977, Nr. 9. – H.-D. K. in: Film und Fernsehen (DDR), Juli 1977. – Margit Voss in: Neues Deutschland v. 29. 3. 1978.

ANNIE HALL. Der Stadtneurotiker
Protokoll: (franz.:) Annie Hall. Découpage – après montage définitif – et dialogue in-extenso. in: l'Avant-Scène du Cinéma, Nr. 198, 15. 12. 1977 (mit zusätzlichen Materialien über Woody Allen).
Kritiken: Richard Schickel in: Time v. 25. 4. 1977. – George W. S. Trow in: Film Comment, Vol. 13, Nr. 3, Mai-Juni 1977. – R. C. Cumbow in: Movietone News, Nr. 54, Juni 1977. – Geoff Brown in: Sight and Sound, Vol. 46, Nr. 4, Herbst 1977. – Jan Dawson in: Monthly Film Bulletin, Nr. 525, Oktober 1977. – Alexander Stewart in: Films and Filming, Vol. 24. Nr. 2, November 1977. – John O'Hara in: Cinema Papers, Nr. 15, Januar 1978.
Michel Grisolia in: Le Nouvel Observateur v. 29. 8. 1977. – Claire Devarrieux in: Le Monde v. 13. 9. 1977. – Jean-Pierre Le Pavec in: Cinéma, Nr. 226, Oktober 1977. – Gilles Cèbe in: Ecran, Nr. 62, 15. 10. 1977. – Robert Allezaud in: Téléciné, Nr. 222, November 1977. – Robert Benayoun und Emmanuel Carrère in: Positif, Nr. 199, November 1977. – Serge Daney in: Cahiers du Cinéma, Nr. 282, November 1977. – Alain Garel in: La Revue du Cinéma/Image et Son, Nr. 322, November 1977. – Michel Lebrun in: Jeune Cinéma, Nr. 106, November 1977.
HS (Helmut Schmitz) in: Frankfurter Rundschau v. 10. 6. 1977. – Helmut W. Banz in: Kölner Stadt-Anzeiger v. 11.-12. 6. 1977. – Doris Dörrie in: Süddeutsche Zeitung v. 11.-12. 6. 1977. – Hellmuth Karasek in: Der Spiegel v. 13. 6. 1977, Nr. 25. – Wilfried Wiegand in: FAZ v. 14. 6. 1977. – Peter W. Jansen in: Kirche und Film, Juni 1977. – Hans C. Blumenberg in: Die Zeit v. 17. 6. 1977. – Arnd F. Schirmer

in: Der Tagesspiegel v. 25. 6. 1977. – Stephan Hesz in: Filmbeobachter v. 1. 7. 1977, Nr. 13. – H. G. P. (Hans Günther Pflaum) in: Film-Dienst v. 5. 7. 1977 (FD-Nr. 20.385). – Hans-Dieter Seidel in: Stuttgarter Zeitung v. 8. 7. 1977. – Andreas Meyer in: Medium, Juli 1977, Nr. 7. – Michel Hangartner in: Zoom-Filmberater v. 5. 10. 1977, Nr. 19.

Aufsatz: Jean Funck: L'un dit gestion de ça, voire. in: Positif, Nr. 215, Februar 1979.

INTERIORS. Innenleben

Kritiken: Richard Schickel in: Time v. 7. 8. 1978. – John Pym in: Monthly Film Bulletin, Nr. 539, Dezember 1978. – Tim Pulleine in: Sight and Sound, Vol. 48, Nr. 1, Winter 1978-79. – Gordon Gow in: Films and Filming, Vol. 25, Nr. 4, Januar 1979.

J.-L. B. (Jean-Louis Bory) in: Le Nouvel Observateur v. 11. 12. 1978. – Mireille Amiel in: Cinéma, Nr. 241, Januar 1979. – Jean-Paul Fargier in: Cahiers du Cinéma, Nr. 296, Januar 1979. – Max Tessier in: Ecran, Nr. 76, 15. 1. 1979. – Olivier Eyquem, Jean Funck in: Positif, Nr. 215, Februar 1979.

Alfred Nemeczek in: Stern v. 2. 11. 1978, Nr. 45. – Vivian Naefe in: Filmbeobachter v. 15. 12. 1978, Nr. 24. – Volker Baer in: Der Tagesspiegel v. 22. 12. 1978. – Hans C. Blumenberg in: Die Zeit v. 22. 12. 1978.– Helmut Schmitz in: Frankfurter Rundschau v. 22. 12. 1978. – Hans-Dieter Seidel in: Stuttgarter Zeitung v. 22. 12. 1978. – Rolf Thissen in: Kölner Stadt-Anzeiger v. 22. 12. 1978. – H. G. Pflaum in: Süddeutsche Zeitung v. 28. 12. 1978. – Wilfried Wiegand in: FAZ v. 28. 12. 1978. – Peter Hasenberg in: Film-Dienst v. 9. 1. 1979 (FD-Nr. 21045). – Wolfram Knorr in: Zoom-Filmberater v. 10. 1. 1979, Nr. 1. – Michael Fischer in: Deutsches Allgemeines Sonntagsblatt v. 14. 1. 1979. – wg. (Gerhart Waeger) in: Neue Zürcher Zeitung v. 18. 1. 1979. – Peter W. Jansen in: Kirche und Film, Januar 1979. – Günter Barudio, Brigitte Kramer in: Filmfaust, Nr. 12, Februar 1979. – Helge Heberle in: Frauen und Film, Nr. 19, März 1979. – Wolfram Knorr in: Medien und Erziehung, April 1979, Nr. 2.

MANHATTAN. Manhattan

Kritiken: Vincent Canby in: The New York Times v. 25. 4. 1979. – Penelope Gilliatt in: The New Yorker v. 30. 4. 1979. – George Morris in: Take One, Vol. 7, Nr. 6, Mai 1979. – Richard Combs in: Monthly Film Bulletin, Nr. 547, August 1979. – Philip French in: The Observer v. 26. 8. 1979. – John Pym in: Sight and Sound, Vol. 48, Nr. 4, Herbst 1979. – Leonard Quart in: Cineaste (New York), Vol. 9, Nr. 4, Herbst 1979.

Jean de Barconcelli in: Le Monde v. 15. 5. 1979. – Jean-Paul Enthoven in: Le Nouvel Observateur v. 28. 5. 1979. – Mireille Peling in: Jeune Cinéma, Nr. 120, Juli–August 1979. – Robert Benayoun in: Positif, Nr. 222, September 1979. – Gilles Cèbe in: Ecran (Paris), Nr. 83, 15. 9. 1979. – Mireille Amiel in: Cinéma (Paris), Nr. 253, Januar 1980. – Jean A. Gili in: La Revue du Cinéma/Image et Son/ Ecran, Nr. 346, Januar 1980.

o. V. in: Der Spiegel v. 30. 4. 1979, Nr. 18. – Sabina Lietzmann in: FAZ v. 9. 5. 1979. – Barry Graves in: Der Tagesspiegel v. 13. 5. 1979. – Wolfram Schütte in: Frankfurter Rundschau v. 14. 5. 1979, auch in: Frankfurter Rundschau v. 3. 9. 1979. – M. von Schwarzkopf in: Die Welt v. 11. 6. 1979. – Helga Tilton in: Frankfurter Rundschau v. 7. 8. 1979. – Peter W. Jansen in: Kirche und Film, August 1979 (Kino-Notizen 50) und in: Tip (Berlin), 17. 8.–30. 8. 1979, Nr. 17. – Vivian Naefe in: Filmbeobachter, August 1979, Nr. 16. – Peter Buchka in: Süddeutsche Zeitung v. 31. 8. 1979. – Benjamin Henrichs in: Die Zeit v. 31. 8. 1979, Nr. 36. – Hans-Dieter Seidel in: Stuttgarter Zeitung v. 1. 9. 1979. – Wilfried Wiegand in: FAZ v. 3. 9. 1979. – Peter von Becker in: Theater heute, Jahresheft 1979. – Wolfram Knorr in: Zoom-Filmberater v. 5. 9. 1979, Nr. 17. – wg. (Gerhart Waeger) in: Neue Zürcher Zeitung v. 6. 9. 1979. – Josef Schnelle in: Film-Dienst v. 18. 9. 1979 (FD-Nr. 22.160). – Volker Baer in: Der Tagesspiegel v. 20. 9. 1979. – Willi Bär in: Film & Ton-Magazin, Oktober 1979. – Günter Barudion in: Filmfaust, Nr. 15, Oktober 1979. – Georg Seeßlen, Beate Seeßlen-Hurler in: Medium, Oktober 1979.

2. Mel Brooks

Biografie

Mel Brooks
eigentlich: Melvin Kaminsky
geboren am 28. Juni 1926 in Brooklyn
Vater: Max Kaminsky, Gerichtsdiener
Mutter: Kate, geb. Brookman
Als jüngster von vier Söhnen einer jüdischen Einwandererfamilie kommt Melvin Kaminsky in Williamsburg, dem jüdischen Stadtteil von Brooklyn (New York) zur Welt. Sein Vater stirbt an Tuberkulose, als Melvin zwei Jahre alt ist. Die Mutter – wie der Vater aus Kiew gebürtig – arbeitet in einer Textilfabrik und darüber hinaus als Heimarbeiterin, um die Familie zu ernähren. Melvin besucht nach der Grundschule die Eastern District High School. Mit 14 Jahren steht er

in den Sommerferien in einem Hotel in den Catskill-Bergen zum erstenmal auf der Bühne und spielt zum Amüsement der Zuschauer
einen betagten Distrikts-Anwalt. Da er leidlich mit dem Schlagzeug
umgehen kann, verdingt er sich in den Ferien ab 1942 als Drummer in
einem Hotelorchester und nennt sich nun Mel Brooks, um nicht mit
dem bekannten Trompeter Max Kaminsky verwechselt zu werden.
1944 beendet Brooks die High School und wird zum Militär verpflichtet. Seine Grundausbildung erhält er am Virginia Military Institute
und wird dann nach Fort Skill in Oklahoma versetzt. Das Ende des
Zweiten Weltkriegs erlebt er in Belgien und Deutschland und kehrt
schon 1945 nach Amerika zurück. 1947 wird er aus der Armee entlas-
sen. Kurzfristig besucht er das Brooklyn College, dann verdingt er sich
als Bühnenarbeiter und Nebendarsteller am Theater in Red Bank,
New Jersey. Er lernt den Komiker Sid Caesar kennen, für den er ab
1948 Gags entwirft und Texte schreibt. Die Zusammenarbeit intensi-
viert sich 1949: Caesar bekommt eine regelmäßige Anderthalb-Stun-
den-Show bei der Fernsehgesellschaft NBC – »Your Show of Shows«
– und bildet dafür einen zunächst dreiköpfigen Autorenstab: Mel Tolkin, Lucille Kallen und Mel Brooks. Brooks verdient 50 Dollar die
Woche. Bis 1954 vergrößert sich das Autorenteam mit Caesar, es
kommen Joseph Stein, Larry Gelbhart, Michael Stewart, Neil und
Danny Simon und zeitweise auch Woody Allen hinzu. Trotz vieler
Konflikte mit Caesars Producer Max Liebmann ist Brooks die Num-
mer 1 in der Autorengruppe. Er arbeitet fast exklusiv für Caesar.
Nebenher schreibt er 1952 den Sketch *Of Fathers and Sons* für die
Theaterproduktion *New Faces of 1952* – eine Parodie auf Arthur
Millers *Dead of a Salesman* (Tod eines Handlungsreisenden).
Anfang 1954 trennt sich Caesar von seiner Show-Partnerin Imogene
Coca und produziert ab Oktober 1954 eine neue Unterhaltungsserie:
»Caesar's Hour«, wieder mit Brooks als einem der Gagschreiber.
Seine Einkünfte steigen in den folgenden Jahren von 2 500 Dollar die
Woche auf 5 000 Dollar. 1957 schreibt er zusammen mit Joe Darion
das Libretto zu dem Musical *Shinbone Alley*, das aber – trotz Eartha
Kitt in der Hauptrolle – nur ein mäßiger Broadway-Erfolg wird. 1958
sinkt das Zuschauerinteresse an »Caesar's Hour«. Sid Caesar verbin-
det sich noch einmal kurzfristig mit seiner alten Partnerin Imogene
Coca und produziert für die Fernsehgesellschaft ABC die Show »Sid
Caesar Invites You«, die aber nach wenigen Folgen eingestellt wird.
Für Mel Brooks heißt das: nach mehr als zehn Jahren Autorentätig-
keit zunächst keine Beschäftigung. Er gerät in eine persönliche Krise,
die fast zwei Jahre dauert. Eine Wende kommt 1961/62. Zusammen
mit Autor Carl Rainer macht er drei sehr erfolgreiche Schallplatten:
»The 2000-Year Old Man«, »2000 and One Year« und »At The
Cannes Film Festival«. Brooks persifliert aus der Perspektive eines
2000 Jahre alten Juden Phänomene der Geschichte und der Gegen-

wart. Bis 1965 werden von den drei Platten insgesamt zwei Millionen Exemplare verkauft.

Mit dem Plattenerfolg kehrt Mel Brooks in die Show-Szene zurück: er ist Gast diverser TV-Serien, u. a. der Ed-Sullivan-Show, schreibt das Libretto zu einem Musical – *All American* –, das von Joshua Logan am Broadway inszeniert wird, und macht den Text zu einem kurzen Zeichentrickfilm – *The Critic* –, für den er und der Regisseur Ernest Pintoff 1964 einen Oscar bekommen. Zusammen mit Dick Cavett produziert er Hörfunk-Werbespots für Ballantine-Bier und mit Buck Henry entwickelt er eine satirische Spionageserie, die vom TV-Konzern ABC abgelehnt und dann vom Konkurrenten NBC realisiert wird: »Get Smart«. Mit Don Adams in der Hauptrolle läuft die Serie erfolgreich bis 1967.

Mel Brooks wendet sich schon 1966 vom Fernsehen ab und versucht sich an einem Kinofilm-Projekt. Für das Sujet »Springtime for Hitler« (späterer Titel: THE PRODUCER) findet er schließlich zwei Produzenten, die ihn auch als Regisseur akzeptieren. Zwei Jahre arbeitet er am Drehbuch und an der Produktion – im Juni 1968 wird der Film uraufgeführt, im April 1969 erhält Mel Brooks für sein Drehbuch einen Oscar. Er ist zu dieser Zeit mit der Vorbereitung seines zweiten Spielfilms beschäftigt – THE TWELVE CHAIRS –, den er 1970 teilweise in Jugoslawien dreht. Die Uraufführung im Januar 1971 bringt nur einen mittelmäßigen Erfolg. Es folgen drei Jahre Arbeit am dritten Film: BLAZING SADDLES. Er bedeutet den endgültigen Durchbruch, wird ein großer Publikumserfolg und eröffnet Mel Brooks die Möglichkeit, seine weiteren Filme aufwendiger und schneller zu produzieren.

Von 1954 bis 1962 war Mel Brooks mit der Tänzerin Florence Baum verheiratet. Aus dieser Ehe stammen drei Kinder. Seit 1964 ist er mit der Schauspielerin Anne Bancroft verheiratet. Sie haben ein Kind. – Mel Brooks lebt in New York und in Hollywood.

Filmografie

Die Filmografie enthält die einschlägigen Daten zu Filmen von und mit Mel Brooks als Regisseur und Darsteller. Quellen und Abkürzungen sind in der Vorbemerkung zur Filmografie Woody Allen genannt (s. S. 181).

1967 THE PRODUCERS. Frühling für Hitler/Die Macher. – B: Mel Brooks. – K: Joseph Coffey. – Sch: Ralph Rosenblum. – T: Alan Heim. – M: John Morris; Songs »Springtime for Hitler« und »Prisoners of Love« von Mel Brooks. – ProDes: Chuck Rosen. – A: James Dalton. – Ko: Gene Coffin. – Choreographie: Alan Johnson. – Ra: Michael Hertzberg. – D: Zero Mostel (Max Bialystock), Gene Wilder

(Leo Bloom), Kenneth Mars (Franz Liebkind), Estelle Winwood (»Hold Me, Touch Me«), Renee Taylor (Eva Braun), Christopher Hewett (Roger De Bris), Lee Meredith (Ulla), Andreas Voutsinas (Carmen Giya), Dick Shawn (Lorenzo St. Du Bois, bekannt als LSD), Josip Ellic (Geiger), Madlyn Cates (Concierge), John Zoller (Theater-kritiker), Bill Hickey (Betrunkener in der Theaterbar). – P: Spring-time/MGM/Crossbow. – Pd: Sidney Glazier, Jack Grossberg. – Pl: Lou Stroller; Überwachung: Robert Porter. – F: 35 mm, Farbe (Pathé Color). – OL: 7903 ft = 88 min. – DL: 2404 m = 88 min. – U: Juni 1968. – DE: 19. 3. 1976. – V: Jugendfilm (35 mm).

1970 THE TWELVE CHAIRS. Zwölf Stühle. – B: Mel Brooks, nach dem Roman *Dvenadcat'stul'ev* von Evgenij P. Petrov und Ilja A. Ilf (1928). – K: Dorde Nikolić. – Sch: Alan Heim. – T: Thomas Halpin, Sanford Rackow, Peter Sutton, Richard Vorisek. – M: John Morris (auch musikalische Leitung); Orchestrierung: John Morris, Jo-nathan Tunick; Song »Hope for the Best (Except the Worst)« von Mel Brooks. – Ba: Mile Nikolić. – Ko: Ruth Myers. – Titelentwurf: Arthur Eckstein. – Ra: Bato Cengić, Peter Anderson. – D: Ron Moody (Ip-polit Vorobyaninov), Frank Lagella (Ostap Bender), Dom DeLuise (Fyodor), Bridget Brice (junge Frau), Robert Bernal (Kurator), David Lander (Ingenieur Bruns), Diana Coupland (Madame Bruns), Nicho-las Smith (erster Schauspieler), Elaine Garreau (Claudia Ivanova), Will Stampe (Wächter), Andreas Voutsinas (Sestrin), Branka Veseli-nović (Natascha), Paul Wheeler jr. (Kolya), Vlada Petric (Savitsky), Aca Stojkovic (Captain Scriabin), Mavid Popovic (Makko), Peter Ba-nicevic (Sergeant), Mel Brooks (Tikon), Mladja Veselinović, Rada Djurićin. – P: UMC Pictures/Crossbow. – P: Michael Hertzberg, Sid-ney Glazier. – Pl: William A. Berns; Überwachung: Fred T. Gallo. – F: 35 mm, Farbe (Movielab), Scope. – OL: 8411 ft = 93 min. – DL: 2557 m = 93 min. – U: 16. 1. 1971. – DE: 14. 5. 1976. – V: (früher: Constantin).

1973 BLAZING SADDLES. Is' was, Sheriff/Der wilde, wilde We-sten. – B: Mel Brooks, Norman Steinberg, Andrew Bergman, Richard Pryor, Alan Uger, nach einer Story von Andrew Bergman. – K: Jo-seph Biroc. – Sch: John C. Howard, Danford Greene. – T: Gene S. Cantamessa, Arthur Piantadosi, Richard Tyler, Les Fresholtz. – M: John Morris (auch musikalische Leitung); Orchestrierung: Jonathan Tunick, John Morris; Songs: »Blazing Saddles« von John Morris und Mel Brooks, gesungen von Frankie Laine, »I'm Tired«, »The French Mistake« und »The Ballad of Rock Ridge« von Mel Brooks. – Pro-Des: Peter Wooley. – A: Morey Hoffman. – Ko: Nino Novarese. – SpE: Douglas Pettibone. – Titelentwurf: Anthony Goldschmidt. – Choreographie: Alan Johnson. – Ra: John C. Chulay. – D: Cleavon

Little (Bart), Gene Wilder (Waco Kid, genannt Whisky Jim), Slim Pickens (Taggart), Harvey Korman (Hedley Lamarr), Madeline Kahn (Lili von Shtupp), Mel Brooks (Governor William J. Lepetomane/ Indianerhäuptling), Burton Gilliam (Lyle), Alex Karras (Mongo), David Huddleston (Olson Johnson), Liam Dunn (Reverent Johnson), John Hillerman (Howard Johnson), George Furth (Van Johnson), Claude Ennis Starrett jr. (Gabby Johnson), Carol Arthur (Harriett Johnson), Richard Collier (Dr. Sam Johnson), Charles McGregor (Charlie), Robyn Hilton (Miss Stein), Don Megowan (Kaugummifresser), Dom DeLuise (Buddy Bizarre), Count Basie (er selbst). – P: Crossbow für Warner Bros. – Pd: Michael Hertzberg. – Pl: William P. Owens. – F: 35 mm, Farbe (Technicolor), Panavision. – OL: 8 336 ft = 93 min.. – DL: 2 516 m = 92 min. – U: Februar 1974. – DE: 20. 12. 1974. – V: Warner-Columbia (35 mm).

1974 YOUNG FRANKENSTEIN. Frankenstein Junior. – B: Gene Wilder, Mel Brooks, nach Motiven des Romans *Frankenstein* von Mary Shelley. – K: Gerald Hirschfeld. – Sch: John C. Howard. – T: Gene S. Cantamessa, Richard Portman, Don Hall. – M: John Morris (auch musikalische Leitung); Orchestrierung: Jonathan Tunick, John Morris; Violinsolo: Gerald Vinci; Song »Puttin' on Rith« von Irving Berlin. – Ba: Dale Hennesy. – A: Robert DeVestel. – Ko: Dorothy Jeakins. – SpE: Hal Millar, Henry Miller jr. – Titelentwurf: Anthony Goldschmidt. – Ra: Marvin Miller, Barry Stern. – D: Gene Wilder (Dr. Frederick Frankenstein), Peter Boyle (das »Monster«), Marty Feldman (Igor), Madeline Kahn (Elizabeth), Cloris Leachman (Frau Blücher), Teri Garr (Inga), Kenneth Mars (Inspektor Kemp), Gene Hackman (blinder Eremit), Richard Haydn (Herr Falkstein), Liam Dunn (Mr. Hilltop), Danny Goldman (Medizinstudent), Leon Askin (Herr Waldmann), Oscar Beregi (sadistischer Gefängniswärter), Lou Cutell (erschrockener Dorfbewohner), Arthur Malet (Dorfältester), Richard Roth (Inspektor Kemps Assistent), Monte Landis/Rusty Blitz (Totengräber), Anne Beesley (kleines Mädchen), Terrence Pushman/ Ian Abercrombie/Randolph Dobbs (Dorfbewohner). – P: Gruskoff/ Venture Films/Crossbow Productions/Jouer. – Pd: Michael Gruskoff. – Pl: Frank Baur. – F: 35 mm, schwarzweiß. – OL: 108 min. – DL: 2 887 m = 106 min. – U: Dezember 1974. – DE: 5. 9. 1975. – V: 20th Century-Fox of Germany (35 mm).

1976 SILENT MOVIE. Mel Brooks' letzte Verrücktheit: Silent Movie. – B: Mel Brooks, Ron Clark, Rudy DeLuca, Barry Levinson, nach einer Story von Ron Clark. – K: Paul Lohmann. – Sch: John C. Howard, Stanford C. Allen. – T: Gene S. Cantamessa. – M: John Morris; Orchestrierung: Bill Byers, John Morris. – ProDes: Al Brenner. – A: Rick Simpson. – Ko: Patricia Norris. – SpE: Ira Anderson jr. –

Choreographie: Rob Iscove. – Stunt-Koordination: Max Kleven. – 2nd Unit Direction: Max Kleven. – Ra: Edward Teets, Richard Wells. – D: Mel Brooks (Mel Funn/dt.: Mel Fröhlich), Marty Feldman (Marty Eggs), Dom DeLuise (Dom Bell), Bernadette Peters (Vilma Kaplan), Sid Caesar (Studio-Boss), Harold Gould (Engulf/dt: Gierschlund), Ron Carey (Devour/dt.: Raffke), Carol Arthur (schwangere Frau), Liam Dunn (Zeitungsverkäufer), Fritz Feld (Maître), Chuck McCann (Wächter am Studiotor), Valerie Curtis (Schwester auf der Intensivstation), Yvonne Wilder (Sekretärin des Studio-Bosses), Arnold Soboloff (Akupunkteur), Patrick Campbell (Hoteldiener im Motel), Harry Ritz (Mann im Kleiderladen), Charlie Callas (Blinder), Henny Youngman (Mann, der in die Suppe fällt), Eddie Ryder (britischer Offizier), Robert Lussier (Filmvorführer), Al Hopson/Rudy DeLuca/Barry Levinson/Howard Hesseman/Lee Delano/Jack Riley (leitende Angestellte), Inga Neisen/Sivi Aberg/Erica Hagen (schöne Blondinen), Burt Reynolds, James Caan, Liza Minnelli, Anne Bancroft, Marcel Marceau und Paul Newman (sie selbst). – P: Crossbow Productions. – Pd: Michael Hertzberg. – Pl: Frank Baur. – F: 35 mm, Farbe (DeLuxe). – OL: 7853 ft = 87 min. – DL: 2390 m = 87 min. – U: Juni 1976. – DE: 29. 10. 1976. – V: 20th Century-Fox of Germany (35 mm).

1977 HIGH ANXIETY. Mel Brooks' Höhenkoller. – B: Mel Brooks, Ron Clark, Rudy DeLuca, Barry Levinson. – K: Paul Lohmann. – Sch: John C. Howard. – T: Gene S. Cantamessa, Richard Portman; spezielle Toneffekte: William Hartman, Richard Sperber, Beratung: Ron Clark. – M: John Morris (auch musikalische Leitung); Orchestrierung: John Morris, Jack Hayes, Ralph Burns, Nathan Scott; Songs »High Anxiety« und »If You Leve Me Baby, Tell Me Loud« von Mel Brooks. – ProDes: Peter Wooley. – A: Richard Kent, Anne MacCauley. – Ko: Patricia Norris. – SpE: Jack Monroe, Albert J. Whitlock. – Ra: Jonathan Sanger, Mark Johnson, David Sosna. – D: Mel Brooks (Richard H. Thorndyke), Madeline Kahn (Victoria Brisbane), Cloris Leachman (Schwester Charlotte Diesel), Harvey Korman (Dr. Charles Montague), Ron Carey (Brophy), Howard Morris (Professor Lilloman), Dick Van Patten (Dr. Philip Wentworth), Jack Riley (Hotelportier), Charlie Callas (Cocker-Spaniel), Ron Clark (Zachary Cartwright), Rudy DeLuca (Killer), Barry Levinson (Hoteldiener), Lee Delano (Norton), Richard Stahl (Dr. Baxter), Darrell Zwerling (Dr. Eckhardt), Murphy Dunne (Klavierspieler), Al Hopson (Mann, der erschossen wird), Bob Ridgely (Flitzer), Albert J. Whitlock (Arthur Brisbane), Pearl Shear (schreiende Frau am Tor), Arnold Soboloff (Dr. Colburn), Eddie Ryder (Doktor bei der Tagung), Sandy Helberg (Träger auf dem Flughafen), Fredric Franklyn (Mann), Deborah Dawes (Stewardess), Bernie Kuby (Dr. Wilson), Billy Sands

(Kunde), Ira Miller (Psychiater mit Kind), Jimmy Martinez (Kellner), Beatrice Colen (Mädchen), Robert Manuel/Hunter Von Leer (Polizisten am Flughafen), John Dennis (erster Krankenpfleger), Robin Menken (Cocktail-Kellner), Frank Campanella (Barmixer), Henry Kaiser (Bräutigam), Bullets Durgom (Mann in der Telefonzelle), Joe Bellan (Postbote), Mitchell Bock (Barbesitzer), Jay Burton (Patient), Bryan Englund (zweiter Krankenpfleger), Anne Macey (schreiende Frau), Alan U. Schwartz (Psychiater). – P: Crossbow Productions für 20th Century-Fox. – Pd: Mel Brooks. – Pl: Ernest Wehmeyer. – F: 35 mm, Farbe (DeLuxe). – OL: 8 453 ft = 94 min. – DL: 2.573 m = 94 min. – U: Dezember 1977. – DE: 15. 9. 1978. – V: 20th Century-Fox of Germany (35 mm).

Bibliografie

Bücher oder Originaltexte von Mel Brooks liegen uns nicht vor. Die Bibliografie weist eine Auswahl der (nicht sehr zahlreichen) Artikel und Buchkapitel über Mel Brooks und der Interviews mit ihm nach. Die Quellen für diese Bibliografie sind in der Vorbemerkung zur Bibliografie Woody Allen genannt (s. S. 189).

Buch
Bill Adler and Jeffrey Feinman: Mel Brooks. The Irreverent Funnyman. Chicago, Illinois: Playboy Press 1976. 190 S.

Artikel/Buchkapitel
Stuart Byron and Elisabeth Weis (Hrsg.): Movie Comedy. New York: Grossman 1977. Über Mel Brooks: S. 116-123 und 133-137. – Gene Lees: The Mel Brooks Memos. in: American Film, Vol. 3, Nr. 1, Oktober 1977. – Kenneth Tynan: Frolics and Detours of a Short Hebrew Man. in: The New Yorker v. 30. 10. 1978. – James Monaco: American Film Now. The People, The Power, The Money, The Movies. New York: Oxford University Press 1979. S. 236–239: Mel Brooks. – Gerald Mast: The Comic Mind. Comedy an the Movies. 2. Auflage. Chicago and London: The University of Chicago Press 1979, S. 310–312 (in der 1. Auflage, 1973, wird Brooks nur kurz erwähnt).
Denis Offroy: Les nouveaux burlesques. Woody Allen, Mel Brooks. in: Cinématographe, Nr. 14, August–September 1975. – Pierre Pitiot et Henry Talvat: Mel Brooks démolisseur des mythes américains. in: Jeune Cinéma, Nr. 93, März 1976.
Barry Graves: Melvin Brooks' Flucht in den Ruhm. in: Die Welt v. 12. 9. 1975. – o. V.: Frühling für Mel Brooks. in: Der Spiegel v. 26. 4. 1976, Nr. 18.

Interviews
Digby Diehl: Mel Brooks. in: Action (Hollywood), Vol. 10, Nr. 1,
Januar-Februar 1975. – Brad Darrach: Playboy Interview: Mel
Brooks. in: Playboy (amerik.), Februar 1975; deutsch in: Playboy,
August 1976. – Jacoba Atlas: Mel Brooks. Interview. in: Film Com-
ment, Vol. 11, Nr. 2, März-April 1975. – Gordon Gow: Fond salutes
and naked hate. in: Films and Filming, Vol. 21, Nr. 10, Juli 1975. –
Robert Rivlin: Comedy Directors: Interview with Mel Brooks. in:
Millimeter, Vol. 5, Nr. 9, Oktober 1977.
Rolf Thissen: Seitenhiebe auf die Teutonen. Ein Gespräch mit dem
amerikanischen Filmregisseur Mel Brooks. in: Kölner Stadt-Anzeiger
v. 21. 9. 1976.

Zu einzelnen Filmen

THE PRODUCERS. Frühling für Hitler/Die Macher
Material: Ralph Rosenblum und Robert Karen: When the Shooting
Stops ... the Cutting Begins. A Film Editor's Story. New York: The
Viking Press 1979. S. 193–209: The Producers. Not Just Another
Funny Picture (Rosenblum war Editor des Films).
Kritiken: Renata Adler in: The New York Times v. 19. 3. 1968. –
Andrew Sarris in: Village Voice v. 28. 3. 1968. – Dan Bates in: Film
Quarterly, Vol. 21, Nr. 4, Sommer 1968. – Tom Milne in: Monthly
Film Bulletin, Nr. 430, November 1969. – Gordon Gow in: Films and
Filming, Vol. 16, Nr. 5, Februar 1970.
G. B. (Guy Braucourt) in: Cinéma, Nr. 161, Dezember 1971. – A. G.
(Alain Garsault) in: Positif, Nr. 133, Dezember 1971.
e. h. in: Film-Dienst v. 16. 3. 1976 (FD-Nr. 19 708). – Hans C. Blu-
menberg in: Die Zeit v. 26. 3. 1976. – Karsten Witte in: Frankfurter
Rundschau v. 26. 3. 1976. – Gerhard Rhode in: FAZ v. 3. 4. 1976. –
H. G. Pflaum in: Süddeutsche Zeitung v. 9. 4. 1976. – Peter W. Jansen
in: Kirche und Film, Mai 1976. – Bodo Fründt in: Kölner Stadt-
Anzeiger v. 16. 7. 1976. – A. F. S. (Arnd F. Schirmer) in: Der Tagesspiegel v. 19. 11. 1976. – Richard Winkler in: Die Welt v.
23. 11. 1976. – liv. in: Neue Zürcher Zeitung v. 14. 7. 1977. – Niklaus
Loretz in: Zoom-Filmberater v. 20. 7. 1977, Nr. 14.

THE TWELVE CHAIRS. Zwölf Stühle
Produktionsbericht: Fred Robbin in: Show v. 17. 9. 1970.
Kritiken: Vincent Canby in: The New York Times v. 29. 10. 1970. –
Stephan Gottlieb in: Village Voice v. 10. 12. 1970. – Richard Combs
in: Monthly Film Bulletin, Nr. 501, Oktober 1975. – Derek Elley in:
Films and Filming, Vol. 22, Nr. 6, März 1976.

Jacques Siclier in: Le Monde v. 5. 10. 1975. – Tristan Renaud in: Cinéma, Nr. 203, November 1975. – Gilles Colpart in: La Revue du Cinéma/Image et Son, Nr. 301, Dezember 1975. – J. D. (Jacques Demeure) in: Positif, Nr. 176, Dezember 1975.
Peter W. Jansen in: Kirche und Film, März 1976. – A. F. S. (Arnd F. Schirmer) in: Der Tagesspiegel v. 16. 5. 1976. – Gottfried Knapp in: Süddeutsche Zeitung v. 20. 5. 1976. – L. Sch. (Leo Schönecker) in: Film-Dienst v. 25. 5. 1976 (FD-Nr. 19784).

BLAZING SADDLES. Is' was, Sheriff/Der wilde, wilde Westen
Kritiken: Vincent Canby in: The New York Times v. 18. 2. 1974. – Paul D. Zimmerman in: Newsweek v. 18. 2. 1974. – Pauline Kael in: The New Yorker v. 18. 2. 1974. – Richard Schickel in: Time v. 4. 3. 1974. – Susan Rice in: Take One, Vol. 4, Nr. 2, März 1974. – Stanley Kauffmann in: The New Republic v. 16. 3. 1974. – Peter Schjeldahl in: The New York Times v. 17. 3. 1974. – John Landau in: Rolling Stone v. 28. 3. 1974, Nr. 157. – William S. Pechter in: Commentary, Mai 1974. – Jan Dawson in: Monthly Film Bulletin, Nr. 485, Juni 1974. – Richard Combs in: Sight and Sound, Vol. 43, Nr. 3, Sommer 1974. – Roger Greenspun in: Penthouse, Juni 1974. – D. Elliott in: Film Heritage, Vol. 9, Nr. 4, Sommer 1974. – Gordon Gow in: Films and Filming, Vol. 20, Nr. 11, August 1974. – Daniel Golden in: Jump Cut, Nr. 3, September-Oktober 1974.
Christian Duteil in: Jeune Cinéma, Nr. 84, Februar 1975. – O. E. (Olivier Eyquem) in: Positif, Nr. 166, Februar 1975. – Raymond Lefèvre in: Cinéma, Nr. 195, Februar 1975. – G. A. (Guy Allombert) in: La Revue du Cinéma/Image et Son, Nr. 299, Oktober 1975.
Rolf Wiest in: Kölner Stadt-Anzeiger v. 21.-22. 12. 1974. – Niklaus Loretz in: Film-Dienst v. 24. 12. 1974 (FD-Nr. 19115), etwas variiert auch in: Zoom-Filmberater v. 22. 1. 1975, Nr. 2. – Hans Georg Puttnies in: FAZ v. 30. 12. 1974. – wg. (Gerhart Waeger) in: Neue Zürcher Zeitung v. 4. 3. 1975. – A. F. S. (Arnd F. Schirmer) in: Der Tagesspiegel v. 15. 3. 1975. – Wilhelm Roth in: Spandauer Volksblatt v. 30. 7. 1976.

YOUNG FRANKENSTEIN. Frankenstein Junior
Scenario: in: Playboy (amerik.), Dezember 1974.
Kritiken: Vincent Canby in: The New York Times v. 16. 12. 1974. – Paul D. Zimmerman in: Newsweek v. 23. 12. 1974. – Jay Cocks in: Time v. 30. 12. 1974. – Pauline Kael in: The New Yorker v. 30. 12. 1974. – Andrew Sarris in: Village Voice v. 6. 1. 1975. – Stanley Kauffmann in: The New Republic v. 18. 1. 1975. – John Russell Taylor in: Sight and Sound, Vol. 44, Nr. 2, Frühjahr 1975. – Judith W. Hess in: Jump Cut, Nr. 6, März–April 1975. – Gordon Gow in: Films and Filming, Vol. 21, Nr. 7, April 1975. – Tom Milne in:

Monthly Film Bulletin, Nr. 495, April 1975. – John Simon in: The New York Times v. 29. 6. 1975.

Henri Béhar in: La Revue du Cinéma/Image et Son, Nr. 296, Mai 1975. – Claude Beylie in: Ecran, Nr. 36, Mai 1975. – Alain Garsault in: Positif, Nr. 169, Mai 1975. – Raymond Lefèvre in: Cinéma, Nr. 198, Mai 1975.

Heinz Schajka in: FAZ v. 8. 7. 1975. – Alfred Nemeczek in: Stern v. 28. 8. 1975, Nr. 36. – Wolfgang Limmer in: Süddeutsche Zeitung v. 5. 9. 1975. – HCB (Hans C. Blumenberg) in: Kölner Stadt-Anzeiger v. 6.-7. 9. 1975. – Rudolf Thome in: Der Tagesspiegel v. 7. 9. 1975. – Hanns Fischer in: Frankfurter Rundschau v. 10. 9. 1975. – Klaus Eder in: Deutsches Allgemeines Sonntagsblatt v. 14. 9. 1975. – Mg. (Wilhelm Mogge) in: Film-Dienst v. 16. 9. 1975 (FD-Nr. 19470). – Michel Hangartner in: Zoom-Filmberater v. 17. 9. 1975, Nr. 18.

Material: Gerald Hirschfield: The Story Behind the Filming of YOUNG FRANKENSTEIN. in: American Cinematographer, Vol. 55, Nr. 7, Juli 1974 (Beschreibung der Special Effects).

SILENT MOVIE. Mel Brooks' letzte Verrücktheit: Silent Movie

Drehbuch: Silent Movie. Screenplay by Mel Brooks, Ron Clark, Rudy DeLuca, Barry Levinson. New York: Ballantine Books 1976.

Interviews: Claude Fléouter in: Le Monde v. 19. 10. 1976. – Alain Remond in: Ecran, Nr. 52, 15. 11. 1976.

Kritiken: Vincent Canby in: The New York Times v. 1. 7. 1976. – Jay Cocks in: Time v. 12. 7. 1976. – Penelope Gilliatt in: The New Yorker v. 12. 7. 1976. – J. Kroll in: Newsweek v. 12. 7. 1976. – Stanley Kauffmann in: The New Republic v. 31. 7. 1976. – Roger Greenspun in: Penthouse, Oktober 1976. – Geoff Brown in: Monthly Film Bulletin, Nr. 515, Dezember 1976. – R. C. Cumbow in: Movietone News, Nr. 53, Januar 1977. – Gordon Gow in: Films and Filming, Vol. 23, Nr. 5, Februar 1977.

Fabian Gastellier in: Jeune Cinéma, Nr. 98, September-Oktober 1976. – Jean de Baroncelli in: Le Monde v. 19. 10. 1976. – Max Tessier in: Ecran, Nr. 52, 15. 11. 1976. – G. A. (Guy Allombert) in: La Revue du Cinéma/Image et Son, Nr. 311, November 1976. – Alain Garsault in: Positif, Nr. 188, Dezember 1976. – Dominique Rabourdin in: Cinéma, Nr. 215, Dezember 1976.

Robert von Berg in: Süddeutsche Zeitung v. 19. 8. 1976. – Helmut W. Banz in: Kölner Stadt-Anzeiger v. 30.-31. 10. 1976. – Arnd F. Schirmer in: Der Tagesspiegel v. 31. 10. 1976. – Hellmuth Karasek in: Der Spiegel v.1. 11. 1976, Nr. 45. – B. J. (Brigitte Jeremias) in: FAZ v. 1. 11. 1976. – H. G. Pflaum in: Süddeutsche Zeitung v. 2. 11. 1976. – Friedrich Luft in: Die Welt v. 4. 11. 1976. – Hans C. Blumenberg in: Die Zeit v. 5. 11. 1976. – Sven Hansen in: Die Welt v. 9. 11. 1976. – H. G. P. (Hans Günther Pflaum) in: Film-

Dienst v. 9. 11. 1976 (FD-Nr. 20010). – Winfried Günther in: Medium, Dezember 1976, Nr. 12. – Peter W. Jansen in: Kirche und Film, Dezember 1976. – Michel Hangartner in: Zoom-Filmberater v. 5. 1. 1977, Nr. 1.

HIGH ANXIETY. Mel Brooks' Höhenkoller
Nacherzählung: High Anxiety by Mel Brooks, Ron Clark, Rudy De-Luca, Barry Levinson. Novelization by Robert H. Pilpel. New York: Grosset & Dunlap 1978. 152 S., mit 50 Fotos aus dem Film.
Interviews: Alexander Stewart in: Films and Filming, Vol. 23, Nr. 6, März 1977. – Robert Rivlin in: Millimeter, Vol. 5, Nr. 11, Dezember 1977.
Kritiken: Richard Schickel in: Time v. 2. 1. 1978. – Richard Combs in: Monthly Film Bulletin, Nr. 532, Mai 1978. – Gordon Gow in: Films and Filming, Vol. 24, Nr. 9, Juni 1978. – R. C. Cumbow in: Movietone News, Nr. 58–59, August 1978.
Gilles Cèbe in: Ecran, Nr. 73, 15. 10. 1978. – Jean Delmas in: Jeune Cinéma, Nr. 114, November 1978. – Raymond Lefèvre in: La Revue du Cinéma/Image et Son, Nr. 333, November 1978.
Robert von Berg in: Süddeutsche Zeitung v. 6. 4. 1978. – Margarethe von Schwarzkopf in: Die Welt v. 24. 8. 1978. – Peter Hasenberg in: Film-Dienst v. 29. 8. 1978 (FD-Nr. 20893). – HCB (Hans C. Blumenberg) in: Die Zeit v. 15. 9. 1978. – Helmut W. Banz in: Kölner Stadt-Anzeiger v. 16.-17. 9. 1978. – Sten Nadolny in: Der Tagesspiegel v. 17. 9. 1978. – Hellmuth Karasek in: Der Spiegel v.18. 9. 1978, Nr. 38. – H. G. Pflaum in: Süddeutsche Zeitung v. 18. 9. 1978. – HS (Helmut Schmitz) in: Frankfurter Rundschau v. 19. 9. 1978. – Michael Schwarze in: FAZ v. 20. 9. 1978. – Robert Fischer in: Filmbeobachter v. 1. 10. 1978, Nr. 19. – Heino Griem in: Deutsches Allgemeines Sonntagsblatt v. 1. 10. 1978. – Peter W. Jansen in: Kirche und Film, Oktober 1978. – Wolfram Knorr in: Zoom-Filmberater v. 18. 10. 1978, Nr. 20.

Für Bilder und Hilfeleistungen danken wir den in den Filmografien aufgeführten Produktions- und Verleihfirmen sowie dem Privaten Archiv für Filmkunde e. V. (Köln).
Die Mitarbeiter sahen eine Retrospektive der Filme von Woody Allen und Mel Brooks vom 10. bis 12. März 1979 bei der Stiftung Deutsche Kinemathek in Berlin.